तट पर हूँ पर तटस्थ नहीं

कुँवर नारायण की भेंटवार्ताएँ

तट पर हूँ पर तटस्थ नहीं

कुँवर नारायण की भेंटवार्ताएँ

सम्पादक

विनोद भारद्वाज

राजकमल प्रकाशन

नयी दिल्ली पटना इलाहाबाद

मूल्य : ₹ 250

पहला संस्करण : 2010

प्रकाशक : राजकमल प्रकाशन प्रा. लि.
1-बी, नेताजी सुभाष मार्ग
नई दिल्ली-110 002

शाखाएँ : अशोक राजपथ, साइंस कॉलेज के सामने, पटना-800 006
पहली मंजिल, दरबारी बिल्डिंग, महात्मा गांधी मार्ग, इलाहाबाद-211 001

वेबसाइट : www.rajkamalprakashan.com
ई-मेल : info@rajkamalprakashan.com

आवरण-चित्र : जगन्नाथ पांडा

मुद्रक : बी.के. ऑफसेट
नवीन शाहदरा, दिल्ली-110 032

TAT PAR HUN PAR TATASTHA NAHIN
Kunwar Narain Ki Bhentvartayen
Edited by Vinod Bhardwaj

ISBN : 978-81-267-1951-8

सम्पादक की ओर से

दस साल पहले मैंने कुँवर नारायण की भेंटवार्ताओं की एक चर्चित पुस्तक 'मेरे साक्षात्कार' का सम्पादन किया था। मैं इंटरव्यू-विधा को एक तरह का समीक्षाकर्म ही मानता हूँ। इस सन्दर्भ में 'पेरिस रिव्यू' के प्रसिद्ध और लम्बे साहित्यिक इंटरव्यू हमेशा याद आते हैं। ख़ासतौर पर कुँवर नारायण के सन्दर्भ में इस बात का और भी महत्त्व हो जाता है। अगर भेंटवार्ताकार चाहे तो कुँवर नारायण के किसी इंटरव्यू में 'इन्वॉल्वमेंट' को और भी गहरा और गम्भीर कर सकता है। कुँवरजी एक भेंटवार्ता को भी किसी निबन्ध की गम्भीरता, समय और सजगता देते हैं। चलताऊ सवाल-जवाब से वह सन्तुष्ट नहीं होते। इस पुस्तक में कुँवर नारायण की पिछले एक दशक की चुनी हुई भेंटवार्ताओं, वक्तव्यों आदि को शामिल किया गया है।

इस पुस्तक की अन्तिम भेंटवार्ता में मैंने कुँवर नारायण की 'जॉटिंग्स' की भी मदद ली है। वे अक्सर अपनी डायरी में छोटी-छोटी टिप्पणियाँ लिखते रहते हैं। इन 'जॉटिंग्स' में कुँवर नारायण की दुनिया की कई नई कुंजियाँ मिल जाती हैं।

किसी भी भेंटवार्ताओं के चयन की पुस्तक में कहीं-कहीं थोड़े दोहराव की समस्या से बचा नहीं जा सकता है। प्रत्येक भेंटवार्ता की अपनी समग्रता होती है।

1 जनवरी, 2010 **विनोद भारद्वाज**

अनुक्रम

तट पर हूँ पर तटस्थ नहीं

आदमी की सामर्थ्य सीमित नहीं है

विनोद भारद्वाज

प्रसिद्ध कवि, कथाकार और आलोचक कुँवर नारायण (जन्म : 1927) ने बरसों पहले अज्ञेय द्वारा सम्पादित 'तीसरा सप्तक' (1959) के अपने वक्तव्य में लिखा था, 'विचार-पक्ष की प्रधानता को, मैं आशा करता हूँ एकदम बौद्धिक रुखाई से जोड़ लेने की जल्दी न की जाएगी। कविता मेरे लिए कोरी भावुकता की हाय-हाय न होकर यथार्थ के प्रति एक प्रौढ़ प्रतिक्रिया की मार्मिक अभिव्यक्ति है।' हाल में प्रकाशित अपनी पहली आलोचना पुस्तक 'आज और आज से पहले' की भूमिका में कुँवर नारायण ने लिखा है, 'सम्प्रेषण की तकनीकों का विकास शब्दों की दुनिया के लिए किसी प्रकार का ख़तरा नहीं है। शब्दों का बहुत बड़ा संसार है। कविता की उसमें एक छोटी-सी, लेकिन अनिवार्य जगह बनती है—कहीं हमारे दिल, दिमाग़ और आत्मा के बहुत नज़दीक; कभी-कभी हमसे इतनी अभिन्न कि हमें दिखाई तक नहीं देती, लेकिन उसके बेजान पड़ते ही हम अपने अन्दर और बाहर एक अजीब तरह का उखड़ापन और नीरसता अनुभव करने लगते हैं। कविता का उत्स जैविक है, उसके लक्षण हमारे जीवाश्मों में बसे हैं, हमारे हृदय की गति और लय की तरह। भाषा के पर्यावरण में कविता की मौजूदगी का तर्क जीवन-सापेक्ष है, उसके प्रेमी और प्रशंसक हमेशा रहेंगे—बहुत ज़्यादा नहीं, लेकिन बहुत समर्पित। कविता के अस्तित्व और उसकी सार्थकता का शायद इतना बड़ा आधार काफी है।'

कवि कुँवर नारायण की दुनिया को समझने के लिए ये दो उद्धरण कुंजियों की तरह हैं। 'यथार्थ के प्रति एक प्रतिक्रिया की मार्मिक अभिव्यक्ति' और आज जब सम्प्रेषण की ज़बरदस्त तकनीकों के विकास ने कवि-कर्म को ही बुनियादी सन्देह से देखना शुरू कर दिया है तो कविता के थोड़े पर 'बहुत समर्पित' पाठकों में गहरा विश्वास कुँवर नारायण के लेखन की एक बड़ी पहचान है। 'तीसरा सप्तक' देर से छपा था। कुँवर नारायण का पहला कविता-संग्रह 'चक्रव्यूह' 1956 में ही आ गया था। 'परिवेश हम-तुम' 1961 में आया पर उनका तीसरा कविता-संग्रह 'अपने सामने'

एक लम्बे गैप के बाद 1979 में आया। इस बीच उनका प्रबन्ध काव्य 'आत्मजयी' 1965 में छपकर हिन्दी की दुनिया में पर्याप्त चर्चा पा चुका था। कुँवर नारायण का एकमात्र कहानी संग्रह 'आकारों के आसपास' 1971 में छपा था। उनका चौथा कविता संग्रह 'कोई दूसरा नहीं' 1993 में छपा, तो हिन्दी की दुनिया के अनेक महत्त्वपूर्ण पुरस्कार (साहित्य अकादेमी का राष्ट्रीय पुरस्कार, व्यास सम्मान, भवानी प्रसाद मिश्र पुरस्कार, शतदल पुरस्कार आदि) इस संग्रह को मिले। हालाँकि साहित्य अकादेमी पुरस्कार कुँवर नारायण को बहुत पहले ही मिल जाना चाहिए था।

हिन्दी लेखकों में कुँवर नारायण का बहुत अलग तरह का व्यक्तित्व है। वे हिन्दी के बहुत पढ़े-लिखे लेखकों में से हैं। दुर्भाग्यवश, हिन्दी में बहुत पढ़े-लिखे होने को थोड़ा सन्देह और आम भारतीय ज़िन्दगी से कटे होने के अर्थ में ले लिया जाता है। एक बार एक ऐसे ही सवाल के जवाब में कुँवर नारायण को थोड़ा खीझ कर कहना पड़ा था, 'पढ़ना-लिखना मेरे लिए विभक्त नहीं एक संयुक्त कार्रवाई है जो मेरे जीने के साथ जुड़ी है। आपके सवाल से ऐसा लगता है मानो ज़्यादा पढ़ना भी किसी प्रकार की ज़्यादती है उन लोगों के ख़िलाफ़ जो कम पढ़े हैं या अपढ़ हैं।'

कुँवर नारायण का जन्म फ़ैजाबाद में एक अपेक्षाकृत सम्पन्न परिवार में हुआ था पर बचपन में उन्हें मृत्यु की त्रासदी को बहुत नजदीक से देखने के लिए मजबूर होना पड़ा। परिवार में दो वर्षों के भीतर ही क्षय रोग से कई मौतों का होना एक बहुत बड़ा हादसा था। उन्होंने बताया था, 'पहले माँ और फिर बड़ी बहन, जिनसे मेरा गहरा लगाव था और जिनमें साहित्य के प्रति सच्चा अनुराग था, का निधन मेरे जीवन में एक बड़े परिवर्तन का कारण बना।' एक समय में कुँवर नारायण ने डाक्टर बनने का भी इरादा किया था। कहीं-न-कहीं अवचेतन मानसिकता में परिवार में हुई मौतें और त्रासदियाँ रही होंगी। एक बार डाक्टरों ने माँ और बहन की क्षय रोग से मृत्यु के इतिहास को ध्यान में रखते हुए कुँवर नारायण को टीबी का 'फाल्स अलार्म' देकर ट्रीटमेंट शुरू कर दी थी। 'आत्मजयी' में अगर कवि नचिकेता के माध्यम से मृत्यु के गहरे दार्शनिक प्रश्नों से जूझता है, तो कोई आश्चर्य की बात नहीं है। कुँवर नारायण के अनुसार, 'आत्मजयी मृत्यु की निराशा के विरुद्ध एक मिथक भी है, और एक मनोवैज्ञानिक मोर्चा भी।'

एक बार बचपन में कुँवर नारायण को सरयू नदी में डूबने का भी एक बेचैन कर देनेवाला अनुभव हुआ था। पानी गहरा था। अन्दाज नहीं लगा सके। बस समय पर बचा लिये गए। पर बचपन की इन त्रासद स्मृतियों ने कुँवर नारायण के सोच, स्वभाव और सरोकारों पर गहरा और निर्णायक असर डाला।

घर पर परिस्थितियों के कारण कुँवर नारायण लखनऊ में अपने चाचा के पास चले गए। स्वतंत्रता आन्दोलन के दौरान और बाद में चौथे, पाँचवें और छठे दशकों

में लखनऊ वाला कुँवर नारायण का घर देश के नेताओं की सरगर्मी का एक छोटा-मोटा केन्द्र-सा ही बन गया था। आज़ादी के ठीक पहले मुम्बई में कुँवर नारायण को आचार्य नरेन्द्र देव और आज़ादी के बाद दिल्ली में आचार्य कृपलानी के साथ कुछ समय रहने का मौका मिला। इन लोगों के साथ ने कुँवर नारायण को वैचारिक स्तर पर समृद्ध किया। इसके अलावा राजनीति के यथार्थ को भी उन्हें लगभग शॉकिंग ढंग से जानने का मौका मिला। ख़ासतौर पर आचार्य नरेन्द्र देव के विरुद्ध अयोध्या-फ़ैजाबाद से लड़े गए दो चुनावों का अनुभव आँख खोल देनेवाला था। उनके अनुसार, 'जिस तरह उन्हें अनीश्वरवादी प्रचारित करके एक साधारण से प्रत्याशी को जिताया गया वह राजनीति के सबक में मानो मेरा पहला मोहभंग था और धर्म की विकृत राजनीति से वह पहला परिचय जिसने आज धर्म और जाति के नाम पर पूरे भारतीय समाज का विध्वंस कर दिया है।' इस चुनाव में यूपी के मुख्यमन्त्री चन्द्रभानु गुप्त की प्रमुख भूमिका थी। वे उन दिनों घर आया-जाया करते थे। कुँवर नारायण ने उनसे यह पूछने की धृष्टता कर ली कि क्या यह उचित था? उनका दो-टूक उत्तर था, 'प्रेम और युद्ध में सब चलता है।'

तब कुँवर नारायण ने दबी ज़ुबान में कहा था, 'आशा है आगे चलकर राजनीति में प्रेम और युद्ध के बीच फ़र्क समाप्त न हो जाएगा?'

आज़ादी से पहले मुम्बई में जुहू पर आचार्य नरेन्द्र देव जब स्वास्थ्य लाभ कर रहे थे, तो युवा कुँवर नारायण का उनके साथ रहकर लिखने-पढ़ने की ओर रुझान बढ़ा। एक ओर मार्क्सवाद था और दूसरी ओर बौद्धधर्म। उन दिनों जाहिर है कि सारी बातें समझ में नहीं आती थीं। कुँवर नारायण ने जुहू प्रवास में इस बात को अच्छी तरह से जाना कि बाहरी विचारों को कैसे ठेठ भारतीय संस्कारों और सोच में समाहित किया जाए।

कुँवर नारायण शुरू में विज्ञान के छात्र थे पर बाद में आर्ट्स के छात्र हो गए। अंग्रेज़ी साहित्य में एम.ए. किया। बल्कि उन्होंने शुरू-शुरू में कविताएँ भी अंग्रेज़ी में लिखी थीं। उन दिनों लखनऊ विश्वविद्यालय का माहौल बहुत अच्छा था। प्रोफेसर सिद्धान्त, डी.पी. मुखर्जी, राधाकमल मुखर्जी, राधाकुमुद मुखर्जी जैसे विद्वान पढ़ाते थे। डी.पी. मुखर्जी जैसे अद्भुत प्रोफेसर एक साथ अर्थशास्त्र, दर्शन, संगीत, साहित्य में गहरी रुचि रखते थे। जब यह सूचना मिलती थी कि डी.पी. आज अपने लेक्चर में संगीत पर बोलेंगे, तो कुँवर नारायण साहित्य के अपने लेक्चर 'कट' करके डी.पी. को सुनने चले जाते थे।

हिन्दी की दुनिया में रघुवीर सहाय, मनोहरश्याम जोशी, कृष्ण नारायण कक्कड़ सरीखे नाम साथी लेखक थे। पचास के दशक में लखनऊ के कॉफी हाउस का माहौल भी आज एक 'लैजेंड' की तरह लगता है। यशपाल, अमृतलाल नागर, भगवतीचरण

वर्मा, मजाज़ जैसी हस्तियाँ कॉफी हाउस की मेज़ों पर सक्रिय दीखती थीं। अलग-अलग नामों की 'टेबल' होती थीं। मिसाल के लिए एक टेबल 'सीपी मिश्र की टेबल' के नाम से जानी जाती थी जहाँ लेखक, बुद्धिजीवी बैठकर एक उदार माहौल में बहस-बातचीत कर सकते थे। इस तरह की 'टेबलों' की अलग-अलग कहानियाँ अलग-अलग 'एटीकेट' थे।

कुँवर नारायण विश्वविद्यालय की पढ़ाई के बाद दिल्ली में पृथ्वीराज रोड पर कुछ समय के लिए आचार्य कृपलानी के साथ रहे। तब कृपलानी अंग्रेज़ी साप्ताहिक 'विजिल' निकालते थे। कुँवर नारायण थोड़ा-बहुत प्रूफ पढ़ने का काम और डिक्टेशन आदि ले लिया करते थे। उन दिनों कुँवर नारायण के पत्रकार बन जाने की एक सम्भावना थी। 'दादा' ने रफी अहमद किदवई से कहा भी। कुँवर नारायण 'हिन्दुस्तान टाइम्स' ज्वाइन करनेवाले थे पर 1955 में यूथ फेस्टिवल के सिलसिले में रूस, चीन, पोलैंड आदि देशों की यात्रा ने सबकुछ बदल दिया।

इस यात्रा में कई तरह के लोग थे। वीपी सिंह, अचला सचदेव, बलराज साहनी, प्रेम धवन, रंजन (अभिनेता) कई तरह के साहित्यिक, सांस्कृतिक, फ़िल्मी नाम एक साथ थे। वारसा में प्रसिद्ध आधुनिक तुर्की कवि नाज़िम हिकमत से मुलाकात की आज भी कुँवर नारायण को अच्छी याद है।

'आकारों के आसपास' के फ्लैप पर कुँवर नारायण अपना परिचय इस तरह से दे चुके हैं : 'साहित्य का धन्धा न करना पड़े इसलिए मोटर का धन्धा करता हूँ।' लेकिन कुँवर नारायण लखनऊ में मोटर का धन्धा भी बस थोड़ा-बहुत ही करते थे। बड़े भाई स्पीड मोटर्स का काम देखते थे। कुँवर नारायण अपने को इस कम्पनी का सिर्फ नाम से डायरेक्टर मानते थे। अधिकांश समय लेखन, संगीत, फ़िल्म, रंगमंच आदि को समर्पित रहता था। अमीर खान, पंडित जसराज, बिरजू महाराज, संयुक्ता पाणिग्रही, मालिनी राजुरकर, अज्ञेय, कारंत जैसे नाम कुँवर नारायण के महानगर वाले मकान 'विष्णुकुटी' में सिर्फ़ ठहरते ही नहीं थे, वहाँ संगीत, साहित्य, नृत्य की कई अविस्मरणीय सन्ध्याएँ भी आयोजित होती थीं। अमीर खान की कुछ दुर्लभ रेकार्डिंग भी कुँवर नारायण के संग्रह में हैं। हंसध्वनि का तराना अमीर खान ने बहुत मन से गा कर रेकार्ड कराया था। 'अमीर खान का गायन भी गम्भीर था और व्यक्तित्व भी गम्भीर था। गाते समय उनके चेहरे पर कोई विकृति या मुद्रा दोष नहीं नज़र आता था। स्वर बड़ी दृढ़ता का परिचय देते थे और गायन शैली गहन थी। एक बार अमीर खान रवीन्द्रालय में गानेवाले थे। पर उस दिन भीड़ बहुत कम थी। बेगम हजरतमहल पार्क में हबीब पेंटर कव्वाल के कार्यक्रम में ज़बरदस्त भीड़ थी। कम श्रोता देखकर अमीर खान निराश थे। मैंने उनसे कहा कि आपकी गायकी आपका ही हिस्सा है। और कोई उसे गा नहीं सकता है। जो उसे समझेगा वही गाएगा।'

सत्यजित राय जब 'शतरंज के खिलाड़ी' फ़िल्म की शूटिंग के सिलसिले में कई बार लखनऊ आए तो कुँवर नारायण उनके साथ को बहुत मूल्यवान मानते हैं, 'एक महान अनुभव था उन्हें काम करते हुए देखना, उनसे घंटों बातचीत करना।'

कुँवर नारायण ने विवाह काफी देर से किया। इसका एक कारण प्रारम्भिक वर्षों की स्वास्थ्य चिन्ता भी थी। 1966 में उन्होंने भारती से विवाह किया जो कोलकाता के शिक्षायतन में अर्थशास्त्र पढ़ाती थीं। उन्होंने बताया, 'प्रेसीडेंसी कॉलेज के सक्रिय बैकग्राउंड के कारण भारती के मार्क्सवादी आग्रह मजबूत थे। हालाँकि मैं मार्क्सवाद का विरोधी तो नहीं था पर अनुयायी भी नहीं था। शुरू में हम दोनों में तीखी बहसें होती थीं। अब इस तरह की बहसें कम होती हैं।'

भारती विवाह से पहले के दिनों को आज हँसकर याद करती हैं, 'आत्मजयी पढ़कर मैंने कुँवर नारायण से मिलने का फैसला किया था। उन दिनों मैंने यह भी सुना था कि वे एक कमरे में रहते हैं। इनकी इनकम सिर्फ़ दो सौ रुपए है।'

इन दिनों कुँवर नारायण लखनऊ कम और दिल्ली ज़्यादा रहने लगे हैं। सत्तर की उम्र पार कर चुके हैं। पर किसी नई अच्छी किताब को ख़रीदने की बात हो या फ़िल्म देखने का प्रस्ताव हो, तो कुँवर नारायण में एक 'दुर्लभ किशोर उत्साह' को देखा जा सकता है। इन पंक्तियों का लेखक बहुत छोटी उम्र में कुँवर नारायण के सम्पर्क में आया था। पर 1967 के कुँवर नारायण और आज के कुँवर नारायण में कोई फ़र्क नहीं नज़र आता।

मित्रों के चले जाने की बात से कुँवर नारायण ज़रूर दुखी हो जाते हैं। खोखलापन महसूस होता है, पाँव जैसे थरथराने लगते हैं। विजयदेव नारायण साही, रघुवीर सहाय, श्रीकांत वर्मा, विपिन अग्रवाल, सर्वेश्वर दयाल सक्सेना...उनको लगता है कि आज भी साही और विपिन अग्रवाल का ठीक से मूल्यांकन नहीं हो पाया है। सर्वेश्वर पर भी पुनर्विचार की ज़रूरत है, 'कुछ घटता चला जाता है मुझमें/उनके न रहने से जो थे मेरे साथ/मैं क्या कह सकता हूँ उनके बारे में/अब कुछ भी कहना एक धीमी मौत सहना है।'

क्या आपको यह सोचकर किसी तरह का रोमांच या सन्तोष होता है कि आप बीसवीं शताब्दी के अन्तिम दिनों में दुनिया के इतने तेजी से बदलते रूपों को देख रहे हैं? इक्कीसवीं शताब्दी की पूर्व संध्या पर आप किन चीजों के बारे में सोचना चाहेंगे?

कहते हैं, समय बीतते देर नहीं लगती। ऐसा ही लग रहा है कि एक सदी बीतते देर नहीं लगी। अच्छे-बुरे दिनों की तरह के विचार मन में उठते हैं। इस सदी में, इसी देश में, गांधी जैसा महामानव हुआ और यहीं उसकी हत्या हुई। देश आज़ाद हुआ, तो मन में भरपूर उत्साह था। आज लगता है मानो हमने आज़ादी के सबसे अनैतिक और फूहड़ अर्थ को ही अपना लिया हो। निराशा होती है, फिर भी निराशावादी नहीं

हूँ! मेरी उम्र का अधिकांश हिस्सा इसी सदी में बीता है, अगली सदी के लिए थोड़े से ही वर्ष बचे हैं। निजी स्तर पर ऐसा नहीं लगता है कि इन चन्द वर्षों में ऐसा विशेष कुछ देख सकूँगा जो आज से बहुत भिन्न हो। फिर भी, आज की श्रेष्ठतम प्रतिभाओं को देखता हूँ तो आशा बँधती है, और इस मायने में पूर्णतः आशावादी हूँ। सहसा एक बिम्ब दिमाग में उभरता है—स्टीफेन विलियम हॉकिंग का—शरीर से विकलांग, पर विलक्षण प्रतिभा के धनी। एक ओर घोर निराशा दूसरी ओर उससे खेलती उनकी जागरूकता! अगली सदी में जाते हुए आदमी के इसी दूसरे पक्ष पर भरोसा रखना पसन्द करूँगा क्योंकि वहीं उसकी मानवता और रचनाशीलता की जड़ें हैं।

क्या आप जीवन के उन तीन-चार क्षणों या अवसरों को गिना सकते हैं जो आपके सोच और जीवन पर निर्णायक असर डाल सके? क्या ऐसे क्षण आदमी के जीवन में होते भी हैं?

निर्णायक असर डालने वाले 'कारण' अक्सर बहुत ही व्यक्तिगत और भीतरी होते हैं। वे चुपचाप घटित हो जाते हैं, और कभी-कभी हमें ख़ुद भी पता नहीं चलता कि यह सब क्यों, कैसे और कब हो गया। हम अपने जीवन में ऐसे कई 'संवेदनशील क्षणों' को याद कर सकते हैं जब एक बहुत मामूली सी 'घटना', 'प्रसंग' या 'सम्पर्क' एक मोड़ ला सका हो; और यह भी कि कोई बड़ा हादसा भी हम पर कोई स्थायी असर न डाल सका हो। वैसे, 1955 में मेरी पहली विदेश यात्रा का विशेष महत्त्व है। यात्राएँ बाद में भी करता रहा—पर उस तरह, अन्दर से, शायद नहीं! कॉलेज के दिनों के अपने एक साथी को याद करता हूँ। हम दोनों विज्ञान के विद्यार्थी थे पर साहित्य में उसकी रुचि ने मुझे भी उस ओर खींचा और बाद में मैंने विज्ञान छोड़कर अंग्रेज़ी साहित्य में एम.ए. किया और स्वतन्त्र लेखन की ओर आकृष्ट हुआ।

एक लेखक के लिए सुख-सुविधा के वास्तविक अर्थ क्या हो सकते हैं? क्या आज की दुनिया में किसी भी तन्त्र की कोई वास्तविक प्रतिभा उपेक्षित या अभावों का जीवन जीने के लिए मजबूर हो सकती है?

सुख और सुविधाओं को थोड़ा अलग-अलग रखकर सोचें। अगर कोई व्यक्ति बिलकुल ही निकम्मा नहीं है, तो उसके लिए जीवन की सामान्य सुविधाएँ जुटा लेना बहुत मुश्किल नहीं। जहाँ तक 'सुख', 'सन्तोष' या 'आनन्द' का सवाल है वह सबसे पहले एक ख़ास तरह की मानसिकता है। जो साहित्य, कला या विचारों की दुनिया में रहना पसन्द करता है उसके लिए जाहिर है, व्यावसायिक होड़ में शामिल होना जीने का आदर्श तरीका नहीं होगा। वैसे भी, मेरा मानना है कि आदमी की सामर्थ्य उतनी सीमित नहीं कि वह एक से अधिक काम न कर सके। जबकि आज की दुनिया

में तो एक ही काम में भी ऐसी अनेक सम्भावनाएँ हैं कि जीविका के लिए पर्याप्त साधन अर्जित किए जा सकें–बिना अपनी मुख्य प्रतिबद्धता को ख़तरे में डाले।

साहित्य के अलावा आप संगीत, फ़िल्म, रंगमंच आदि से भी गहरे स्तर पर जुड़े रहे। इनमें से कौन-सी दुनिया को आप अपने नजदीक पाते हैं और क्यों? आपके लेखन से वह दुनिया किस तरह से जुड़ती है?

फ़िल्म, संगीत और रंगमंच–कमोबेश इसी क्रम से पसन्द करता हूँ। एक फ़िल्म के जिस तरह 'रशेज' लिए जाते हैं और फिर उनका सम्पादन किया जाता है वह मुझे काव्य-प्रक्रिया के काफी नजदीक लगता है। बिम्बों, ध्वनियों, रंगों, स्थितियों और पात्रों के संयोजन में भी हम कविता और फ़िल्म के बीच एक दिलचस्प समानता को पहचान सकते हैं। संगीत इस मायने में एक अधिक जटिल कला है कि वह केवल ध्वनि के माध्यम से (यद्यपि अपेक्षाकृत एक सीमित दायरे में) विभिन्न प्रभावों को उत्पन्न करती है। हिन्दुस्तानी संगीत को सुनते हुए एक बात की ओर अक्सर मेरा ध्यान गया है–एक राग विशेष की पाबन्दी के अन्दर भी 'प्रयोगों' और 'अन्वेषण', यानी नई कोई बात पैदा करने की, पूरी गुंजाइश रहती है। छन्दों और ग़ज़ल के फॉर्म को लेकर भी यह बात मन में उठती है कि क्या उनसे 'मुक्ति' (मुक्त-छन्द की बात सोच रहा हूँ) बेहद ज़रूरी है, या प्रयोगों की एक दिशा यह भी हो सकती है कि छन्दों के लिए अन्दर ही नए प्रयोगों की गुंजाइश निकाली जाए। इस तरह के कुछ प्रयोग मैंने किए भी हैं–संगीत से ही कुछ रूपक लेकर।

एक लेखक-विचारक ने कहीं कहा था कि हम अंग्रेज़ों की बजाय फ्रांसीसियों का उपनिवेश होते, तो शायद बेहतर होता। इस कथन में केवल एक खीझ है या दूसरी तरह की ज़रूरतें और सच्चाई भी है?

इस तरह के अनुमान लगाना दिलचस्प हो सकता है। पर सच्चाई तो यह है कि आज अंग्रेज़ी भाषा की जो जगह दुनिया में बन गई है वह फ्रैंच, स्पेनिश या डच भाषाओं की नहीं है। आज जिस तरह विश्व साहित्य अंग्रेज़ी के माध्यम से उपलब्ध है किसी अन्य भाषा में नहीं है। एक दूसरा पक्ष भी है कि शायद फ्रांसीसी भाषा और साहित्य का हम पर कम दमनकारी प्रभाव होता। पर इसे लेकर एक अन्दाज ही लगाया जा सकता है। जिन उपनिवेशों में फ्रांसीसी प्रभाव रहा वहाँ भी आज़ादी के बाद अपनी अस्मिता, पहचान और भाषा के सवाल भी उतनी ही शिद्दत से उठ रहे हैं...।

अपनी कविता के कम या सीमित पाठकों ने कभी आपको चिन्तित किया है? क्या आपको महसूस होता है कि हिन्दी के आधुनिक कवियों को आम पाठकों और श्रोताओं के बीच पहुँचने के अधिक और अच्छे अवसर खोजने चाहिए? हिन्दी प्रदेशों

में साहित्य-संस्कृति के प्रति लगातार बढ़ती उदासीनता के लिए कौन सी चीजें दोषी हैं?

काव्य-पाठ, कविता पर खुली बातचीत, पाठकों से सीधे सम्पर्क आदि को महत्त्व देता हूँ। विश्वविद्यालय और शिक्षा संस्थान इस दिशा में बुनियादी भूमिका निभा सकते हैं कि छात्रों में सही कविता के प्रति रुचि जाग्रत हो। कविता पुस्तकें—बल्कि हिन्दी पुस्तकें ही आसानी से नहीं मिल पातीं; न ही उनका कोई समुचित प्रचार-प्रसार होता है कि पाठकों को उनके बारे में जानकारी मिलती रहे। ये कुछ बिलकुल व्यावहारिक दिक्कतें हैं जिनकी ओर ध्यान दिया जाना चाहिए। मनोरंजन व्यवसाय और मीडिया तन्त्र के गठबन्धन ने भी हमारी पढ़ने की आदत पर विपरीत असर डाला है।

एक लेखक की हैसियत से आप समकालीन भारत के राजनीतिक कैनवस में रंगों की किस तरह की कमी महसूस करते हैं? वर्तमान राजनीति की अराजकता, फूहड़पन और हिंसा के लगभग भयावह वातावरण को आप किस तरह से देखते हैं?

कभी अकबर इलाहाबादी ने लिखा था, 'डारविन साहब हकीकत से निहायत दूर थे/हम न मानेंगे कि मूरिस आपके लंगूर थे।' आज की उच्छृंखल राजनीति को वे देखते, तो शायद बात को कुछ इस तरह कहने पर मजबूर हो जाते, 'कोई माने या न माने पर तजुर्बों की कसम/डारविन साहब हकीकत के बहुत नजदीक थे, कुछ-न-कुछ घपला हुआ जब बन्दरों की नस्ल में/आदमी पैदा हुआ—ये शुब्हे उनके ठीक थे!'

किसी भी भाषा या देश की ऐसी कौन सी दस पुस्तकें हैं जिन्होंने आप और आपके लेखन पर गहरा असर डाला है?

पुस्तकें तो दस से कहीं अधिक हैं, फिर भी तत्काल जो याद आ रही हैं वे इस प्रकार हैं : 1. महाभारत-भगवद्गीता, 2. रामचरितमानस, 3. शेक्सपियर के नाटक, 4. सेर्वांते का उपन्यास 'डॉन क्विग्जोट', 5. मलार्मे की कविताएँ, 6. ग़ालिब का दीवान, 7. काफ़्का का उपन्यास 'द ट्रायल', 8. मारकेस का उपन्यास 'लव इन द टाइम्स ऑव कॉलरा', 9. बोरखेस की कविताएँ और पुस्तक 'लेबीरिंथ्स' और 10. उपनिषद् (ख़ासकर कठोपनिषद्)।

(1998)

कवियों की जीवन दृष्टि बड़ी होनी चाहिए

लीलाधर मंडलोई

कुँवरजी हिन्दी और उर्दू के विभाजन को अभी गहरे से अनुभव किया जा सकता है जबकि शुरुआत में ऐसा नहीं था। इसके पीछे कौन-सी मानसिकता है अथवा राजनीति?

यह फैसला बहुत कठिन है। राजनीति चाहे जैसा खेल खेले। अन्ततः यह सतह का क्रिया-व्यापार है। आप पूरे हिन्दी के विकास को देखें। उत्तर भारत में ही नहीं दक्षिण में भी इसकी शुरुआत हो चुकी थी। पहले हम उसे उर्दू समझते थे लेकिन राहुलजी ने जब उसका एक संग्रह निकाला तो पहली बार मालूम हुआ कि उसमें अधिकांश शब्द हिन्दी के थे। दक्षिणी (दक्खिनी) हिन्दी एक सशक्त भाषा थी। अमीर खुसरो या फिर दाऊद की भाषा इसके पहले थी। हिन्दी के विकास को उर्दू-ए-मुअल्ला से शुरू करना ठीक नहीं। हिन्दी उससे पहले से विकसित हो रही थी और इस परम्परा के उत्स कहीं जैन-साहित्य में बड़े मजबूत हैं। फिर प्रेमाख्यान की परम्परा को भूलना एक बड़ी ग़लती होगी। वहाँ मुसलमान भी थे जो कृष्ण काव्य लिख रहे थे। मुझे लगता है जब फ़ोर्ट विलियम्स के जमाने में हिन्दुस्तानी की बात उठी, उसी समय हिन्दी-उर्दू विभाजन के विष-बीज पड़े। वो इसके पहले नहीं थे। पहले हिन्दी स्वाभाविक ढंग से मिल-जुलकर विकसित हो रही थी।

इसका अर्थ हुआ कि पहले एक गहरा इंटीग्रेशन था जिसे छिन्न-भिन्न करने के प्रयास अंग्रेज़ी राज में हुए।

इंटीग्रेशन भावनात्मक स्तर पर पहले हो चुका था जिसका मुख्य कारण मैं भक्तिकाल में रचे साहित्य को मानता हूँ। आज हम उस साहित्य की अवहेलना करते हैं और जो कोर्स में पढ़ाया जा रहा है वह एक अलग दृष्टि से दी गई चीज है। यद्यपि उस साहित्य का युग समाप्त नहीं हुआ। वह वर्तमान है और वह हमारे ऐस्थेटिक्स और नैतिकताबोध में वर्तमान हैं। हमारे व्यवहार की प्रतिक्रियाएँ उन्हीं की देन है। हज़ार साल की परम्परा का यह प्रभाव मिटनेवाला नहीं। हमसे अधिक इसे राजनीतिज्ञ जान रहे हैं। वह हमारी कलाओं में बेहतर ढंग से व्याप्त और समरस है।

हाँ! कलारूपों में वह कहीं अधिक समरस है और विचार में शायद गांधी के पास?

सही कहा आपने। बहुत से प्रभाव होते हैं जो अज्ञात रूप में हमारी भाषा में रच-बस जाते हैं और हमें पता भी नहीं चलता। अगर खोलकर देखें तो पता चलता है कि सच क्या है? एक उदाहरण मैंने गांधी का लिया था। पूरे गांधी चिन्तन में जो वैष्णव संवेदनाएँ हैं, उनकी एक पूरी परम्परा है जो जैन-साहित्य से आती हुई दीख पड़ती है। जैन-साहित्य पूरी तरह उपलब्ध नहीं है लेकिन वहाँ मूल्यवान सामग्री है। गांधी देखते थे उनकी नैतिक क्रान्ति के बीज इसी परम्परा में हैं।

कुँवरजी हमें परम्परा के प्रभाव का आधार किस तरह खोजना चाहिए? हम कहाँ चूक कर रहे हैं?

यह एक लम्बा इतिहास है। इसे छोटी-सी बातचीत में समेटा जाना कठिन है। मैंने थोड़ा अलग विचार किया है। अभी तक अध्ययन की प्रविधि में कुछ ऐसा रहा है कि पश्चिम के प्रभावों को पूर्व पर आँका जाता है। लेकिन पूर्व के प्रभाव भी पश्चिम गए...इस तरह से नहीं समझा जाता। देखना चाहिए कि प्राचीन अलेक्जेंड्रिया के पास जो लाइब्रेरी बनी तो उसमें तमाम भारतीय विद्वान्, अरबी, फारसी के विद्वान्, ग्रीक दार्शनिक मिलते थे...अरबी तब एक सशक्त माध्यम थी...अनुवाद का। उपनिषदों के भी और ग्रीक दार्शनिक ग्रन्थों के। फिर अलेक्जेंड्रिया के बाद कांस्टेटिनोपॅल केन्द्र बना। इसी वजह से क्रिश्चियेनेटी में ये सब प्रभाव गए। बाइबल के तमाम रेफरेंसेस आपको कुरान में मिलेंगे। तो यह एक ऐसा फेज था...समझिए फर्स्ट सेंचुरी ए.डी. से अगर हम मान लें तो 10वीं-11वीं सदी तक, जब इस्लाम भारत आया। इसके पहले पूरब-पश्चिम की इंटरमिक्सिंग हो चुकी थी। आप सूफी वाद में देखें तमाम ऐसे विचार भरे पड़े हैं। भारत आने के बाद के नहीं उसके पहले से। क्रिश्चियेनेटी में भी जो ट्रैंड्स हैं, उनमें भारतीय और अन्य विचारकों के प्रभाव हैं। देखें तो ये प्रभाव अलेक्जेंडर के समय से बराबर चले आ रहे हैं और प्रभावों की ग्रहण-प्रक्रिया में एक कंटीन्यूटी है और यह यूरोप के रेनेसां से पहले शुरू हो चुकी प्रक्रिया है। अलेक्जेंड्रिया के पास जहाँ भारतीय मर्चेन्ट्स रहते थे उनके साथ फिलॉसफर्स भी जाकर रहा करते थे। बराबर एक आदान-प्रदान था। अलेक्जेंडर यूँ ही भारत नहीं आया। उसने भारतीय समृद्धि के बारे में सुन रखा था केवल आर्थिक ही नहीं अन्य समृद्धियों जैसे विचार, साहित्य व संस्कृति के बारे में भी।

देखा जाए तो बाज़ार के लिए आए हुए लोगों का आना एक तरह से ठीक रहा कि उन्होंने हमारे ज्ञान में बहुत कुछ जोड़ा बावजूद इसके कि भौतिक रूप से हम लूटे भी गए?

हाँ भारत के लिए ये अनुभव नए नहीं। हमने चाहें व्यापारी हों अथवा आक्रमणकारी, उनकी बराबरी की...और अपनी ताकत को भी जाना। आज

ग्लोबलाइज़ेशन को लेकर हम चौंकते हैं। यह स्थिति तो हमेशा बनी रही। उत्तरी भारत तो एक चौराहे की तरह रहा। जहाँ बाहरी लोगों का आना-जाना बराबर रहा। हम उन प्रभावों को लेकर विचलित नहीं हुए। उन्हें हमने अपनी तरह से लिया या रिजेक्ट किया। लेकिन हम नष्ट नहीं हुए। वो ख़तरा आज भी नहीं। इतिहास गतिशील है...सारी विधाओं में। उनके गेन्स भी हैं और घाव भी। आर्य आए। विजेता की तरह। उनसे युद्ध हुए। लेकिन उन्हें बसना था...बसे। लेकिन आज हमारे पास ऐसा इतिहास नहीं है जो ठीक-ठीक बताए कि उन्होंने क्या ज़्यादतियाँ कीं। हमारे पास आज उनका क्या बचा। वेद हैं। भाषा है। वेशभूषा है...जो हज़ारों साल से बरकरार है।

हमें सोचना चाहिए कि हमारा चुनाव क्या हो? हम बस ज़्यादतियों की सोचते हैं, या गेन्स को भी। मुझे कहीं लगता है कि हमें एडवर्ड सईद के चिन्तन ने जकड़ लिया है। हम उस चिन्तन से बाहर निकल कर सोचने को तैयार नहीं। हम अभी भी मानते हैं कि हम उपनिवेशवाद के भाषायी गुलाम हैं। हम यह क्यूँ नहीं मानते कि हम एक सशक्त आज़ाद राष्ट्र हैं। यह एक ऐतिहासिक अनुभव है। कई देश उपनिवेशवाद की जकड़ में रहे। लेकिन उन्होंने हटकर सोचना शुरू किया और अब सशक्त राष्ट्र हैं। हमें चाहिए कि हम ग्लोबल परिस्थिति को अपने पक्ष में करें।

इस दिशा में हमें संकोच और सन्देह से बाहर निकलना होगा। कुँवरजी, लगता है ऐसा करने और उसे लाँघने के अलावा कोई विकल्प नहीं?

हाँ...। मैं इसे ज़रूरी समझता हूँ। कांक्री हम सभी चिन्तित हैं कि अंग्रेज़ी ने हिन्दी को दबोच लिया है। अंग्रेज़ चिन्तित नहीं हैं कि भारतीय लेखकों ने अंग्रेज़ी पर कब्जा कर लिया या कहें एशियाइयों ने। बताइए आज मूल अंग्रेज़ी बोलनेवाले मेज़ॉरिटी में हैं या वो जिनकी मूल भाषा अंग्रेज़ी नहीं। हम सोचते हैं, हमारी कविताओं के अच्छे अनुवाद अंग्रेज़ कर सकते हैं। अनुवादों में यह निर्भरता क्यों? हमें आत्मनिर्भर होना पड़ेगा। आज अंग्रेज़ी के पाठक एशिया में ज़्यादा हैं। हमें उनकी (अंग्रेज़ों) तरफ देखने की ज़रूरत नहीं। ग्लोबल इम्पैक्ट्स को हमें सशक्त राष्ट्र के रूप में देखना होगा। अगर हम एक पूर्व गुलाम की तरह सोचेंगे तो उसकी छाया जीवन और साहित्य दोनों जगह दिखेगी। वह वर्तमानबोध को दूषित करेगी। उस छाया से निकलकर खुले ढंग से और बदले माहौल में हमें सोचना पड़ेगा तभी समकालीन कविता की मानसिकता पर अपेक्षित प्रभाव पड़ेगा और नए परिणाम सामने आएँगे।

कुँवरजी अगर हम पूरी शताब्दी को देखें और खड़ी बोली की यात्रा को, तो हमने तमाम स्रोतों से शक्ति अर्जित की है। इस यात्रा को भविष्य में किस तरह जारी रखना चाहिए?

यह यात्रा, यह प्रक्रिया रुकनी नहीं चाहिए। ग्लोबल का अर्थ सिर्फ़ आर्थिक और सैनिक नहीं, अपितु सांस्कृतिक भी है। यह एक अवसर है। आप कम्प्यूटर, इंटरनेट देखिए। इतनी सूचनाएँ, भाषाएँ, भाषाओं का साहित्य हम तक पहुँच रहा है तो इनका उपयोग करना चाहिए। भागने की ज़रूरत नहीं, कोई अच्छा शिक्षित देश इन जानकारियों से भागता नहीं, उनका भरपूर इस्तेमाल करता है। साहित्य में यह इस्तेमाल अभी होना है...।

मेरे विचार से किसी भी प्रकार की चुनौती एक अपॉरचुनिटी भी होती है...?

बिलकुल ठीक...। देखिए बिना चुनौती के कोई क्रान्ति नहीं होती। चुनौती फेस करने पर ही एक नई सशक्त चीज सामने आती है, समाज में भी और साहित्य में भी...।

अतीतगामी होना एक घिसा-पिटा मुहावरा मान लिया गया है। कविता में क्लासिकीय संवेदना की बात भी आप करते हैं तो नए और पुराने के बीच रास्ता कैसे बनेगा?

देखिए हिन्दी का अतीत दुनिया की अन्य भाषाओं की तुलना में बहुत बड़ा है। छोटा-मोटा अतीत नहीं है यह। अंग्रेज़ी की बात करो तो 5-6 सौ साल ज़्यादा-से-ज़्यादा। हमारा अतीत संस्कृत काव्यधारा से अब तक का है। उससे सन्दर्भ लेना एक बहुत विशाल खजाने को इस्तेमाल करने की तरह है। जिसकी सोच और समझ के लिए, हमें लगता है नए सिरे से तैयार होना पड़ेगा। कहीं से थोड़ा-सा उठा लेना भारतीयता नहीं है। उसे अपनी कविता से सघन रूप से, पूरी परम्परा से जोड़ना होगा। आज में उसे शामिल करना होगा तभी वह समृद्ध होगी और भारतीयता भी।

कुँवरजी आपने कदाचित् इसलिए मिथक से अपनी कविता को समृद्ध किया। अर्थात् आपका संग्रह 'आत्मजयी'।

हाँ, मैंने कठोपनिषद् को आधार बनाया या कहें वहाँ से मिथक उठाया। मिथक के बारे में मुझे एक बात लगी कि और दूसरी जगह, जैसे ग्रीक माइथोलॉजी में, मिथक इतिहास की तरह हैं लेकिन हमारे यहाँ आज भी जीवित हैं। कई बार लगता है यथार्थ से अधिक हमारे यहाँ मिथक जीवित हैं! और वे भावभूमि को ही नहीं, यथार्थ जीवन को प्रभावित करते हैं—कभी अच्छे के लिए, कभी बुरे के लिए। यह एक चैलेंज है कि मिथक जो जीवित हैं उनका इस्तेमाल कैसे करें। इस्तेमाल में चुनौती और ख़तरा भी है...।

कुँवरजी जैसे इधर मिथक कुरूप भी कर दिया गया?

हाँ, राम का मिथक! जिस पर मैंने अयोध्या-92 कविता लिखी। मैंने इस मिथक के कुरूपीकरण के ख़िलाफ़ ही कविता में लिखा। क्योंकि यह मिथक एक सामाजिक खलल की तरह सामने पेश हुआ जो तकलीफदेह था...।

शब्द और अर्थ को लेकर अलग-अलग बातें सुनने में आती हैं? आपने इस पर चर्चा भी की है। कृपया अपने विचार बताएँ विशेषतः कविता के सन्दर्भ में?

देखिए, सैकड़ों साल तक संस्कृत में यह बहस चलती रही कि शब्द प्रमुख है अथवा अर्थ। पंडितराज जगन्नाथ ने इसको क्लिच करते हुए कहा कि शब्द और अर्थ—दोनों मिलकर एक रमणीय सुन्दर अर्थ दें, वही काव्य है। इंटीग्रेशन काव्य है। मार्क्स ने भी कहा है 'फॉर्म इज द फॉर्म ऑफ इट्स कंटेन्ट', जो महत्त्वपूर्ण सूक्त वाक्य है। अगर दोनों को विभाजित कर दें तो बात बनती नहीं। कथ्य में क्लेरिटी ज़रूरी है। सिर्फ़ फॉर्म के सहारे रचना खड़ी नहीं हो सकती। फॉर्म केवल बाहरी चीज है। उसका भी अर्थ है लेकिन वो कन्टेन्ट्स के साथ इंटीग्रेटेड है। अगर कविता का फॉर्म कोई अर्थ नहीं देता तो मेरे लिए बेमानी है। दरअसल वो इतना इंटीग्रेटेड होना चाहिए...फॉर्म के साथ कि स्वतः अर्थपूर्ण हो उठे।

कविता को आज विभाजित करके देखने का रवैया बढ़ा है, हालाँकि विश्लेषण के लिए शायद ज़रूरी हो लेकिन प्रेम-कविता, मृत्यु की कविता, युवा कविता, दलित कविता, स्त्री की कविता आदि, इस तरह क्या उसे देखना चाहिए?

विश्लेषण के ख़तरे भी हैं। रचना विश्लेषण के आधार पर नहीं चलती। रचना जीवन को इंटीग्रेटेड फॉर्म में, काम्प्लेक्स रूप में देखती है। रचना इसलिए हमेशा समस्यामूलक होती है। देखा होगा आपने लोग कथ्य या रूप कहते हैं जबकि होना चाहिए कथ्य-और-रूप। इस अन्तर के प्रति अवेयर होना चाहिए। और रचना में जीवनदृष्टि बड़ी होनी चाहिए।

कुँवरजी क्या आप खड़ी बोली में हुई अब तक की काव्य यात्रा से सन्तुष्ट हैं? क्या कुछ और करना चाहिए कि इसका स्कोप बढ़े?

महत्त्वपूर्ण प्रश्न है। मैं कहना चाहता हूँ कि जब हम दृश्य में आए जैसे मैं और रघुवीर और हमारे अन्य साथी कवि तो हमारी चिन्ता यही थी कि इसे विस्तृत करें। इसका स्कोप बढ़ाएँ। हमने तमाम प्रयोग किए। अतीत से सम्बन्ध रखा और नए विषयों से इंटरऐक्ट किया। चिन्ता यही थी कि कैसे इस भाषा को विविधता दें कि वह समर्थ हो सके। भाषा को समृद्ध करने के लिए कई बार ऐसे क्षेत्रों में जाना पड़ता है जो सामान्य जीवन से बाहर के क्षेत्र हैं। जो चिन्तन के क्षेत्रों का रहा है, वहाँ से भी हम शब्दावली लेते हैं, भाषा भी लेते हैं। जो चिन्तन हिन्दी में नहीं और दूसरी

भाषा में हो रहा है, वहाँ भी हमें जाना होगा। तभी कविता की भाषा समृद्ध होगी। जहाँ तक आज की कविता का सवाल है मैं कहूँगा कि वह अपने पाँवों पर खड़ी है। हिन्दी की अपनी एक सशक्त काव्य परम्परा बन चुकी है और उसे आगे ले जाने के लिए और प्रयत्न ज़रूरी है।

कुँवरजी, इधर छन्द की बात फिर चल पड़ी है। इसे कितना प्रासंगिक मानते हैं आप? छन्द की चर्चा को लेकर कोई प्रतिक्रिया?

आज़ादी के बाद की अनेक कविताओं में लय किसी-न-किसी रूप में विद्यमान है। छन्दों की बड़ी अच्छी छटा वहाँ मौजूद है। इसलिए मैं वापसी जैसी बात को तो नहीं मानता। लेकिन यह ज़रूर है कि छन्दों के अन्दर प्रयोग की बहुत गुंजाइश है। उस ओर भी हमारा ध्यान रहना चाहिए।

एक और महत्त्वपूर्ण बात कि इधर कवियों में नैतिक बल का जो अभाव है, उसको लेकर आप क्या सोचते हैं?

हाँ, यह बड़ी कमी है जो कविता में दिखाई दे रही है। आज़ादी के बाद हमारा नैतिक बल लगातार कमजोर हुआ है। हम लोगों में लगता है वह कूवत नहीं। दरअसल हमारी आसक्ति भौतिकता चीजों के प्रति बढ़ी है, जो मनोबल को कमजोर करती है। मुझे लगता है सन्त कवियों में जो अस्वीकार की ताकत थी वह बाद में खो गई। एक उदाहरण दूँगा—सुकरात बाजार में घूम रहे थे। उन्होंने देखा बाजार तमाम पुराने सुन्दर सामानों से भरा पड़ा है। उन्हें देखकर और दोनों बाँहें उठाकर वे बोले—'वाह! दुनिया में कितनी चीजें हैं जिनकी मुझे कोई ज़रूरत नहीं'। तो वे अपने वैचारिक वैभव से सन्तुष्ट थे। हमें इसी रास्ते सन्तुष्ट होना सीखना होगा और मैं आश्वस्त हूँ कि यह भी एक अलग तरह का वैभव है।

इसी के बरक्स एक और तथ्य है कि हमारे भीतर परिवर्तनों को स्वीकार करने की क्षमता भी कम है और विरोध करने की भी?

मैं इसे मानता हूँ! आज हमें एक आज़ाद निडर राष्ट्र की तरह नई चीजों को स्वीकार करना चाहिए। बदलते समय से जूझना चाहिए। हमें बैठकर अपनी ज़रूरतों को कभी परिभाषित करना चाहिए। एक स्वस्थ दृष्टि होनी चाहिए। जैसे मोटरें बन रही हैं तो बाजार भर गया मोटरों से जबकि हमें पब्लिक ट्रांसपोर्ट की ज़रूरत हैं। रेलें क्षमता से कम हैं और मोटर निर्माण प्राथमिकता पर। यह असन्तुलन तकलीफ देता है। हमारी प्रायरटीज में शिक्षा होनी चाहिए लेकिन वह नहीं है उस तरह। अशिक्षितों को लेकर लोकतंत्र कैसे चलेगा। इसके ख़िलाफ़ आवाज़ क्यों नहीं उठती जबकि शिक्षा सबका जन्मसिद्ध अधिकार है।

कुँवरजी, कुछ सवाल समकालीन कविता पर। आपको इसकी सबसे बड़ी उपलब्धि क्या दीखती है?

कई सन्दर्भों में सरोकार विकसित हुए हैं, ये सबसे बड़ी उपलब्धि हैं। दुनिया की सभी कविताओं को देखता हूँ और भारतीय कविता को सामने रखकर यह पाता हूँ कि जितने विविध इतिहास, समस्याओं और प्रभावों को इसने आत्मसात किया है वह सचमुच आश्चर्य की बात है। एक और बात जोडूँगा कि समकालीन कविता ने हमारा ध्यान जिस तरह से उपेक्षित वर्ग की तरफ मोड़ा है, यह बहुत बड़ी बात है।

यानी कविता में साधारण की असाधारण स्थापना, हम कह सकते हैं?

हाँ। साधारण से लेकर अतिसाधारण और असाधारण तक कविता की दृष्टि, मुझे वाकई अभिभूत करती है। कविता ने इस बीच सीमाओं को तोड़ा है। और सत्य भी यही है कि वह सीमाओं में बँधकर कभी बड़ी नहीं हो सकती। उसे मानवता के एक बड़े 'स्पैन' को छूना होगा और वह ऐसा कर पा रही हैं।

कविता में बनते जो तात्कालिक सम्बन्ध दिखाई देते हैं या कहें सन्दर्भों, प्रसंगों आदि से त्वरित ढंग से जुड़ते हैं, उन्हें कविता में ले आना, इसे आप किस तरह देखते हैं?

सतही सम्बन्ध जैसे कि टी.वी. या अखबार से हमारे बनते हैं, वैसे कविता को कम प्रभावित करते हैं। उन्हें एक उपन्यास से होने वाले सम्बन्ध की भाँति होना चाहिए...अर्थात् गहरा सम्बन्ध। जो भीतरी सतह पर हो। बगैर आत्मीय ढंग से उतरे सम्बन्ध गहरे और सच्चे नहीं होते। मैं कहना चाहता हूँ कि आदमी को वस्तु की तरह न देखें, एक आत्मा की तरह जानें। इसलिए मैं जीवन में चीजों के अनावश्यक हस्तक्षेप को ऊपरी मानता हूँ। हमारी दृष्टि चीजों के पार देखने वाली हो और ऐसा कविता में सम्भव होता दिख रहा है।

कविता में विचार की जगह को लेकर भी आज कई तरह की आपत्तियाँ हैं ख़ासकर मार्क्सवादी विचार को लेकर।

लोग समझते हैं रूस के टूटने के बाद जैसे मार्क्सवाद समाप्त हो गया। यह एक अजीब-सा सरलीकरण मुझे लगता है। वैसा ही सरलीकरण जैसे हमने पूरे मार्क्सवाद के अर्थ को रूस से जोड़ के देखा। बड़े विचारों के भौतिक रूप नष्ट होते हैं, उनकी आत्माएँ जीवित रहती हैं। मैंने '90 में अपने एक लेख में, यह कहा भी था कि एक बड़ी विचारधारा अपने भौतिक कैद से मुक्त हुई है और इस तरह वह मैच्योर हुई है। उसे बड़े जीवन में प्रवेश का अवसर मिला है। मार्क्सवाद इसलिए ज़िन्दा रहेगा कि उसने सबसे ज़्यादा समीक्षा झेली। उसने बड़ी यात्रा की। यही उसकी वाइटिलिटी का मापदंड है और उसके जीवित रहने का कारण भी।

सोवियत रूस के टूटने के बाद इधर दो-ढाई दशकों की जो कविता है, उसे लेकर आप क्या सोचते हैं?

'बहुवचन' में मेरी एक टिप्पणी इस विषय पर प्रकाशित है। मैं उसी कड़ी में कहना चाहता हूँ कि कवियों की जीवन दृष्टि बड़ी होनी चाहिए। साहित्य-चिन्ताएँ बड़ी होनी चाहिए।...और ज़्यादा मानवीय। मुझे लग रहा है वे इनके प्रति अधिक सचेत हो रहे हैं। पहले गाँव-घर, माता-पिता की कविताएँ बहुत थीं। इधर उनके कविता में सरोकार बढ़े हैं। घर के कान्सेप्ट में भी फ़र्क आया है। घर के बाहर भी विकल्प हैं। पहले मैं लखनऊ में था अब दिल्ली में हूँ। शुरू में लगा कि यह नई जगह है लेकिन दिल्ली अब अपनी लगने लगी है। कहना चाहता हूँ कि जीवन जहाँ उखड़ रहा है वहीं ज़्यादा बड़े विश्व से जूझने की मानसिकता भी दे रहा है। एक कम्प्यूटर के बटन के इशारे पर अब दुनिया का भेद खुलता है तो हमें भी काव्य सम्वेदना में खुलना होगा...बटन के इशारे पर नहीं...वरन् आदान-प्रदान की दुनिया में...।

समकालीन कविता में शक्ति केन्द्रों के हस्तक्षेप और प्रभाव को लेकर आप क्या अनुभव करते हैं?

ये ख़तरा है लेकिन इसका सामना करने के लिए कवियों को ही पहल करनी होगी। पॉवर स्ट्रक्चर हमेशा रहे हैं आगे भी रहेंगे। अकबर के जमाने में क्या दरबारी कवि नहीं थे लेकिन उनको भी अस्वीकार करने वाला एक सशक्त कवि वर्ग था। और वह फतेहपुर सीकरी के नजदीक नहीं जाता था। तो अस्वीकार करने वाला एक समुदाय भी हमेशा होगा। कवि वही है जो अस्वीकार करना जानता हो।

कुँवरजी कविता लिखते हुए एक कवि को किस तरह अपने को तैयार करना चाहिए अथवा पहले से तैयार होना चाहिए?

कविता लिखना बहुत मुश्किल काम है फिर भी उसे एक अनिवार्यता की तरह लेना चाहिए। रचना की प्रेरणा ही अनिवार्यता है जिसमें कविता कवि के माध्यम से जन्म लेती है। रचना प्रक्रिया के दौरान भाषा जेनेरेटिव अथवा ट्रांसफर्मेशन की प्रक्रिया से गुजरती है। मैं समझता हूँ ऐसे वक्त मनःस्थिति मुक्त होनी चाहिए। उसे खुला छोड़ना चाहिए।

काव्य-आलोचना के स्वरूप को लेकर भी कई बहसें हैं तो इधर की आलोचना अथवा समीक्षा को लेकर आप क्या सोचते हैं?

इस दौर में साहित्य से अधिक समीक्षा ने कविता को प्रभावित किया है। फिर भी वह साहित्य आचार्यों अथवा शास्त्रियों से मुक्त हुई है। मेरे लिए समीक्षा कृति के साथ चिन्तन है और इसे प्राथमिकता देता हूँ। वैसे समीक्षा कृति के विरुद्ध भी

चिन्तन है। समीक्षा स्वयं भी चुनौती है। आप पाएँगे कि विशुद्ध साहित्य शास्त्रियों से भिन्न रचनाकारों का काम भी हमारे पास है और महत्त्वपूर्ण है।

संगीत अथवा दूसरी कलाओं से सम्बन्ध ने क्या कविता को पुष्ट किया है अथवा कर सकती हैं?

संगीत और दूसरी कलाएँ एक कवि के भीतर कई स्तरों पर साहित्यिक संस्कृति का निर्माण करती है। मुझे याद है इस बारे में मलार्मे और प्रतीकवादियों ने चिन्ता की थी। उसके कुछ बेहतर परिणाम सामने हैं भले ही दुरूह लगें। मैंने 'चक्रव्यूह' की कविताओं में ऐसी कोशिश की थी और पाया कि संगीत के उत्कृष्ट क्षणों और रहस्यात्मकता का एक काव्य आनन्द है, जो कविता को पुष्ट करता है, बहुआयाम देता है।

कविता के पाठ को लेकर इधर एक हिचक बढ़ी है। काव्यवाचन जैसे एक मुश्किल और गैरज़रूरी काम-सा बन गया है। क्या आपका मन श्रोताओं के सामने पाठ का नहीं होता?

काव्य पाठ को मैं महत्त्वपूर्ण मानता हूँ बावजूद इसके कि मेरे श्रोताओं का कोई रूप मेरे सामने स्पष्ट नहीं हो पाता। कविता की भाषा और तकनीक के नए प्रयोग से पाठ को प्रभावी बनाया जा सकता है। मुझे लगता है रेडियो एक बेहतर जगह है। वहाँ संगीत की तरह कविता की भी एक मान्य जगह है। टी.वी. की बहुत बेहतर जगह इस दृष्टि से नहीं बन पाई है। फिर ताम-झाम और टी.वी. के ग्लैमर से पाठ सहज नहीं हो पाता। छोटा पर्दा प्रभाव की दृष्टि से भी बहुत उपयुक्त नहीं है। फिर भी उसमें जो सम्भावनाएँ है उसका रचनात्मक उपयोग होना चाहिए?

समकालीन कविता के प्रमुख सरोकार कौन-से हैं?

मनुष्य-मनुष्य के बीच सम्बन्धों के व्यापक संसार के निर्माण की कोशिश, सामाजिक न्याय, नैतिक बल, पाठक तक पहुँचने की चिन्ता, मानवीयता को बचाए रखने का सरोकार। ये कुछ ज़रूरी बातें हैं जिनकी मैं चिन्ता करता हूँ...लिखते हुए इन्हें कविता में ट्रांसफॉर्म करने की मेरी कोशिश होती है...।

(2000)

कविता मूलतः एक जैविक और सांस्कृतिक चेतना है

यतीन्द्र मिश्र

कविता में सौन्दर्यबोध पर आपकी क्या टिप्पणी है?

सौन्दर्य भावना तो प्रायः सभी में होती है। कविता अपने ढंग से उसे अधिक संवेदनशील बनाती है; उसका परिवर्धन और परिष्कार करने की कोशिश करती है–भाषा को माध्यम बनाकर। यह माध्यम ही उसे अन्य कलाओं से अलग करता है, और उसकी भिन्न प्रकार की ज़िम्मेदारी को परिभाषित भी। इसीलिए भाषा की कविता में आनुषंगिक नहीं प्रमुख भूमिका रहती है–रूप या फॉर्म की दृष्टि से भी, और 'कथ्य' के सम्प्रेषण की दृष्टि से भी। मेरा मानना है कि कविता में सौन्दर्यबोध का सवाल एक भाषा की पूरी संस्कृति से जुड़ा होता है। इसीलिए कविता, साहित्य की अन्य विधाओं की अपेक्षा, सबसे अधिक संस्कृति-सापेक्ष विधा है। कविता का अनुवाद इसी वजह से सबसे मुश्किल होता है; उसके सतही अर्थ का अनुवाद तो हो पाता है, पर उस 'संस्कृति' का अनुवाद नहीं हो पाता जो एक कविता को किसी भाषा में ख़ास तरह–यानी उसी की तरह–सुन्दर बनाता है। एक कविता का सौन्दर्य जितनी गहराई से एक भाषा में रचा बसा होगा उसका किसी अन्य भाषा-संस्कृति में प्रत्यारोपण भी उतना ही मुश्किल होगा। शायद यही कारण है कि एक ग़ालिब या शेक्सपियर को अनुवादों में पढ़ना कभी भी मूल की सुन्दरता का पूरा आभास नहीं करा पाता। एक शब्द–या शब्द-विन्यास–जितने ही गहरे अनुभवों का स्पर्श करेगा उसका अर्थ ही नहीं उसका सौन्दर्यबोध भी उतना ही विशिष्ट और व्यापक होगा। यह भी एक दिलचस्प बात है कि जिस जनमानस तक पहुँचने के लिए अक्सर हम कविता का सरलीकरण करना चाहते हैं उसका भी सौन्दर्यबोध इतना सरल और एकआयामी नहीं है, जितना हम मान लेते हैं। उस जनमानस में कबीर, ग़ालिब, रवीन्द्रनाथ जैसे जटिल कवियों के संस्कार भी व्याप्त हैं और जब मैं ऐतिहासिक, नैतिक और सांस्कृतिक सन्दर्भों की बात करता हूँ तो कविता में सौन्दर्यबोध को उनसे अलग नहीं कर पाता। यह सन्दर्भ बहुत

बड़ा हो सकता है, और बड़े साहित्यों में हम इसकी विश्वव्यापी पहुँच को पहचान सकते हैं।

सर्जनात्मक लेखन में अन्तःप्रेरणा एवं आत्मविश्लेषण से आपकी सहमति है या नहीं? है, तो उसे आप किन अर्थों में लेते हैं?

अपने को ठीक से समझे बिना हम दूसरों को भी ठीक से नहीं समझ सकते। अच्छे सर्जनात्मक लेखन की एक बड़ी पहचान यह भी है कि उसके पीछे किस स्तर का लेखकीय व्यक्तित्व और सोच-समझ झलकती है—अपने बारे में भी और दूसरों के बारे में भी। इस अर्थ में भारतीय चिन्तन की शब्दावली और भाषा मुझे दर्शन की अपेक्षा मनोविश्लेषण के ज़्यादा नज़दीक लगती है। इस चिन्तन की दीर्घ परम्परा का गुणात्मक असर हमारे सोचने के ढंग, संस्कृति और भाषा पर भी पड़ा है। ख़ासकर कविता में 'मैं' की परिकल्पना पर जिसके पीछे अद्वैत का स्पष्ट प्रभाव दिखाई देता है, के विस्तार में 'अन्य' के साथ समत्व की सम्भावना को खोजा गया है। द्वैत में द्वन्द्व और संघर्ष की भूमिका बनती है जिसे हम पश्चिम के Survival वाले सिद्धान्त में पहचान सकते हैं। प्रकृति हमारे उपभोग के लिए ही नहीं बनी है, हम प्रकृति का एक अंग भी हैं इस भावना का विस्तार मानवतावाद के बृहत्तर आशयों का आधार बनाता है। वस्तुपरक भोगवादी मानसिकता न केवल बाह्य प्रकृति को लेकर बल्कि मनुष्यमात्र के प्रति भी निर्ममता की हद तक शोषक और विनाशक बन जाती है।

काव्य प्रेरणा का कारण आन्तरिक भी हो सकता है और बाहरी भी। राजशेखर ने 'काव्यमीमांसा' में काव्य के जो सोलह स्रोत बताए, उनमें एक ओर जहाँ 'स्मृति' और 'श्रुति' जैसे 'आन्तरिक स्रोत' हैं, वहीं अर्थशास्त्र, इतिहास, नाट्यशास्त्र, विरचना, पुराण आदि जैसे कई बाहरी स्रोत भी गिनाए हैं। लेकिन 'भीतरी' या 'बाहरी' प्रेरणा का सवाल लागू तो तब होता है जब लिखने की स्वाभाविक क्षमता हो। जैसे एक गायक या चित्रकार में अगर स्वाभाविक प्रतिभा नहीं है, तो प्रेरणा उसके लिए कोई ख़ास मायने नहीं रखेगी। हाँ, एक बेहतर रसज्ञ पाठक, श्रोता या कला पारखी वह अवश्य बन सकता है।

आपके लेखन में पौराणिक पात्र, मिथकीय चेतना एवं पारम्परिक साहित्य की अनुगूँजें प्रमुखता से स्थान पाती रही हैं और बिलकुल नई अर्थछवियों के साथ कविता में प्रकट हुई हैं। इसके पीछे क्या मुख्य कारण हो सकता है?

पौराणिक अतीत केवल हमारी स्मृति का हिस्सा नहीं है, वह बहुत कुछ आज भी हमारी मानसिकता में 'प्रतीक' रूप में जीवित और सक्रिय है। इन 'प्रतीकों' और 'स्मृतियों' के माध्यम से जनमानस तक पहुँचने की एक सशक्त और सांकेतिक भाषा हमारे अवचेतन में पहले से ही मौजूद है। कविता इस 'भाषा' में भी दूसरों से बात

कर सकने की एक कला है। यह रोजमर्रा की व्यावहारिक भाषा का निषेध नहीं, उसका समय के एक ज़्यादा बड़े आयाम में विस्तार है। पश्चिमी साहित्य में भी, जैसे 'यूलिसिस' का मिथक, इस सदी के प्रमुख क्लासिक जेम्स जॉयस के उपन्यास 'यूलिसिस' की आधार-प्रेरणा है। पौराणिक चरित्र मनुष्य की आशाओं-निराशाओं, आकांक्षाओं, पराजयों जैसी मूल भावनाओं के कल्पित नायकों और खलनायकों की प्रतिछवियाँ हैं। इनमें हम जीवन के सारतत्त्व और उसकी असारताओं के अनन्त जीवन-नाटक को पढ़ते और देखते हैं।

कविता में चिन्तन और वैचारिक आग्रह की क्या भूमिका होनी चाहिए?

लगभग वही भूमिका जो उनकी हमारे जीवन में होनी चाहिए, यानी जीवन के प्रति बेहतर समझ संवेदनशीलता और न्यायबोध। कविता विचार-वस्तु को भी अधिक कलापूर्ण भावनात्मक और सरस ढंग से हमारे सामने रखती है, जैसा कि वह जीवन-यथार्थ के साथ भी करती है। इस तरह देखें तो उच्च विचार उच्च कला से अलग नहीं उसमें अन्तर्निष्ठ होते हैं—और कभी-कभी उनकी प्रेरणा भी बन सकते हैं। कविता में विचार की अलग कोई जगह नहीं होती—ऐसा होगा तो वह या तो कविता नहीं होगी या विचार नहीं होगा, कविता दोनों का बेमेल घोल होकर रह जाएगी। अच्छा विचार अच्छी कविता भी तभी हो सकेगा, जब दोनों एक-दूसरे में ठीक से घुले-मिले हों, अन्यथा वे एक-दूसरे को खारिज कर देंगे। कविता का पहला काम किसी भी बड़े विचार या सच्चाई का विवरण या सूचना मात्र नहीं, उसकी आत्मिक अनुभूति करा सकना है।

हर रचनाकार की अपनी लेखन-शैली होती है, जिसके माध्यम से वह अपनी रचनाधर्मिता को परिभाषित कर पाता है। आप अपने काव्य-मुहावरे के बारे में क्या कहना चाहेंगे। बिलकुल उस शास्त्रीय रूप में, इस प्रश्न का उत्तर अपेक्षित है, जिस रूप में किसी कवि से यह जिज्ञासा स्वाभाविक होती है।

किसी भी रचनाकार की कविताएँ ही उसके काव्य-मुहावरे का सबसे विश्वसनीय और पक्का उदाहरण हो सकती हैं। अलग से उन पर वक्तव्य या तो उसमें अधिक कुछ जोड़ नहीं पाएगा, या फिर अनावश्यक कुछ जोड़कर उसकी प्रामाणिकता को धुँधला सकता है। वैसे अपने लिए मैंने कविता में किसी ख़ास तरह की भाषा या शब्दों की सीमा कभी नहीं बनाई। हिन्दी के सम्पूर्ण नए-पुराने भाषायी क्षेत्र को प्रामाणिक मानकर कविता को खुली छूट दी है—न उर्दू से परहेज रखा न संस्कृत से, न केवल बोलचाल की भाषा तक सीमित रहा और न ही पारम्परिक काव्य भाषा तक। हिन्दी भाषा का इतिहास और विकास कई तरह के प्रभावों और भाषायी आदान-प्रदान का नतीजा है—इस तथ्य को सहज स्वीकारते हुए भी मैंने

काव्य रचना को प्रेरणादायक पाया है। अगर मेरी बात दूसरों तक प्रभावशाली ढंग से पहुँच सकी तो कोशिश को सफल माना जा सकता है—वही मेरी कविता की सही भाषा होगी। पहले सही कविता खोजें, फिर उसे अपनी भाषा और शब्द खोजने दें—कुछ ऐसी-ही धारणा मन में रही है। कविता, जीवन और भाषा (शब्द) के बीच जो त्रिकोण बनता है उसका कोई सरल गणित सम्भव नहीं—न वे क्रमानुसार रखकर ही समझी-समझाई जा सकती हैं। क्योंकि भाषा केवल सूचना का माध्यम नहीं है—वह एक तरह का चिन्तन और भावानुभूति भी है, और कविता में भाषा का यह पक्ष ख़ास मायने रखता है।

एक कवि का समाज उसके परिवेश से किस प्रकार जुड़ा होता है और उसकी क्या सीमाएँ होती हैं, जो अक्सर रचना को प्रभावित करती हैं?

एक कम शिक्षित समाज में गम्भीर लेखन की जगह अक्सर हाशिये में ही बन पाती है। यह एक कुंठित करनेवाली स्थिति है कि समाज के साथ किसी गहरे आत्मिक और बौद्धिक संवाद की सम्भावना न्यूनतम हो, और साहित्य के मुख्य सरोकार सामान्यतः उसकी स्थूल, व्यावहारिक और दैनिक समस्याओं तक के स्तर पर ही सीमित रहने को मजबूर-सी हो जाएँ। एक सुशिक्षित और सुसंस्कृत समाज में भी दैनिक और व्यावहारिक समस्याएँ रहती हैं, लेकिन उनके साथ साहित्य की बावस्तगी का स्तर ज़्यादा घनिष्ठ, बहुआयामी और इसीलिए ज़्यादा सार्थक भी बन पड़ता है। शिक्षा की दृष्टि से पिछड़े समाज में ऐसे बहुत से विमर्श अप्रासंगिक लगेंगे जिनका सामाजिक सन्दर्भ सीधा और एकआयामी न हो। जीवन को सीधे-सादे ढंग से प्रस्तुत करने वाली कविता भी महान कविता हो सकती है, लेकिन यह यक़ीन भी इतना बेलोच नहीं होना चाहिए कि उसके रहते एक नज़ीर अकबराबादी की सम्भावनाएँ तो बनें, लेकिन एक ग़ालिब के लिए मुश्किलें पैदा हों!

आज जिस रूप में हिन्दी दिख रही है, उसके पीछे कविता की हमारी वाचिक परम्परा, मध्ययुगीन काव्य चेतना, विभिन्न सन्त आन्दोलन तथा घर-घर व्याप्त लोकसंगीत आदि का सीधा और मुखर प्रभाव रहा है। क्या आप मानते हैं कि क्षेत्रीय बोलियों और भाषा का देशज स्वभाव, यदि इन दोनों का अभी और ठीक तरीके तथा गहराई से अध्ययन किया जाए तो हिन्दी का वर्तमान स्वरूप कुछ और अधिक उन्नत, विविधवर्णी हो सकेगा?

भारत में, और अफ्रीकी देशों में भी, काव्य की मौखिक परम्परा प्रबल रही है जिसका भाषा पर गहरा प्रभाव पड़ा है। हिन्दी भाषा के विकास में वाचिक परम्परा और क्षेत्रीय 'बोलियों' का अतिरिक्त महत्त्व रहा है। स्वयं खड़ी बोली, एक क्षेत्रीय 'बोली' पर तुर्की, अरबी, फारसी आदि भाषाओं के प्रभावों का नतीजा है। मध्ययुगीन

सन्त काव्य, जो हिन्दी भाषा के भी निर्माण का समय है, मौखिक और गायन परम्पराओं से घनिष्ठ रूप से जुड़ा रहा है। हिन्दी भाषा के वाक्य-गठन, सीधे अर्थ-सम्प्रेषण विधि, तथा बात को चित्रात्मक और अलंकारिक ढंग से कहने की प्रवृत्तियों में हम इन पूर्ववर्ती प्रभावों को पहचान सकते हैं। गद्य की अपेक्षा पद्य की परम्परा अधिक सक्रिय रहने के कारण बाद के गद्य पर भी भावनात्मक ढंग के सोच का बहुत कुछ असर बना रहा। भक्ति-साहित्य के घुमन्तू और मौखिक पक्ष ने हिन्दी ही नहीं लगभग सभी भारतीय भाषाओं पर इस तरह का असर छोड़ा है। अनिवार्य ऐतिहासिक कारणों से भारतीय मानसिकता बाहरी प्रभावों को लेकर कभी भी बहुत परहेज़ी और एक जातीय नहीं रह पाई—न भाषा के मामले में, न ही संस्कृति को लेकर। समस्या आज भी शायद हिन्दी और अंग्रेज़ी की उतनी नहीं है—समस्या इन थोड़े से भारतीयों की है, जो हिन्दी या अवधी भाषा को कम जानते, या नहीं जानते हैं, और अंग्रेज़ी को ही अपनी ख़ास भाषा मानते हैं, भले ही अंग्रेज़ी उन्हें अपने ख़ास लोगों में न गिनती हो! चिन्ता का कारण अंग्रेज़ी की वजह से एक ऐसे कृत्रिम प्रभाव क्षेत्र का बनना है, जो भारतीय-जीवन को विभाजित और कमज़ोर करता है। दुनिया के तमाम देशों में आज अंग्रेज़ी भाषा भी है, लेकिन उसकी जगह किसी देश की अपनी भाषा के बाद आती है, उससे पहले नहीं, एक सहायक भाषा की तरह, शासक-भाषा की तरह नहीं।

'चक्रव्यूह' से लेकर 'कोई दूसरा नहीं' तक की कविता-यात्रा में पूरे चार दशक हैं। इस बीच ऐसे कई अवसर आए होंगे, जिसने आपके कवि को रचनात्मक धरातल पर पुष्ट किया होगा। उसके बारे में कुछ बताइए।

इस प्रश्न के उत्तर में रॉबर्ट फ्रॉस्ट की कुछ पंक्तियाँ याद आ रही हैं—उनकी—(The Road Not Taken) से :

"I Shall be telling this with a sigh
Somewhere ages and ages hence :
Two roads diverged in a wood, and I–
I took the one less traveled by,
And that has made all the difference."
(युगों-युगों बाद कभी बताऊँगा आह भर
कि दो रास्ते थे एक जंगल में
एक रास्ते पर ज़्यादातर लोग जा रहे थे,
दूसरे पर कम; जिस पर कम लोग जा रहे थे
वही रास्ता पकड़ा और
सारा फ़र्क जीवन में उसी से पड़ा।)

कविता की भाषा को लेकर काफी कुछ कहा जाता है। आपके अनुसार कविता की भाषा कैसी होनी चाहिए?

कविता और भाषा की कोई सीमा नहीं। एक कविता की भाषा उसके अपने भीतरी तर्क और ज़रूरतों से निकलती है। जब भी हम भाषा की सीमा बनाएँगे कि वह इस प्रकार की हो या उस प्रकार की हो, कविता की भी सीमाएँ अपने आप बन जाएँगी। मैं कविता और भाषा के बीच बिलकुल खुला और उन्मुक्त विचरण पसन्द करता हूँ और इस विचरण के लिए भाषा का बड़े-से-बड़ा अनुभव क्षेत्र भी कम है। कबीर, मीर, निराला इस आज़ादी के सुपरिचित उदाहरण हैं जिन्होंने कदम-कदम पर भाषा के सुपरिचित मुहावरों और वाक्य-विन्यासों को तोड़ा है, और काव्य-रचना को भाषा की उन हदों पर सम्भव बनाया है जहाँ न शास्त्रों का आतंक है न वैयाकरणों का!

कविता में आप कुछ जीवन के महत्त्वपूर्ण पक्षों मसलन—शृंगार, विषाद, आसक्ति, अध्यात्म, संवेदन, अभाव, हर्ष एवं भय में किसे तरजीह देते हैं एवं क्यों?

कविता के लिए जीवन का कोई भी पक्ष महत्त्वहीन नहीं है। उनका सरलीकरण नहीं हो सकता है। केवल समझने के लिए उनका विभाजन और वर्गीकरण किया गया है। कविता में उनकी गति जटिल और सूक्ष्म होती है। अगर हम विभाजन या विभेदों को प्रमुख रखकर चलेंगे तो उससे काव्य प्रक्रिया में बाधा पड़ेगी। समीक्षा के सिद्धान्त—'टर्मिनॉलोजी' और 'परिभाषाएँ' वगैरह कविता को समझने के लिए हैं, कविता लिखने के लिए नहीं हैं। काव्य-लेखन पर अगर उनका अतिरिक्त दबाव पड़ता है तो लेखन नीरस हो जाता है। कविता की मूल प्रेरणा जीवन और भाषा से मिलती है। समीक्षा भी उसका एक हिस्सा है जिनकी भूमिका सांकेतिक होती है, निर्णायक नहीं।

आज जब आपको लिखते हुए चालीस वर्ष से भी ज़्यादा का समय हो रहा है, अपने समकालीनों में आज किनका लेखन और कौन सी कविताएँ उल्लेख करना चाहेंगे, जिसने आपको प्रभावित किया।

शुरू से ही उच्चकोटि के देशी-विदेशी साहित्य पढ़ने में गहरी रुचि रही है। इस अध्ययन ने कई तरह से मेरे लेखन को प्रेरित और परिष्कृत किया है; अपने विचारों और संवेदनाओं को संस्कार देने में मदद की है। इनमें से किसी 'एक' या 'कुछ' का सीधा प्रभाव मुझ पर पड़ा हो ऐसा नहीं लगता—अलग-अलग वक्तों में अलग-अलग तरह के प्रभाव कई तरह से उस साहित्यिक मन, या काव्य-चेतना का हिस्सा बनते गए जिसे सरलीकृत ढंग से बताना मुश्किल है। हिन्दी साहित्य की भाव-सम्पदा गहन और समृद्ध है। सन् 1950 के लगभग जब लिखना शुरू किया, हिन्दी परिदृश्य पर छायावाद और उत्तर-छायावाद के प्रभाव स्पष्ट थे। 'तार सप्तक' से वह तिलिस्म टूटा। कविता अधिक सामाजिक विषयों की ओर भी मुड़ी, और आधुनिकतावादी आन्दोलन

ने हिन्दी में भी प्रयोगशीलता को प्रोत्साहित किया जिनके पीछे मार्क्स और फ्रायड के विचारों का ख़ासा विश्वव्यापी असर था। कविता की प्रयोगशील सम्भावनाओं की ओर ध्यान गया तो प्रगतिशील काव्यधारा ने कविता में सर्वहारा और सामान्य आदमी की समस्याओं को केन्द्र में रखा। 'तार सप्तक' में दोनों का मिला-जुला रूप दिखाई देता है। आगे चलकर दोनों के बीच एक विभाजन-सा बनने लगा। उसके कारणों और इतिहास में जाना यहाँ ज़रूरी नहीं है। लेकिन इधर की कविता में वह विभाजन कम होता दिखाई दे रहा है। आधुनिकतावाद और मार्क्सवाद के बीच वैसी ध्रुवीकरण की स्थिति भी अब नहीं रही। लेखक की राजनीतिक प्रतिबद्धता जो भी हो, उसकी साहित्यिक गुणवत्ता की परख के आधार तो साहित्यिक ही होंगे। इधर के लेखन पर इस समझ का ज़्यादा स्पष्ट प्रभाव दिखाई देता है।

आपने एक बार कहा था 'मेरा मानना है कि आज लिखे जा रहे साहित्य में महान् और कालजयी कृति दिल्ली से बाहर छोटे इलाकों से आएगी'। इस तर्क का आधार क्या है?

हिन्दी का पूरा इलाका दिल्ली से कहीं बड़ा है और भाषायी दृष्टि से भी कहीं अधिक समृद्ध और विविध है। अपर्याप्त शिक्षा के कारण इस भाषायी क्षेत्र की पूरी सम्भावनाएँ विकसित नहीं हो पा रहीं। इसके बावजूद अवधी या बृजभाषा को लें—सीमित क्षेत्र में भी अगर ये बोलियाँ जायसी, तुलसी, सूर, कबीर जैसे कवि दे सकीं तो शायद यह उम्मीद पालना ग़लत नहीं कि हिन्दी साहित्य का मतलब सिर्फ़ दिल्ली नहीं, वह ज़्यादा बड़ा भाषा क्षेत्र है जिसकी साहित्यिक सामर्थ्य अभी दबी पड़ी है। दुनिया में आज भी ऐसी प्रतिभाओं की कमी नहीं, जो छोटी जगहों में रहकर लिखना पसन्द करते हैं। एक ज़्यादा अकृत्रिम ज़िन्दगी के घनिष्ठ सम्पर्क में रहकर। हिन्दी में केवल मुक्तिबोध का ही नहीं, हमारे सामने आज विनोद कुमार शुक्ल और श्रीलाल शुक्ल का भी अच्छा उदाहरण है। वैसे भी देखें तो हिन्दी साहित्य में महानगरों की अपेक्षा छोटे इलाकों का अनुभव ज़्यादा मुखर रहता है—चाहे वह सीधा आ रहा हो, या प्रच्छन्न संवेदना के रूप में हो, या स्मृतियों में।

भारतीय संस्कृति और यहाँ की कला पर हो रहे इलेक्ट्रॉनिक मीडिया के हमले में आप साहित्य की क्या भूमिका पाते हैं? यह प्रश्न इसलिए भी एक रचनाकार से पूछे जाने के लिए प्रासंगिक ठहरता है कि पिछले कुछ वर्षों से इलेक्ट्रॉनिक मीडिया जिस प्रकार का मनोरंजन समाज को परोस रहा है—उस अर्थ में वह यह प्रचारित करता है कि उसके द्वारा फैलाई जानेवाली यह सरसरी जानकारी ही संस्कृति का सही निदर्शन है।

इलेक्ट्रॉनिक मीडिया को लेकर आतंकित या सशंकित रवैया क़तई ज़रूरी नहीं। हम चाहें भी तो उसकी मौजूदगी की अवहेलना नहीं कर सकते। वह अगर हमारे

जीवन का हिस्सा बनता जा रहा है तो भारतीय संस्कृति, कला, साहित्य आदि पर भी उसका अच्छा-बुरा असर पड़ेगा ही। उसे साहित्य की रचनात्मक सामर्थ्य और संभावनाओं के परिप्रेक्ष्य में ही सोचना चाहिए—इस आत्मविश्वास के साथ कि साहित्य की रचनात्मक दुनिया उससे छोटी नहीं है। इलेक्ट्रॉनिक मीडिया की अपनी जगह है! हम उसे साहित्य के विरुद्ध न मानें तो साहित्य में भी और इसके इर्द-गिर्द भी, उसकी दिलचस्प जगह बन सकती है।

नई पीढ़ी की कविता अपने शिल्प, कथोपकथन एवं समग्रता में पुरानी पीढ़ी की कविता से किस प्रकार भिन्न है?

मुख्य बात तो यह कि कविता मूलतः एक जैविक और सांस्कृतिक चेतना है; उसका विकास सीधी रेखा में नहीं होता। वह बहुदिशात्मक और विवृत्तमूलक ढंग से सक्रिय रहती है, दिक्‌काल मुक्त। इसी ढंग से वह एक काल से दूसरे में सन्तरण कर जाती है—उसका यात्रा की तरह का ग्राफ नहीं बनता। हम उसकी सम्पूर्ण मौजूदगी को अपनी चेतना में किसी भी समय अनुभव कर सकते हैं नए-पुराने को एक साथ रखकर इस तरह कि वे एक-दूसरे के सहायक और पूरक से प्रतीत हों। श्रेष्ठ कविता का गुणात्मक अनुभव पीढ़ियों का मुहताज नहीं। इसीलिए वे सारे विशेषण जिनसे हम एक पीढ़ी की कविता को दूसरी से अलग करना चाहते हैं—जैसे 'आधुनिक', 'नई' 'समकालीन' वगैरह—अन्ततः नाकाफी या भ्रामक ही सिद्ध होते हैं। भिन्नता को पीढ़ियों के माध्यम से नहीं, रचना के माध्यम से परिलक्षित करने की कोशिश करनी चाहिए, अन्यथा उत्कृष्टता का सवाल पीढ़ियों के साथ कुछ सिफारिशी ढंग से नत्थी होने लगता है। यह एक मजबूरी ज़रूर है कि 'पुरानी' या 'नई' जैसे शब्दों के बिना कविता का ऐतिहासिक परिप्रेक्ष्य नहीं बन पाता, लेकिन कविता के गुणात्मक आकलन में उस परिप्रेक्ष्य की प्रमुख भूमिका नहीं होनी चाहिए, कई दृष्टियों से निकला एक सन्तुलित काव्य-विवेक प्रमुख रहना चाहिए। आधुनिक समीक्षा में 'नव-ऐतिहासिकतावाद' (Neo-historicism) इस ज़रूरत के प्रति विशेष रूप से सतर्क है कि किसी भी कृति के मूल्यांकन के पीछे भरसक एक समग्रतर ऐतिहासिक-सांस्कृतिक सन्दर्भ का परिप्रेक्ष्य हो।

एक कवि की सबसे बड़ी चुनौती क्या होती है?

शायद यह कि हर चुनौती केवल जीवन की ही नहीं कविता की भी एक ज़रूरी शर्त मालूम हो! जब भी हम 'सुन्दर' कुछ, या 'बड़ा' कुछ जीवन में जोड़ पाते हैं हम जीवन की एक बुनियादी चुनौती का सामना कर रहे होते हैं। 'असुन्दर' और 'क्षुद्र' के ख़िलाफ़ श्रेष्ठ कुछ को रच पाना जीवन की सर्जनात्मक सामर्थ्य में हमारे विश्वास को दृढ़ करता है। 'दुख' हो या 'प्रेम' उसका एक कविता या कलाकृति में प्रकट होना

उसका एक नई सम्भावना में जन्म है। पीड़ा भी जब एक अनुष्टुप् में घनीभूत होती है; वह जीवन का छन्द बन जाती है।

एक रचनाकार का कालजयी-सच क्या होता है?

एक रचना के माध्यम से कालजयी सच की अनवरत तलाश!

रचना का सुख क्या होता है?

अधिकांश लेखन पीड़ा, चाहे वह अपनी हो या दूसरों की हो, से उत्पन्न होता है। रचनात्मकता का मेरे लिए चरम क्षण वह होता है जब यह महसूस होता है कि जो कहना चाह रहा था, वह भरपूर अभिव्यक्त हो सका है और यह अनुभव पूर्ण तभी होता है, जब वह दूसरों तक भी उतनी ही तीव्रता से पहुँच पाता है।

क्या महान लेखन के लिए रचनाकार का आत्ममुग्ध होना ज़रूरी है?

नहीं बिलकुल नहीं, बल्कि आत्ममुक्त होना ज़रूरी है। अच्छे लेखन के लिए ज़रूरी है कि एक लेखक व्यापक स्तर पर अपने समाज से भी जुड़े, तभी निजी का विस्तार और साधारणीकरण हो पाता है। हाँ, लेखक में आत्मविश्वास होना ज़रूरी है कि जो कुछ वह लिखे वह सच्चाई और ईमानदारी से हो, बाहरी प्रलोभनों के दबाव में नहीं।

आपने साहित्येतर विधाओं में भी महत्त्वूपूर्ण कार्य किए हैं। ख़ासकर सिनेमा के क्षेत्र में आपका गम्भीर लेखन इस प्रदर्शनकारी कला-विधा को जानने और समझने के लिए बिलकुल नए और प्रभावशाली औजार देता है। इस पूरी शताब्दी को ध्यान में रखते हुए सिनेमा और प्रभावित करनेवाली फ़िल्मों के बारे में विस्तार से बताएँ।

सिनेमा की कला बहुत पुरानी नहीं है–एक सदी पुरानी भी नहीं। उसका जन्म और विकास कैमरा–यानी फोटोग्राफी की तकनीक पर पूरी तरह निर्भर रहा है। फिर भी बीसवीं सदी की वह ऐसी कला विधा है जिसमें लगभग सभी अन्य कलाओं का सम्मिश्रण है–साहित्य, नाटक, संगीत, रंग, बिम्ब आदि का संयोजन हमें बराबर याद दिलाते रहते हैं कि सिनेमा में कई विधाओं के तत्त्व शामिल होते हैं। नाटकों की ही तरह फ़िल्मों में भी साहित्य की महत्त्वपूर्ण हिस्सेदारी रहती है। स्वीडन के फ़िल्मकार इंगमार बर्गमान की स्क्रिप्ट्स को पढ़ना भी एक साहित्यिक सन्तोष देता है। उसी तरह तार्कोव्स्की (रूस), किएस्लोव्स्की (पोलैंड), आन्द्रे वायदा (पोलैंड), मिक्लोश याचों (हंगरी), कुरोसावा (जापान), आर्सेन वेल्स (अमेरिका), एंटोनिओनी (इटली), एंजेलोपूलोस (ग्रीस) और भारत के सत्यजित राय, ऋत्विक घटक, मृणाल सेन, अदूर गोपालकृष्णन, बिमल राय, गुरुदत्त और श्याम बेनेगल आदि की फ़िल्मों को देखना साहित्य के चाक्षुष अनुभव से गुजरने जैसा सन्तोष देता है।

लेकिन साहित्य को मानदंड बनाकर एक अच्छी फ़िल्म की उत्कृष्टता निर्धारित करना ठीक नहीं। सिनेमा ने अपनी 'भाषा' और 'मुहावरा' अपनी तरह विकसित किया है और शब्दों से वह साहित्य की तरह नहीं जुड़ता। कुरोसावा की फ़िल्म 'थ्रोन ऑफ ब्लड' (शेक्सपियर के 'मैकबैथ' पर आधारित) इस बात का अद्‌भुत उदाहरण है कि एक महान् फ़िल्म 'मैकबैथ' जैसे नाटक को भी बिलकुल अपनी शर्तों पर सफलता से अपने माध्यम की भाषा और तरीकों से रूपायित कर सकती है। सातवें, आठवें और नवें दशकों के सिनेमा को सोचते हुए इस दिलचस्प संयोग की ओर भी ध्यान जाता है कि 'प्रयोगों' और नवीनता की दृष्टि से यह समय सिनेमा में भी उतना ही महत्त्वपूर्ण रहा है, जितना साहित्य में। 'न्यू वेव सिनेमा' (सिनेमा की नई लहर) तथा 'ओतर तिएरी' (लेखक सिद्धान्त) जैसे फ्रैंच सिनेमा के नाम स्पष्टतः साहित्य से जितना अपना जुड़ाव मानते हैं, उतना मनोरंजन से नहीं। हम आज भी जब ज्याँ-लुक गोदार, ज्हाक रिवेत, त्रूफो, रोहूमर, रेने आदि की फ़िल्मों को याद करते हैं तो उन्हें शुद्ध मनोरंजन व्यवसाय से जोड़ पाना मुश्किल हो जाता है। भारत में भी 'समानान्तर सिनेमा' या प्रयोगशील, कम ख़र्चवाला सिनेमा इसी मानसिकता की देन है; जिसने सिनेमा जगत में एक नए तरह की सोच को प्रोत्साहित किया था–कॉमर्शियल सिनेमा में भी। लेकिन इधर हिन्दी सिनेमा सम्भवतः उपभोक्तावाद के दबाव में फिर महँगी मनोरंजक फ़िल्मों की ओर मुड़ा है। बात यहाँ केवल फ़िल्मों पर ख़र्च कर सकने की क्षमता की नहीं है; उस क्षमता की है, जो ख़र्च से अधिक कला की शक्ति का अन्वेषण है। इधर एशिया विशेषकर जापान, चीन, कोरिया में बहुत अच्छी फ़िल्में बन रही हैं। इजिप्ट, तुर्की, ईरान, इराक तथा लातिनी अमरीकी देशों की फ़िल्मों ने भी विश्व सिनेमा में अपनी जगह बनाई है।

आप भारतीय शास्त्रीय संगीत से काफी प्रभावित रहे हैं। संगीत के सभी महत्त्वपूर्ण पक्षों के विश्लेषण और अध्ययन में आपने काफी समय दिया है। आज भारतीय संगीत की किन विभूतियों का उल्लेख करना चाहेंगे, जिनसे संगीत परम्परा का एक विस्तृत और विविधतापूर्ण परिदृश्य समझा जा सके।

संगीत जैसे विशिष्ट और गूढ़ विषय के बारे में आधिकारिक रूप से कुछ कह पाने में अपने को असमर्थ पाता हूँ, फिर भी मेरा यह सौभाग्य रहा कि अपने समय की तमाम महत्त्वपूर्ण हस्तियों को निकट से देखने-समझने का मौका जीवन में कई बार मिला। यह देखना सुखद है कि आज भी शास्त्रीय और उपशास्त्रीय संगीत के क्षेत्रों में जो नई प्रतिभाएँ आ रही हैं, उनमें से अधिकांश बहुत अच्छा प्रदर्शन कर रही हैं। जहाँ तक मेरी पसन्द की बात है–उस्ताद अमीर खाँ साहब की गायकी का प्रभाव मुझ पर गहरे से पड़ा और उनका संगीत समाज पर दाय भी अप्रतिम है। पं. मल्लिकार्जुन मंसूर बड़े संयत और धीर प्रवृत्ति के गायक थे। असमंजस और

अधीरता का कोई भी सूत्र उनके गायन से नहीं झलकता था। वाणी का स्वरों का संयम और गायकी का अद्भुत सहमेल मैंने कई बार उनमें ऐसा पाया कि लगा कि जिस राग को वे गा रहे हैं, उसके बिलकुल नए अर्थ खुल रहे हैं और राग की अपूर्व प्रतिष्ठा हो रही है। मालिनी राजुरकर भी ऐसी ही एक गायिका हैं, जिनकी गायकी साफ और ठोस है। वे जो भी स्वर लगाती हैं, वे बड़े शुद्ध व स्पष्ट होते हैं। उन्होंने ग्वालियर घराने के रस पक्ष को सुरक्षित रखा है। जैसे केसरबाई केरकर राग शुरू करते ही, पूरे राग का आभास दे देती थीं, उसी तरह मालिनी राजुरकर नीचे से नीचे, ऊपर से ऊपर की तान बड़ी सहजता से लगा देती हैं। कुमार गन्धर्व ऐसे गायक थे, जो मुझे क्रिएटिव जीनियस लगते थे। पंडित जी की गायकी में अद्भुत सम्मोहन था और देर तक उद्वेलित करने की क्षमता थी। राग को कितने तरह से बरता जा सकता है, और कितनी पवित्रता से उसका अभिप्राय लक्षित किया जा सकता है, यह पंडित जी की ही गायकी में था।

इनके अलावा वे कौन से गायक-गायिकाएँ हैं, जो आपको पसन्द हैं? भले ही उनका सार्वकालिक महत्त्व या प्रभाव इतना मुखर न रहा हो।

मेरी पसन्द में खयाल का विशेष महत्त्व रहा है और ठुमरी, चैती जैसी गायकी को मैंने कम पसन्द किया। फिर भी सिद्धेश्वरी देवी की गायकी उत्कृष्ट थी। उन्होंने उपशास्त्रीय गायन को भी शास्त्रीयता का दर्ज़ा दिलाया था। किशोरी अमोनकर की गायकी अच्छी है। कभी-कभी वे बेहद अच्छा गाती हैं तो लगता है कभी-कभी बेमन से गा रही हैं। यह उनकी सीमा भी हो सकती है। उनके गाए राग भूपाली और जौनपुरी मुझे विशेष पसन्द हैं। प्रभा आत्रे भी बहुत अच्छा गाती हैं, यह अलग बात है कि उन्होंने कम गाया है। ध्रुपद में इन दिनों उदय भवालकर और गुन्देचा बन्धु अच्छा गा रहे हैं।

आपके पसन्दीदा भारतीय लेखक कौन-कौन हैं?

सम्पूर्ण भारतीय साहित्य का परिदृश्य बहुत विविध और विस्तृत है। पसन्द के लेखकों की संक्षिप्त सूची भी बहुत बड़ी होगी। कुछ ही का नाम ले रहा हूँ जो तत्काल याद आ रहे हैं, इससे यह न समझा जाए कि इनके अलावा मेरी पसन्द के और भी बहुत से लेखक नहीं हैं। लेकिन स्वीकार करता हूँ कि अन्य भारतीय भाषाओं के साहित्य की मेरी जानकारी सीमित ही है। मलयालम के कवि के. सच्चिदानन्दन के काफी और अच्छे अनुवाद हिन्दी और अंग्रेज़ी में उपलब्ध हैं जिन्हें पढ़ने का मौका मिला और एक बहुत ही अच्छे कवि को गहराई से जान सका। उनके बिम्ब संयोजन बेजोड़ हैं, जो उनके जीवनानुभव को सशक्त अभिव्यक्ति देते हैं। अयप्पा पणिकर की कविताएँ भी अच्छी हैं। बाँगला के इधर के कवियों में सुभाष मुखोपाध्याय, शंख

घोष, शक्ति चट्टोपाध्याय मुझे पसन्द हैं। इधर कुछ अच्छे उड़िया के कवियों को पढ़ने का भी मौका मिलता रहा, उनमें हैं—रमाकान्त रथ, सीताकान्त महापात्र, हरप्रसाद दास और प्रवासिनी महाकुड़। पंजाबी के हरभजन सिंह, पाश और सुरजीत पातर की रचनाओं का प्रशंसक हूँ। उर्दू में काफी कुछ पढ़ता रहता हूँ—अख्तरुल ईमान, शहरयार, बशीर बद्र और निदा फ़ाजली ने ग़ज़ल को नई ताजगी दी है और आज की ज़िन्दगी से जोड़ा है : ग़ज़ल के अन्दाज़ में नए विषयों को ढाला है। मराठी में अरुण कोलाटकर और दिलीप चित्रे—दोनों ही अंग्रेज़ी में भी लिखते हैं—प्रतिभा सम्पन्न कवियों में से हैं। हिन्दी में इस समय तीन पीढ़ियाँ लिख रही हैं और तीनों ही महत्त्वपूर्ण रचनाएँ दे रही हैं। इनमें से बहुत थोड़े से ही नाम यहाँ ले पा रहा हूँ, इससे यह कतई न समझा जाए कि इन तक ही मेरी पसन्द सीमित है। इधर जिनकी स्पष्ट पहचान बन चुकी है उनमें हैं—कुमार अम्बुज, देवी प्रसाद मिश्र, बद्रीनारायण, अनामिका, पंकज सिंह, आशुतोष दुबे, गगन गिल, तेजी ग्रोवर, विष्णु नागर, आलोक धन्वा, उदयन वाजपेयी, कात्यायनी और ज्ञानेन्द्रपति। मेरे तुरन्त बाद के या यों कहें साथ के अनेक उत्कृष्ट कवियों ने हिन्दी काव्य-संसार को समृद्ध किया है। उनमें से कुछ का जिक्र मैं उनकी आयु को ध्यान में रखकर नहीं बल्कि जैसे याद आते जाएँ वैसे ही लेना चाहूँगा, उनमें केदारनाथ सिंह और विनोद कुमार शुक्ल तो हैं ही, अन्य कवियों में विशेष उल्लेखनीय हैं—अशोक वाजपेयी, मंगलेश डबराल, लीलाधर जगूड़ी, विष्णु खरे, असद ज़ैदी, अरुण कमल, गिरधर राठी, राजेश जोशी, प्रयाग शुक्ल, चन्द्रकान्त देवताले और नरेश सक्सेना।

अशोक वाजपेयी, मंगलेश डबराल, विष्णु खरे, नरेश सक्सेना और अरुण कमल जैसे कवि बिलकुल अलग तरह के कवि हैं, जिन्होंने कविता को ज़्यादा बड़े परिप्रेक्ष्य में लोकतांत्रिक और सहज बनाया है। जानना चाहूँगा कि इन्हें आप किन कारणों से महत्त्व देते हैं और उनके रचना-संसार को किस अर्थ में ज़्यादा प्रभावशाली मानते हैं?

इनके अलावा भी कई ऐसे नाम हैं, जो महत्त्वपूर्ण हैं। ज़ाहिर है कि जिस तरह मैं उनके नामों का उल्लेख कर रहा हूँ उसके पीछे उनकी कविताओं की गुणवत्ता और मानवीय सरोकार ही प्रमुख हैं—उनके निजी सिद्धान्त और प्रतिबद्धताएँ जो भी हों। कृतित्व को केन्द्रीय रखता हूँ, तो मुझे हिन्दी कविता के एक ज़्यादा बड़े परिदृश्य को अपनाने में आसानी होती है, और जैसा कि जिगर ने कहा था, 'मैक़दा तंग बना लूँ, मुझे मंजूर नहीं।'

संक्षेप में यदि इन लोगों के बारे में कुछ कहूँ तो अशोक वाजेपयी की कविताओं में असमंजस और दुविधा नहीं हैं। जीवन के सकारात्मक पक्षों की लगभग ढीठ स्थापना है, जिसे वे भाषा की कोमलता द्वारा पकड़ते हैं—प्रेम, वात्सल्य, कला के

अनुभव और सामाजिक सरोकार मिल-जुलकर उनकी कविताओं का वैभव रचते हैं। हम, जब उनके बाहर निकलते हैं तो जैसे एक उत्सव में शामिल होकर...।

मंगलेश डबराल की कविताओं को शुरू से ही देखता रहा हूँ और काफी निकटता से। चरित्रों, घटनाओं और चीज़ों से कविता निकाल सकने की उनमें एक बिलकुल अलग तरह की प्रतिभा है। भाषा लगभग पारदर्शी हो जाती है—इतनी पारदर्शी कि स्थितियों का बाह्य ही नहीं उनका अन्तरंग भी स्पष्ट दिखाई देने लगता है। अलंकरण या भाषा का चमत्कार इतना विनम्र और सहज कि अलग से उनकी कोई आवाज़ सुनाई नहीं देती। शायद इसीलिए उनकी कविताओं का केदारजी की ही कविताओं की तरह, दूसरी भाषाओं में अनुवाद करना सरल होता है—भाषायी पेचीदगियों से वे लगभग मुक्त होती हैं—सूचना की भाषा की तरह बेबाक, लेकिन बेसबब नहीं।

विष्णु खरे जिस हद पर कविता को सम्भव बनाते हैं वहाँ गद्य और पद्य का अन्तर कोई मायने नहीं रखता। वह यथार्थ की बेहद सख़्त और कँकरीली ज़मीन हैं। उस पर चलते पाँव घायल और लहूलुहान हो जाते हैं। वे एक बेदर्द धरातल पर खड़े होकर हमें कविता के दर्द की याद दिलाते हैं। उनकी कविता की पहचान कविता की शर्तों पर नहीं, उसके अस्वीकार के तेवर से बनती है।

नरेश सक्सेना को लम्बे समय से उनकी कविताओं के माध्यम से और व्यक्तिगत रूप से भी घनिष्ठता से जानता आया हूँ। वे एक संवेदनशील व्यक्ति हैं और साहित्य से नजदीकी सरोकार रखते हैं। काफी अरसे से लिख रहे हैं; पर उनका कविता-संग्रह 'समुद्र पर हो रही है बारिश' अभी सबके बहुत आग्रह के बाद सामने आया है, जो उनकी कविताओं को समग्रता में रखकर उनकी उपलब्धियों की ओर नई तरह से ध्यान खींचता है। ज़िन्दगी के घनिष्ठ और परिचित प्रसंगों से जुड़ी हुई कविताएँ हैं। उनकी कविताओं में एक ताजगी और ईमानदारी है। उनकी सादगी और सरोकारों में मनुष्य की तकलीफों के प्रति गहरी सहानुभूति है। वे अपनी शर्तों पर कविता लिखते हैं बिना किसी बड़ी उम्मीद के।

अरुण कमल के बारे में उन्हीं से उधार लेकर अगर एक वाक्य में कहूँ तो कविता के 'इलाकों में, जहाँ रोज बन रहे हैं नए नए मकान' वे अपना रास्ता नहीं भूलते। इस इलाके को पहचानते भी हैं और उसमें अपनी सही और मजबूत पहचान भी दर्ज कराते हैं।

आपके प्रिय आलोचक कौन हैं और आलोचना में आप किस बात को सबसे ज़्यादा तरज़ीह देते हैं?

अच्छी समीक्षा केवल एक कृति का आकलन और उस पर राय मात्र नहीं होती : वह ख़ुद में भी एक कृति होती है, भले ही वह एक अन्य कृति की अपेक्षा ही है। एक समीक्षा को पढ़ते समय इस ओर ध्यान जाना लाज़मी है कि समीक्षक की ख़ुद

की तैयारी किस दर्जे की है; वह कितनी शिक्षित और प्रौढ़ है; तथा वह किस प्रकार की जानकारियों, मान्यताओं, तर्क-क्षमता, विचारों आदि से सम्पन्न है; या, सम्पन्न नहीं है, केवल कुछ पूर्वग्रहों से प्रेरित है; कि वह एक कृति की विवेचना करते समय उस कृति के, और हमारे साहित्यबोध को भी किस हद तक विस्तृत करती है, और कहाँ तक संकुचित? जब हम रेमण्ड विलियम्स, टेरी ईगिल्टन, लूकाच, बेंजामिन, ब्रेख्त जैसे समीक्षकों को पढ़ते हैं, तो मार्क्सवाद उनकी सीमा नहीं बनाता, अन्य विचारों की एक बहुत बड़ी दुनिया से संवाद का आधार भी बनाता है। इसी तरह टी.एस. एलियट की समीक्षा पढ़ना साहित्य और विचारों की एक उत्तेजक दुनिया में विचरण है। इन समीक्षकों को पढ़ते समय 'वामपन्थी', 'दक्षिणपन्थी' जैसे विशेषण बेमानी लगने लगते हैं। अच्छी-बुरी समीक्षा के गुण-दोष गिनाने से बेहतर है कि अच्छी समीक्षा के कुछ आदर्श उदाहरण हमारी सोच में रहें। अधकचरी समीक्षा उस कृति के साथ भी न्याय करने में असमर्थ रहती है, जिसे वह श्रेष्ठ समझती है—यह दोहरी विडम्बना है, जिसे लेकर हिन्दी समीक्षा में अतिरिक्त सावधानी ज़रूरी है।

साहित्य की तथाकथित खेमेबन्दी और दक्षिण-वाम जैसे घटकों की दुहाई देनेवाली रचनात्मकता के बारे में क्या सोचते हैं?

बड़ा लेखन खेमों का मोहताज नहीं होता, न उनकी सीमाओं में अट ही पाता है। खेमे बड़े साहित्य के पीछे भागते हैं अपनी विश्वसनीयता का आधार खोजते हुए। साहित्य स्वभाव से ही व्यापक अर्थों में लोक कल्याण का पक्षधर होता है, और एक साहित्यकार की स्वतन्त्रता की रक्षा ज़रूरी है, तभी वह समाज और जन के प्रति अपनी ज़िम्मेदारी निभा सकेगा। विचारों में भिन्नता स्वाभाविक है, किन्तु मुश्किल तब आती है जब हम अपने से अलग विचारधारा के साहित्यकार के प्रति असहिष्णु और अनुदार हो जाते हैं। हिन्दी समाज में बढ़ती हुई यह प्रवृत्ति साहित्य के दूरगामी लक्ष्यों के लिए लाभकारी नहीं होगी।

पुरस्कारों की राजनीति व आजकल फैशन की तरह नौकरशाही और राजनीति का साहित्य में लकदक प्रवेश, ये सब उत्कृष्ट रचनाधर्मिता को किस हद तक प्रभावित कर सकते हैं? कितना विचलन पहुँचा सकते हैं?

मेरे खयाल से उत्कृष्ट रचनाधर्मिता पुरस्कारों से बहुत प्रभावित नहीं होती, न ही गैर-साहित्यिक हस्तक्षेप से। बड़े पुरस्कार या उसकी राजनीति का सूक्ष्म दबाव लेखक की मानसिकता पर पड़ सकता है, पर यह सब ख़लल अस्थायी ढंग के होते हैं। हम जानते हैं कि अनेक बड़े साहित्यकार कई कारणों से पुरस्कारों से वंचित रहे, पर इससे उनके रचनात्मक जीवन में और उनके मूल्यांकन में कोई ख़ास फ़र्क नहीं पड़ा।

समकालीन कविता का भविष्य कैसा है?

कविता के भविष्य को लेकर ख़तरा तभी नज़र आता है जब हम उसे जीवन की किसी-न-किसी तरह की स्थूल या भौतिक चेष्टा के विरुद्ध या समतुल्य रखकर सोचते हैं। यह संकुचन ज़रूरी नहीं—न जीवन को लेकर, न ही कविता को लेकर। जीवन कई दिशाओं में एक साथ विकसित होता है; इससे कविता की दिशा में उसका विकास रुक जाएगा, या कमजोर पड़ जाएगा ऐसा मुझे नहीं लगता। बल्कि एक ज़्यादा बड़ी और विविध दुनिया से उसके सम्पर्क और सन्दर्भ सूत्र बनेंगे—ऐसा लगता है। कविता का जीवन हज़ारों साल पुराना है, और आज भी उतना ही नया भी है; ऐसे कितने ही 'समय' आए जब लगा कि कविता समाप्त हो गई, या उसका कोई महत्त्व नहीं रहा, लेकिन अक्सर ऐसे ही विषम समयों में ही कविता ने मनुष्यता की आवाज़ को सबसे अधिक मुखर रखा। बीसवीं सदी को ही लें। दो महायुद्धों के दौरान ऐसा लगने लगा था कि उस विभीषिका में कविता जैसी चीज के लिए कोई जगह नहीं बची, लेकिन आज जब हम उस समय की कविता को सोचते हैं तो लगता है कि मनुष्य की जिजीविषा का इससे अधिक प्रामाणिक और अदम्य उदाहरण मिलना मुश्किल है! मुझे कविता की इस जीवन-शक्ति में पूरा विश्वास है, और उसे मैं भौतिक विकास का निषेधक नहीं पूरक तत्त्व मानता हूँ। जीवन की ही तरह कविता के भी रूप बदलते रहेंगे, और किसी-न-किसी रूप में वह जीवन की ही तरह जीवित भी रहेगी! समकालीन कविता का भविष्य, कविता के भविष्य से फ़र्क नहीं। निश्चय ही उसमें सब कुछ बचा नहीं रहेगा। वही बचेगा, जो बचा रहने के लायक है, जिसकी पहचान का सन्दर्भ पूरा जीवन है।

नेहरू युग, इन्दिरा गांधी का वर्चस्वशाली इमरजेंसी काल, धार्मिक उन्माद और बाबरी मस्जिद ध्वंस का नरसिंह राव समय और गुजरात को लेकर राष्ट्रीय जनतान्त्रिक गठबन्धन सरकार का रुख, इन सबकी स्थिति से भारतीय लोकतन्त्र को कैसा पाते हैं?

बाबरी मस्जिद के ध्वंस—जिसकी परिणति अभी गुजरात के अमानवीय रक्तपात में हुई, के बाद से हमारे देश में अलगाववाद और हिन्दुत्ववाद का उन्माद बढ़ा है, जो एक शर्म की बात है। आज जिस तरह की हिंसक प्रवृत्तियाँ पनप रही हैं वह हमारी भारतीय मानसिकता के विरुद्ध हैं। भारत में शुरू से विभिन्न धर्मों, भाषाओं और संस्कृतियों का सहअस्तित्व रहा है—और ऐसा ही रहेगा। न तो यह देश किसी तरह के अलगाववाद को स्वीकार करेगा और न ही तानाशाही प्रवृत्तियों को। इस बारे में लेखक वर्ग और सोचने-समझने वाले लोगों को अपनी राय स्पष्ट रूप से व्यक्त करनी चाहिए। हर लेखक एक्टीविस्ट तो नहीं हो सकता, पर सम्मिलित सशक्त आवाज़ तो उठा ही सकता है।

तुमने जिन अतिवादों की चर्चा की है वे निश्चित रूप से हमारे देश के लिए कलंक हैं। लेकिन इनकी रोकथाम भी लोकतान्त्रिक व्यवस्था में ही सम्भव है। इमरजेंसी और बाबरी मस्जिद के ध्वंस के बाद सरकारें गिरीं और गुजरात कांड के बाद भी ऐसा ही हो सकता है। यह बात आश्वस्त करती है कि अशिक्षा और गरीबी के बावजूद भारतीय मानसिकता किसी भी प्रकार के अतिवाद को स्वीकार नहीं कर पाती।

एक वरिष्ठ कवि की हैसियत से, अपने बिलकुल निजी अनुभवों के आधार पर वर्तमान समय को किस तरह पारिभाषित करेंगे?

गहरी निराशा होती है यह सोचकर भी कि अपने लेखकीय जीवन के पचास वर्षों के बाद भी एक बड़ा प्रबुद्ध पाठक वर्ग तैयार नहीं हो पाया है। हमारी नई पीढ़ी का बड़ा हिस्सा हमारे साहित्यिक और सांस्कृतिक जीवन से लगभग कटा-सा लगता है। विदेशी प्रभाव उथले अर्थों में हमारे यहाँ आ रहा है। हम लोगों में से कई अंग्रेज़ी साहित्य के विद्यार्थी रहे हैं और अधिकांश विदेशी साहित्य को पढ़ा और जाना है, लेकिन हमारी भारतीय जड़ें हमेशा मजबूत रहीं। लेकिन आगे की पीढ़ियों के लिए एक विश्वास भी है कि वे अपने आधारों को ज़्यादा बृहत्तर परिप्रेक्ष्य में समझेंगी। आज हम एक ज़्यादा बड़ी दुनिया से निकटतर सम्बन्धों को जी रहे हैं, ऐसा मैं वैश्वीकरण के स्तर पर नहीं, संवेदना के स्तर पर कह रहा हूँ। यानी पराया भी अब उतना पराया नहीं लगता जितना कुछ वर्षों पहले लगता था। मानव सम्बन्धों में इस घनिष्ठता का मेरे लिए विशेष साहित्यिक महत्त्व है। जब भी लिखता हूँ मेरी रचनात्मकता में एक बृहत्तर मानवीय सन्दर्भ होता है।

(2002)

जीवन का दबाव अब ज़्यादा है

पंकज चतुर्वेदी

हिन्दी काव्य-दृश्य में कुँवर नारायण एक बेहद शालीन और प्रबुद्ध उपस्थिति हैं। उनसे संवाद करना एक दुलर्भ अनुभव है। उनकी रुचियों, सरोकारों और मन्तव्यों से वाक़िफ़ होना किसी उपलब्धि से कम नहीं। उनकी कविता अपनी बौद्धिक दृढ़ता और क्लासिकी संयम के लिए विख्यात है। आधी शताब्दी से अधिक समय से रचनारत कवि से बात करना जैसे कविता के इतिहास से भी रूबरू होना है। सर्वाधिक उल्लेखनीय यह है कि मौजूदा साहित्यिक वाद-विवाद से जुड़े मुद्दों पर भी वे सादगी और विनम्रता से अपनी मूल्यवान सम्मति ज़ाहिर करते हैं। यह बातचीत नई दिल्ली में कवि के ग्रेटर कैलाश स्थित घर पर 6 जुलाई की शाम सात बजे सम्भव हुई। महत्त्वपूर्ण यह भी है कि शायद पहली बार कुँवर जी ने एक ऐसे संवाद के लिए अपनी स्वीकृति प्रदान की, जिसमें प्रश्नकर्ता के पास कोई तैयारी नहीं थी और न ही उसने सवालों की कोई रूपरेखा कवि के समक्ष पहले से प्रस्तुत की थी।

'तीसरा सप्तक' में सम्मिलित होने के लिए अज्ञेय ने आपको कैसे आमन्त्रित किया? कैसा लगा आपको?

उस समय दो सप्तक निकल चुके थे। सप्तकों की एक परम्परा बन गई थी। उनकी एक साख थी। उन्हें स्वीकृति मिल गई थी और वे काफ़ी चर्चित थे। मेरी शुरू की दो-तीन कविताएँ **प्रतीक** में छप चुकी थीं। ये कविताएँ अज्ञेय जी को अच्छी लगी होंगी। 1956 में मेरा एक कविता-संग्रह **चक्रव्यूह** तो निकल ही चुका था। अज्ञेय लखनऊ आते रहते थे। आकाशवाणी में भी उनसे भेंट हुई थी। जब उन्होंने मुझे आमन्त्रित किया तो मैंने कहा कि मेरा संग्रह प्रकाशित हो चुका है और आप नए कवियों को लेते हैं। उन्होंने कहा कि ऐसा कोई नियम नहीं है। सबसे पहले रघुवीर सहाय ने *हरी घास पर क्षण भर* की कविताएँ पढ़कर सुनाई थीं, जब हम लखनऊ विश्वविद्यालय में साथ पढ़ते थे। अंग्रेज़ी विभाग में हम लोग एक ही 'क्लास' में थे। रघुवीर, अज्ञेय और मुझसे, दोनों से मिलते रहते थे। रघुवीर के उन दिनों के कई पत्र

मेरे पास हैं, जिनमें वे अपनी छोटी-छोटी कविताएँ लिख-लिखकर भेजते रहते थे। मैंने फ्रैंच कवि मलार्मे के अनुवाद हिन्दी में किए थे, जो अज्ञेय ने *प्रतीक* में छापे थे। मलार्मे, बॉदलेयर, रैम्बो, वर्लेन जैसे प्रतीकवादी कवि मुझे पसन्द थे। उन दिनों मैंने अंग्रेज़ी कविताएँ भी लिखी थीं, जो कहीं छपवाई नहीं और आज तक नहीं छपवाईं। मुझे लगता था कि विदेशी भाषा में कविता लिखी नहीं जा सकती। अब मेरा दृष्टिकोण थोड़ा बदला है। अंग्रेज़ी अब कोई एक भाषा नहीं है। कई अंग्रेज़ियाँ हो गई हैं। हर देश की अपनी अंग्रेज़ी है। ये अंग्रेज़ी की विभिन्न बोलियाँ हैं। भाषा बदलती है, तो दृष्टिकोण भी बदलता है। एशिया में अंग्रेज़ी के ज़्यादा पाठक ('रीडरशिप') हैं, बनिस्बत इंग्लैंड के। अब संकट इंग्लैंड की अंग्रेज़ी पर है।

तीसरा सप्तक के अन्य छह कवियों से आपका कैसा रिश्ता है? इनमें आपके सबसे प्रिय या घनिष्ठ कवि कौन-से थे?

फ़ैक्टरी मज़दूरों को लेकर कुछ बहुत अच्छी और संवेदनशील कविताएँ मदन वात्स्यायन ने लिखी थीं। बाद में पता नहीं किन कारणों से वे काव्य-परिदृश्य से ग़ायब हो गए। वैसे मेरे सबसे प्रिय विजयदेवनारायण साही थे। केदार और सर्वेश्वर की कविताएँ मुझे उस समय भी पसन्द थीं, आज भी पसन्द हैं। ये तीन सशक्त कवि उस सप्तक में थे।

अज्ञेय के चयन के आधार क्या थे?

अज्ञेय कोई भविष्य इन कवियों में देखते होंगे। इनमें उन्हें सम्भावना दिखाई दी होगी। फलीभूत न हो पाए, यह अलग बात है। इसका उलट भी हो सकता है कि मौजूदा तौर पर कवि में अच्छी कविताएँ मिलीं, पर बाद में वह विकसित नहीं हुआ।

उनके चयन का वैचारिक आधार क्या होता था?

मदन की वाम रुझान की कविता है और केदार की भी। उनके अपने जो भी पूर्वग्रह रहे हों, चयन में उन्होंने भरसक निष्पक्षता बरती।

तीनों सप्तकों में कुल इक्कीस कवि होते हैं। एक आलोचक का कहना है कि इनका एक 'सार-सप्तक' बनना चाहिए। आपका चुनाव क्या होगा?

अज्ञेय, मुक्तिबोध, शमशेर, रघुवीर सहाय, धर्मवीर भारती, भवानीप्रसाद मिश्र और केदारनाथ सिंह। भाषा के साथ जितना सहज या 'रिलैक्स्ड' व्यवहार भवानी भाई ने किया, किसी और ने नहीं! वैसे सात की यह सीमा बाँधना हमको बिलकुल अनुचित लग रहा है। इनमें कम-से-कम दस-बारह अच्छे कवि हैं और मैं साही, नरेश मेहता और सर्वेश्वर के नाम ज़रूर शामिल करना चाहूँगा।

डॉ. नामवर सिंह ने पहले अपनी किताब 'कहना न होगा' में संकलित एक इंटरव्यू में आपको अपना सबसे प्रिय आलोचक बताया और बाद में वर्तमान साहित्य में प्रकाशित एक बातचीत में कहा कि आप आलोचना में जोखिम नहीं उठाते और लगता है कि कवि के रूप में ही बचे रहना चाहते हैं। दूसरी बात उन्होंने यह कही कि आप 'अशोक वाजपेयी की परम्परा में उनकी अभिरुचियों के राजकुमार' हैं। आप इस सम्बन्ध में क्या कहना चाहेंगे।

इससे क्या मतलब है, ठीक से मेरी समझ में आया नहीं। अशोक और हममें ऐसी क्या 'कॉमन' चीज़ उन्हें दिखी, जो उन्होंने इतना घनिष्ठ सम्बन्ध बता दिया? क्या चीज़ उनके दिमाग़ में थी? न हमारी समीक्षा में और न ही कविता में कोई समानता है। किस तरह की रुचियों का राजकुमार वे बता रहे हैं? उनकी यह बात हमारी समझ में नहीं आई। रही बात आलोचना में मेरे जोखिम न उठाने की, तो ऐसा नहीं है। *विवेक के रंग* में मैंने उषा प्रियम्वदा के कहानी-संग्रह *'ज़िन्दगी और गुलाब के फूल'* की समीक्षा लिखी थी। निर्मल वर्मा की कहानियों पर जब मेरी समीक्षाएँ निकली थीं, तब निर्मल कहाँ स्थापित थे?

1968 में प्रकाशित डॉ. नामवर सिंह की आलोचना-कृति 'कविता के नए प्रतिमान' कविता से जुड़े एक समूचे दौर का विश्लेषण करती हुई मुक्तिबोध को उसके केन्द्र में स्थापित करती है। क्या उसके बाद हिन्दी में ऐसी कोई पुस्तक आई है?

एक तो यह कि ज़रूरी नहीं कि सर्वश्रेष्ठ समीक्षा पुस्तक-रूप में आई ही हो। उस वक़्त पत्रिकाओं की बड़ी महत्त्वपूर्ण भूमिका थी, जिनमें तमाम लोग लिखते रहे हैं। *कविता के नए प्रतिमान* के समय और उसके बाद आलोचना एक बड़ी सामूहिक गतिविधि थी और उस स्तर पर उसका निर्माण हो रहा था। जब तक हम इस समग्र समीक्षात्मक साहित्य को दृष्टि में न रखें, मुझे यह मानने में असुविधा है कि *कविता के नए प्रतिमान* उस पूरे परिदृश्य का प्रतिनिधित्व करती है। वह अपनी बात अच्छी तरह कहती है, लेकिन अपने समय की बात भी उतने ही अच्छे और निष्पक्ष ढंग से कह पाती है, यह विचारणीय मुद्दा है।

क्या उतने बड़े कैनवस पर कविता से जुड़ी बहस या कविता का मूल्यांकन हुआ है, उसके बाद?

इसका यह महत्त्व तो है ही कि उन्होंने पहली बार एक विस्तृत फलक पर उस दौर की कविता पर विचार किया।

क्या हिन्दी में इन दिनों कविता की आलोचना, उसके मूल्यांकन का अभाव है?

ज़्यादातर रिव्यू की तरह का लेखन है, जिससे जल्दबाज़ी और ऊपरी आकलन का भाव तो जुड़ा ही है। अच्छी, अकादमिक और गम्भीर समीक्षा नहीं दिखाई पड़ती। अच्छी

आलोचना गम्भीर अध्ययन और समय माँगती है। *युग-चेतना* में मैंने एक सम्पादकीय लिखा था—*हिन्दी पत्रिकाओं में पुस्तक समीक्षा,* जिसकी नामवर जी ने बहुत प्रशंसा की थी। इसके अलवा *अध्ययन और रचनात्मक साहित्य* और *हिन्दी आलोचना और रचनात्मक साहित्य* शीर्षक लेख भी लिखे, जो इस प्रसंग में देखे जा सकते हैं। तब से अब स्थिति में बहुत फ़र्क नहीं आया है। कमोबेश वैसा ही वातावरण आज भी है। केवल पुस्तक का परिचय देनेवाले आलेख लगते हैं। कुछ अपवादों को छोड़कर।

ऐसे कुछ आलोचक जो आपको पसन्द हों, उनके नाम बताएँगे?

हमारे समकालीनों में देवीशंकर अवस्थी, साही, मुक्तिबोध, मलयज, नेमिचन्द्र जैन, नामवर सिंह, अशोक वाजपेयी, विष्णु खरे, मंगलेश डबराल, गिरधर राठी, मैनेजर पांडेय और परमानन्द श्रीवास्तव वग़ैरह हैं। परमानन्द जी की विशेषता है कि वे हमेशा सजग रहते हैं और कोई भी अच्छी किताब आने पर तुरन्त उसकी चर्चा करते हैं।

आलोचना के क्षरण या उसके अभाव की वजह आपको क्या लगती है?

अध्ययन की कमी, उस कृति के भी और उससे बाहर भी, जो अच्छी समीक्षा है। विश्वविद्यालय इस प्रक्रिया को प्रोत्साहित करते थे, जो अब नहीं कर पा रहे हैं। ये गम्भीर साहित्य को इस तरह पेश करते थे कि दिलचस्पी और जागृति बढ़ती थी। कितना सारा हमारा समय पुस्तकालयों और बहस-मुबाहसों में बीत जाता था। कविता तो बिना पढ़े अच्छी लिखी जा सकती है, लेकिन अच्छी आलोचना नहीं। सिर्फ़ साहित्य नहीं, मानविकी वग़ैरह को पढ़ने से अच्छी समीक्षा की दृष्टि मिलती है, नई दृष्टि मिलती है।

कुछ आलोचकों का मानना है कि अच्छी कविता के लिए जीवनानुभव पर्याप्त नहीं है, कवितानुभव भी चाहिए। आप क्या कहेंगे?

बिना प्रामाणिक जीवनानुभव के अच्छा काव्यानुभव दे पाना सम्भव नहीं है। जीवनानुभव को सीमित अर्थ में न लें! दोनों के बीच विभाजन या फाँक नहीं होती है। मैं उन्हें संयुक्त मानता हूँ। एक किताब पढ़ने का अनुभव भी जीवनानुभव के बराबर हो सकता है। घनानन्द ने जो कहा है, वह इसी अविभाज्य सम्बन्ध—'नॉन-स्प्लिट रिलेशनशिप' की बात है—*लागे हैं लोग कवित्त बनावत/मोहिं तो मेरे कवित्त बनावत।* राजशेखर ने दूसरे की कविता (विरचना) को भी काव्य का जायज़ स्रोत माना है। *काव्य-मीमांसा* में उन्होंने कविता के जायज़ स्रोतों में खगोलशास्त्र और आयुर्वेद तक को शामिल किया है।

कविता के लिखे जाने में, आपके अनुसार विचारधारा की क्या भूमिका है?

हमारा दृष्टिकोण बहुलतावादी या बहुसन्दर्भवादी रहा है—'एक्लेक्टिकल'। यह कविता की ज़रूरतों से मेल खाता है। मुझे जहाँ जो भी ठीक लगा, सही लगा, उसे

मैंने अपनाया। जो ठीक नहीं लगा, उसके प्रति बहुधा निरपेक्ष रहा। जैसे मार्क्सवाद ने शोषण, ग़रीबी, सामाजिक समता पर ज़ोर दिया, वह मुझे ठीक लगता है। जहाँ उसमें आलोचना के प्रति असहिष्णुता या तानाशाही रवैया दिखाई दिया, उसे स्वीकार नहीं कर सका। दूसरे, यथार्थ को मैं केवल सामाजिक-आर्थिक आशयों में सीमित नहीं मानता हूँ। उसके ज़्यादा बड़े अभिप्राय या निहितार्थ हैं।

आचार्य शुक्ल का कथन है कि 'सत्य एक होता है, झूठ सबके अपने-अपने होते हैं'?

हम तो सवाल वही उठाएँगे कि क्या सत्य एक ही होता है? सच्चाई के भी कई मुख होते हैं।

'अज्ञेय ने *चौथा सप्तक* निकाला है', यह कहकर जब लखनऊ में मैंने एक इंटरव्यू में शमशेर से उस पर प्रतिक्रिया माँगी गई, तो उन्होंने कहा कि 'अज्ञेय जी समर्थ हैं, निकाल सकते हैं।' ज़ाहिर है कि यह अज्ञेय के साहित्यिक से अधिक साहित्येतर सामर्थ्य की ओर संकेत था। बाद में केदारनाथ सिंह ने कहा कि अज्ञेय ने पहले के तीन सप्तकों के कवियों से बदला लेने के लिए *चौथा सप्तक* निकाला है। नामवर सिंह ने भी कहा कि संगीत में तीन सप्तक होते हैं—तार, मध्य और मन्द्र—जब संगीत में ही चौथा सप्तक नहीं होता, तो कविता में क्या होगा? आपको *चौथा सप्तक* की असफलता का क्या कारण जान पड़ता है?

नई कविता का आन्दोलन काफ़ी स्थापित हो चुका था और बहुत सारे कवि बहुत अच्छा लिख रहे थे, जिनमें-से सात को चुनना पहले की तुलना में काफ़ी कठिन था। अज्ञेय जी सही चुनाव नहीं कर पाए। कविता के आन्दोलन में *चौथा सप्तक* उस तरह की सक्रिय भूमिका नहीं निभा पाया, जैसी पिछले तीन सप्तकों ने निभाई थी। वह एक साधारण संग्रह मात्र होकर रह गया। उन तीनों सप्तकों को एक आन्दोलन का बल मिला था, जबकि *चौथा सप्तक* उसका 'फुटनोट' होकर रह गया।

समकालीन कविता में मंगलेश डबराल की जो पीढ़ी है, जिसे हम शायद मँझली पीढ़ी कह सकते हैं, उसके अनेक कवि अब स्थापित हो चुके हैं, जैसे आलोक धन्वा, वीरेन डंगवाल, मंगलेश डबराल, राजेश जोशी, असद ज़ैदी, ज्ञानेन्द्रपति और अरुण कमल आदि। मगर इनके बाद जो बहुत सारे युवा कवि हैं, उनकी कोई प्रतिष्ठा नहीं बन पा रही है। इसके पीछे क्या वजह है—क्या जनान्दोलन का अभाव है या साहित्यिक आन्दोलन का?

शायद इसके लिए थोड़ा समय और चाहिए। अभी कुछ जल्दी है। इतने बड़े सामूहिक उत्पादन से महत्त्वपूर्ण रचना को छनकर आने में थोड़ा समय लग सकता है। आन्दोलन से जुड़ी कविता में जो कुछ नाम बहुत तेज़ी से उभकर सामने आ जाते हैं, ज़रूरी नहीं कि वह महान कविता हो। बड़ी कविता को सामने आने में वैसे भी

ज़्यादा समय लगता है। बड़ी कविता आन्दोलनों को लेकर उस तरह से प्रतिबद्ध नहीं हो पाती है। आन्दोलन की चकाचौंध, जुलूस, दरिया से अलग होकर जो लिख रहा है, वह महत्त्वहीन नहीं हो सकता, *सुना है कि कविता वहीं अब बचेगी/ज़रा हाशिये को भी रखना नज़र में।* जुलूस में एक सुरक्षा मिली रहती है, ज़िन्दगी का दबाव कम रहता है। जब आप अलग खड़े होते हैं, तो जीवन का पूरा दबाव आपके ऊपर पड़ता है। उससे जो कविता निकलती है, वह बहुत प्रामाणिक होती है।

आपकी सबसे प्रिय कविता या वे पंक्तियाँ जो अक्सर आपके ज़ेहन में रहती हों, 'हॉन्ट' करती हों?

पिछले दो-एक वर्षों से रॉबर्ट फ्रॉस्ट की एक कविता *'द रोड नॉट टेकेन'* की ये पंक्तियाँ प्रिय हैं–*दो रास्ते थे एक जंगल में/एक रास्ते पर ज़्यादातर लोग जा रहे थे/दूसरे पर कम; जिस पर कम लोग जा रहे थे/वही रास्ता पकड़ा और/सारा फ़र्क जीवन में उसी से पड़ा!* शेक्सपीयर और ग़ालिब के मैं सबसे निकट रहा हूँ। कबीर के भी। ग़ालिब का एक कम मशहूर शे'र मुझे प्रिय है–

सुरमए हफ़्ते नज़र हूँ, मेरी क़ीमत ये है
रहे चश्मे ख़रीदार पर एहसाँ अपना।

शेक्सपीयर और ग़ालिब की उद्धरण-योग्य पंक्तियों की तुलना की जाए, तो ग़ालिब की ज़्यादा होंगी। जीवन के जितने मौक़ों पर ग़ालिब याद आते हैं, दूसरा कोई कवि याद नहीं आता।

हर कवि कविता से जुड़े अपने स्वप्न को साकार करना चाहता है। आपका यह सपना सबसे ज़्यादा आपके किस कविता-संग्रह से सच हुआ? आपके संग्रह में एक कविता है–*आदमी का चेहरा*। रेलवे स्टेशन पर कुली को कवि ने उसकी लाल कमीज़ पर टँके नम्बर से ही हमेशा जाना था, *उसके चेहरे से उसे कभी नहीं पहचाना था*। लेकिन एक दिन वह कुली नहीं मिलता है और कवि का बयान है–*आज जब अपना सामान खुद उठाया/एक आदमी का चेहरा याद आया*। सवाल है कि क्या तकलीफ़ सहते समय ही मनुष्य की याद आती है?

सही-सही याद नहीं कर पा रहा हूँ कि किस घटना से और कैसे यह कविता जन्मी। लेकिन एक बूढ़े, कमज़ोर कुली को देखकर लगा था कि अगर मुझे इसी हालत में यही (बोझा ढोना) करना पड़े, जो एक कुली को करना पड़ रहा है, जिस हाल में उसे आराम करना चाहिए। मगर उस कुली में कहीं आत्म-दया नहीं थी। हिम्मत या परिस्थिति का सामना करने का जीवट था। पहले हमारे लिए वह एक अनाम संज्ञा था, उसके बाद वह एक विशेष व्यक्ति था। अपनी ही छवि का अन्तरण ('ट्रांसपोज़ीशन') था यह। अपने व्यक्तित्व का उसके व्यक्तित्व में स्थानान्तरण।

बीसवीं सदी का सबसे बड़ा हिन्दी कवि आप किसे मानते हैं?

निराला को, भाषा की सबसे विस्तृत 'रेंज' के कारण। किसी भी तरह की भाषा को कविता बना देने का सामर्थ्य निराला में है।

जो हिन्दी कवि इस समय हैं, उनमें आपका सबसे प्रिय कवि कौन है?

विनोद कुमार शुक्ल। (इस प्रश्न के उत्तर में कुँवरजी ने पहले शमशेर का नाम लिया था, तब उन्हें याद दिलाना पड़ा कि प्रश्न जीवित कवियों के बारे में है।)

आप कहते हैं कि कविता सघन क्षणों ('इंटेंस मोमेंट्स') में लिखी जाती है। इस बात को कुछ स्पष्ट करेंगे?

कविता लिखने का कोई सामान्य ('यूनीफ़ॉर्म') नियम नहीं है। कविता की बनावट से पता लग जाता है कि वह सघन क्षणों की कविता है या ज़्यादा लम्बे समय में लिखी गई या स्मृति की पुनर्निर्मिति की कविता है। जैसे *आदमी का चेहरा* कविता घटना के वक़्त नहीं लिखी गई थी। एक स्मृति को पुनर्गठित किया गया था। यह भी हो सकता है कि एक लम्बी कविता में विभिन्न समयों के सघन क्षण हों। सघन क्षणों को कभी हमने बहुत ठंडी भाषा में भी व्यक्त किया है। ऐसे क्षणों को पहले लिख लेते ('जॉट डाउन') हैं। बाद में इतमीनान से उन्हें पुनर्संयोजित करते हैं।

साम्यवादी व्यवस्थाओं के बिखराव और पराभव के बाद जो एकध्रुवीय विश्व बना है और जो बाज़ार-केन्द्रित सभ्यता अस्तित्व में आई है, हिन्दी कविता पर उसका क्या असर पड़ा है?

कलाएँ हमेशा वैश्विक या घुमन्तू रही हैं। विभिन्न देशों में कलाकारों की नियमित आवाजाही रही है। बुद्ध के समय से ही। कलाएँ, बड़े विचार और साहित्य हमेशा यात्री ('ट्रैवलर') रहे। रही बाज़ार के वर्चस्व की बात, तो यह बहुत कुछ कवि पर निर्भर करता है। हम हर बार दबाव के सामने घुटने टेक दें, यह ज़रूरी नहीं है। जैसे नैतिकता का संघर्ष है। यह एक बिलकुल निजी तरह का संघर्ष है। व्यवसायीकरण या व्यावसायिकता को हम ख़ारिज नहीं कर सकते। उससे समझौता तो करना पड़ेगा—ग़लत समझौता नहीं करना चाहिए। यह मजबूरी हो सकती है कि हम घूस दें, लेकिन घूस लेने की कोई मजबूरी नहीं हो सकती। हम एक सामान्य नियम बना लेते हैं। जैसे चारों ओर भ्रष्टाचार है, इसलिए हम भी भ्रष्ट हैं। बहुत-सी बहसों को हम ध्रुवान्तों ('एक्स्ट्रीम्म') पर रखकर सोचते हैं, लेकिन मध्य की व्यावहारिक ज़मीन पर रखकर देखें, तो ज़्यादातर समस्या तो वहीं हल हो जाती है, जिसे बुद्ध मध्यम-मार्ग कहते हैं।

(2004)

कविता जीवन से बेहद प्यार की भाषा है

ओम निश्चल

आत्मजयी आपके कवि-जीवन की ही नहीं, हिन्दी कविता की भी एक बड़ी कृति है। अड़तीस वर्ष की युवावस्था में ही आप मृत्यु के चरम सत्य और भय की परिणतियों से जूझ रहे थे। हालाँकि जीवन की जटिल सच्चाइयों से साक्षात्कार की शुरुआत चक्रव्यूह से ही हो चुकी थी। क्या आत्मजयी की रचना के पीछे अस्तित्ववादी विचारणा की कोई भूमिका रही है?

अस्तित्ववाद को अक्सर केवल योरोपीय विचारकों, ख़ासकर सार्त्र से ही जोड़कर देखा जाता है। जीवन और मृत्यु, अस्तित्व और अनस्तित्व सम्बन्धी चिन्ताएँ भारतीय दर्शन और मानवीय जीवन की एक प्रमुख चिन्ता रही है। आत्मजयी की भूमिका में भी मैंने इसका उल्लेख किया है। भारत ही नहीं, संसार का शायद ही ऐसा कोई विकसित देश हो जिसके साहित्य में, दर्शन में, अस्तित्ववादी विचारों के बीज न हों। इस दृष्टि से मुझे कठोपनिषद् विशेष रूप से महत्त्वपूर्ण लगा। वह हताशावादी नहीं है, अत्यन्त सौम्य अर्थों में जीवनवादी है। मृत्यु को लेकर भी उसमें भीरु नहीं, एक साहसी दृष्टिकोण उभरता है। हमारे समय की एक बड़ी बिडम्बना शायद यह भी है कि हम किसी भी लेखन में जीवन की सच्चाइयाँ खोजने से पहले वैचारिक प्रतिबद्धताएँ खोजते हैं। वैसे, मेरा हमेशा से यह मानना रहा है कि श्रेष्ठ साहित्य का सन्दर्भ अनेक विषयक होते हुए भी किसी एक ही विषय या विचारधारा का हिमायती नहीं होता।

उपनिषदों से उठाए इस प्रसंग के पीछे मूल प्रेरणा क्या थी?

एक शब्द में कहूँ तो–जीवन। मेरी सोच-समझ में हमारे सामने इसके सिवाय दूसरा कोई विकल्प नहीं है कि हम उसी जीवनवस्तु से जीने की प्रेरणा लें, जिसके हम बने हैं। हम उसका तिरस्कार करके जीवित नहीं रहे सकते–उपनिषद् भी ऐसा नहीं करते, उसे एक विरल आध्यात्मिक गरिमा देने की कोशिश करते हैं। अपनी तरह से मैंने भी आत्मजयी में यही करने की कोशिश की है।

आपकी कविता में प्रायः एक परिष्कृति या पूर्णता नज़र आती है और वह अक्सर एक बड़े कथन, जीवन-सारांश या सुभाषितों से ख़त्म होती है। जैसे कोई दुख मनुष्य के साहस से बड़ा नहीं/वही हारा जो लड़ा नहीं। या सादगी अभाव की नहीं, एक संस्कृति की परिभाषा है—ऐसे विचारों तक पहुँचने के लिए आप किस तरह की रचना-प्रक्रिया से गुज़रते हैं?

मेरे मन में गांधी की सादगी और खद्दर की छवि थी जो आज बुरी तरह मैली कर दी गई है। बात को, या किसी जीवनानुभव को, सुभाषितों, सूत्रों, उक्तियों या श्लोकों में कहना-रखना अभिव्यक्ति का एक सुपरिचित तरीका रहा है। स्मरणीयता तथा फैले-बिखरे अनुभव या अनुभवों को न्यूनतम शब्दों में सघन कर देने को एक काव्यगुण भी माना गया है। उपदेशों में ख़ासकर प्रयुक्त होने के कारण यह शैली थोड़ी बदनाम रही, लेकिन इसी कारण वह सर्वथा त्याज्य नहीं। कविता में इसकी अपनी उपयोगिता और जगह है। किसी भी पारम्परिक फॉर्म को फिर से अपनाने में (अंशतः या पूर्णतः) कविता को उसी तरह आज़ाद अनुभव करना चाहिए जैसे आज की कविता ने कभी छन्दों को त्यागने में किया। कविता की बुनावट को ढीला रखना और उसके अन्त को खुला छोड़ देना मौजूदा कविता को पेटेंट पहचान-सी बन गई है—उसमें कुछ पारम्परिक या पुराने काव्य रूपों का हस्तक्षेप एक नए तरह का प्रयोग भी हो सकता है—इस सम्भावना को रूलआउट नहीं किया जाना चाहिए। सैर के वास्ते थोड़ी-सी फ़ज़ाँ और सही (ग़ालिब)। इस ज़मीन को छोटा क्यों करें।

अबकी लौटा तो बृहत्तर लौटूँगा—मनुष्यतर लौटूँगा—ये केवल कवि के ही नहीं, एक साधारण मनुष्य के भी जीवनादर्श हैं। कविता के लिए आप किन मूल्यों को सर्वाधिक महत्त्व देते हैं?

कविता के लिए, और वैसे भी, मैं आपसी सम्बन्धों को सर्वाधिक महत्त्व देता हूँ क्योंकि जीवन के सर्वोत्तम मूल्य इन्हीं के द्वारा प्रकट होते हैं। प्रेम, मैत्री, सहानुभूति, सौहार्द्र, विश्वास, करुणा, ईमानदारी...। इन्हें जब हम अमूर्तन में नहीं आपसी सम्बन्धों के यथार्थ में बरतते हैं तभी हम उनकी व्यापक महत्ता को आत्मसात कर पाते हैं।

आपने लिखा है, बचाना है जंगल को मरुस्थल हो जाने से—मनुष्य को जंगल हो जाने से—पर्यावरण प्रदूषण के इस घोर संकट में हाशिए पर फेंके जा रहे जीवन को लेकर आपका कवि क्या सोचता है?

साफ हवा और पानी के लिए तरसती दिल्ली में रहना पर्यावरण के बढ़ते प्रदूषण की समस्या को बहुत नज़दीक से और ख़तरनाक स्तर पर महसूस करना है। यह अन्धाधुन्ध औद्योगीकरण पर भी गहरा प्रश्नचिह्न लगाता है। मामला केवल

कान्फ्रेंसों और सेमिनारों में लम्बी-लम्बी बहसों का नहीं है, वह इतना गम्भीर और मौजूद है कि तुरत कार्यवाई की माँग करता है। ऐसा नहीं कि हम सब ख़तरों को समझ नहीं पा रहे, लेकिन उसके बारे में कुछ कर नहीं पा रहे, यह ज़्यादा बड़ा ख़तरा है। एक कवि के रूप में मेरी चिन्ताएँ जैविक हैं। प्रश्न केवल प्राकृतिक सम्पदा के प्रदूषण और नष्ट होने का नहीं है, उस पूरे जीवन पर संकट का है जो प्रकृति पर निर्भर है।

कविताएँ या कहानियाँ क्या केवल भव्य जीवन की उपस्थितियाँ हैं। एक कवि को जीवन से कितना लेना और रचना में कितना देना चाहिए?

जीवन से लेन-देन एक सतत प्रक्रिया है। बहुतों ने जीवन से बहुत कम लेकर उसे बहुत अधिक दिया है। उनके उदाहरण प्रेरित करते हैं। जिन क्षणों में हम अपनी इस शक्ति को पहचानते हैं कि हम पाने से अधिक दे सकने में समर्थ हैं, एक ज़्यादा समृद्ध जीवन दृष्टि हमें मिल जाती है। आत्मजयी में भी और अन्य अनेक कविताओं में भी, रचनात्मकता में आस्था को मैंने इसी रूप में देखा है—कुछ रचकर दुनिया को दे सकने का आह्लाद कुछ पाने की तुष्टि से ज़्यादा बड़ा है।

किस समय लिखना अच्छा लगता है?

जल्दी सोना और सुबह जल्दी जागना मेरी पुरानी आदतों में से है। सुबह 5-6 के बीच आँख खुल जाती है—तब से 11-12 बजे तक लिखना-पढ़ना पसन्द करता हूँ। 12 बजे के लगभग स्नान के बाद भोजन, फिर दो-एक घंटे नींद। शाम चाय के बाद थोड़ा घूमना-फिरना, मित्रों-सम्बन्धियों से मिलना-जुलना। सोने से पहले कुछ पत्रिकाओं पुस्तकों आदि के साथ। या फ़िल्में, टीवी वग़ैरह। यही बरसों से मेरी सामान्य दिनचर्या रही है। यात्राओं में यह क्रम नहीं निभ पाता, सिवाय सुबह उठने की आदत के। रात के समय पढ़ना तो सम्भव होता है किन्तु लेखन के लिए सुबह का ही समय आदर्श पाता हूँ।

एक कविता अपनी पूर्णता में कितना समय लेती है?

निश्चित नहीं। कभी एक दो घंटे में ही, कभी एक दो महीने में भी नहीं। कभी एक कविता अधूरी ही छूट जाती है। मैं कभी भी एक कविता का पीछा नहीं करता, तभी लिखता हूँ जब कविता मेरा पीछा करे। अन्यथा बात बनती नहीं, असफल प्रेम-प्रसंग की तरह (बकौल साहिर के) उसे एक खूबसूरत मोड़ देकर कहीं भी छोड़ देता हूँ। वैसे भी, कविता बहुत कुछ ज़िन्दगी की तरह है—क्या पूरा हुआ, क्या अधूरा छूट गया—इसको लेकर एक लापरवाह किस्म की विधा, लेकिन खंडों में भी पूरी तरह जीवन से वाबिस्ता...।

अपने जीवन में आपको नाज़िम हिकमत, पाब्लो नेरुदा और अन्य कई विदेशी कवियों से मिलने का अवसर मिला है। इन मुलाकातों से किस रूप में समृद्ध हुए हैं?

पाब्लो नेरुदा से मेरी एक छोटी-सी ही मुलाकात हुई थी–वार्सा में, सन 1955 में। उन दिनों उनका *रेजीडेंसज़ ऑन अर्थ* प्रकाशित हुआ था और काफी चर्चा में था। मुझे भी वह रचना बहुत पसन्द है। नेरुदा के लेखन और व्यक्तित्व में मेरी गहरी रुचि आज तक बनी हुई है। नाज़िम हिकमत के साथ ज़्यादा समय बीता। वे अंग्रेज़ी नहीं बोल पाते थे–एक पोलिश मित्र की मध्यस्थता से ही हमारी बातचीत होती थी। सहज, मिलनसार और अत्यन्त उत्साही व्यक्तित्व था उनका। उन्हें बाद में विस्तार से पढ़ा। समाज और मनुष्य को लेकर उनकी गहरी चिन्ताएँ आज भी दिल-दिमाग को छूती हैं।

आकारों के आसपास कहानी संग्रह के बावजूद आपका मन कविता में ज़्यादा रमता है–क्या कहानी का छूटा हुआ सिरा फिर से पकड़ने की इच्छा होती है।

कहानियाँ भी लिखता रहा हूँ। कुछ कहानियाँ छपी भी हैं। पर यह सही है कि कविता मुझे आकृष्ट करती है। कम समय में कम शब्दों में ज़्यादा बातें कह पाता हूँ। जिस तरह एक ख़ास *टेंशन प्वाइंट* पर एक कविता की निःसृति सम्भव है उसके बरअक्स कहानी लेखन में एक ठंडे प्रकार का धीरज ज़रूरी है। फिर भी, कहानी या अन्य प्रकार के गद्य लेखन को, इसी फ़र्क के कारण भी पसन्द करता हूँ।

भारतीयता सम्बन्धी एक सवाल के उत्तर में आपने कहा है, पढ़ना-लिखना मेरे लिए विभक्त नहीं, एक संयुक्त कार्रवाई है जो मेरे जीने के साथ जुड़ी है। आज नए सिरे से स्थानीयता, भारतीयता, जातीयता यानी एक ख़ास तरह की विशिष्टता खोजे जाने की विभक्त मानसिकता को आप किस तरह देखते हैं?

भारतीयता का सवाल पिछले कुछ वर्षों में नई तरह हमारे सामने आया है– ख़ासकर हिन्दुत्व के रूप में उसकी ख़ास पहचान बनाने की कोशिश में। भारतीयता पर विचार करते समय अक्सर यह सावधानी नहीं रखी जाती कि भारतीय दर्शन और भारतीय धर्म की अलग-अलग दो स्पष्ट धाराएँ रही हैं। उन्हें गड्ड-मड्ड करके सोचने से अनेक भ्रान्तियाँ पैदा होती हैं। धर्म का कर्मकांडी रूप साफ साफ वैदिक और पौराणिक मिथकों तथा राम, कृष्ण और शैव उपासनाओं से जुड़ा है। दार्शनिक परम्परा सांख्य, उपनिषदों, अद्वैत आदि विचारधाराओं में बिलकुल अलग-सी दिखायी देती है– और अकसर धर्म के कर्मकांडी रूप से बचती हुई एक उदार और वैज्ञानिक ढंग से सोच का परिचय देती है। ऐसा निडर और प्रौढ़ चिन्तन दुनिया में बेमिसाल है और हमें प्राचीन ग्रीक दार्शनिकों की याद दिलाता है। भारतीयता की बात करते हुए अगर हम इस दार्शनिक परम्परा को प्रमुखता दें तो भारतीयता की एक बिलकुल अलग तरह

की सहिष्णु और विवेकी छवि उभरती है। भारतीयता की बात करते हुए ज़रूरी है कि हम इस अमूल्य दार्शनिक परम्परा पर विशेष ध्यान दें और उसे अन्धविश्वासी ढंग से आचरण का समर्थक न बनने दें।

अपने जीवन को पीछे मुड़कर देखते हुए कैसा लगता है—कोई क्षोभ, कोई पछतावा?

पिछले जीवन को देखता ज़रूर हूँ, पर पीछे मुड़कर नहीं, आगे बढ़ते हुए जीवन को देखते हुए। इससे क्षोभ और पछतावा नहीं होता। मुझसे जो भी थोड़ा बहुत लिखना-पढ़ना बन पड़ा उसे दूसरों में आगे बढ़ते देखना सन्तोष देता है।

आपने कहा है, यदि जीवन दुबारा जीने को मिले तो फिर कवि ही होना चाहेंगे—ऐसा क्यों?

कविता जीवन से बेहद प्यार की भाषा है। इस बेहदी का और इस प्यार का आदर करता हूँ। जहाँ इनमें कमी देखता हूँ, कविता इनके अभाव से उत्पन्न उदासी की भाषा बन जाती है। लेकिन फिर भी यह एहसास बना रहता है कि मनुष्य के पास एक अथाह वैभव है—उस ढाई आखर की याद दिलाते रहने के लिए फिर-फिर कवि होना चाहूँगा।...यह सिर्फ़ भावुकता की नहीं, एक बहुत बड़ी बुद्धिमत्ता की बात भी है।

फ़िल्म, थियेटर व संगीत में आपकी न केवल दिलचस्पी है बल्कि इस पर समय समय पर आपने गम्भीर टिप्पणियाँ भी लिखी हैं। कुछ यादगार फ़िल्में, नाटक और संगीत सभाएँ?

यादों की उन गलियों में अगर खो गया तो फिर आपके प्रश्नों तक लौटना मुश्किल हो जाएगा। बहरहाल उस अद्‌भुत संगीत सभा की याद अब भी ताजा है। तब मैं 12-13 साल का रहा होऊँगा, वह विलक्षण गायक भी लगभग उसी उम्र का। कालेज के परिसर में आयोजित सभा में मंच पर सूट पहने नाटे कद का गायक—खड़े होकर तानपूरा मिलाने की उसकी भंगिमा रोचक थी, और उससे भी ज़्यादा उस्ताद फैय्याज खाँ की नकल में उसका निधड़क खयाल गायन। यह था कुमार गन्धर्व के गायन का मेरा पहला अविस्मरणीय अनुभव। उस्ताद फैय्याज खाँ का मेरे घर पर भी आना-जाना था। लखनऊ की सफेद बारादरी में उन दिनों संगीत सभाएँ हुआ करती थीं। उनकी गायन भंगिमाएँ अभी भी याद हैं—पाजामा, कुर्ता, शेरवानी में लाल गुलाब का फूल और ऊनी टोपी। जैसे-जैसे गायन गरमाता, पहले वो टोपी उतार देते, फिर शेरवानी और कुर्ते की बाँहें चढ़कार जमकर बैठ जाते। जयजयवन्ती हो चाहे दरबारी उसकी थिरक उनकी तोंद तक दिखाई देती। लगता था केवल कंठ से नहीं, पूरे शरीर और आत्मा से गा रहे हैं।...मेरे घर पर भी संगीत की बैठकें होती थीं—उस्ताद अमीरखाँ, पं. जसराज, मालिनी राजुरकर, उस्ताद निसार हुसैन खाँ,

संयुक्ता पाणिग्रही, रघुनाथ जी और केलुचरण जी के साथ गुजरी अनेक शामें याद आती हैं। विदेशी/देशी फ़िल्में सन् 40 से देखता रहा हूँ। बर्गमैन, तारकोव्स्की, द सीका, फेलिनी, वायदा, किएस्लोव्स्की, ऐन्जेलोपूलोस, कुरोसावा, त्रुफो, गोदार, सत्यजित राय, श्याम बेनेगल, अदूर गोपालकृष्णन आदि कुछ ऐसे निर्देशक हैं, जिनकी फ़िल्में विशेष रूप से पसन्द करता हूँ। अल्काज़ी, हबीब तनवीर और ब.व. कारन्त की नाट्य प्रस्तुतियों को मैंने ख़ास तौर पर पसन्द किया है। भाषा के प्रति संवेदनशीलता की दृष्टि से सत्यदेव दुबे और रामगोपाल बजाज के योगदान महत्त्वपूर्ण हैं। देवेन्द्रराज अंकुर का कहानियों की प्रस्तुतियों का काम भी अपनी ख़ास जगह रखता है।

समकालीन साहित्य से आपका सम्पर्क लगातार बना रहता है। हिन्दी में लिखे जा रहे लेखन को लेकर आप क्या सोचते हैं?

हमेशा साहित्यिक लेखन ने ही मुझे आकृष्ट किया हो, ऐसा नहीं है। अन्य विषयों में रुचि को भी मैं बराबर का महत्त्व देता हूँ, और अक्सर उन्हें साहित्य के लिए भी काफी प्रेरक पाता हूँ। हिन्दी साहित्य में इधर महत्त्वपूर्ण जो लिखा जा रहा है, उसके सम्पर्क में रहने की कोशिश करता हूँ। काफी कुछ फिर भी छूट जाता है, पर देर-सबेर जो उत्कृष्ट है, नज़र में आ ही जाता है। कम ही ऐसी पुस्तकें हाथ आती हैं जिन्हें पूरा पढ़ने की ज़रूरत महसूस होती हो, उनमें थोड़ी बहुत सैर ही पर्याप्त होती है उनके कथ्य और मिजाज़ को जानने के लिए...।

(2004)

मानव संस्कृति की महत्त्वपूर्ण अभिव्यक्ति है कविता

महावीर अग्रवाल

कविता लिखना आपने कब से शुरू किया? यदि स्मरण हो तो यह भी बताइए कि, आपकी प्रथम कविता का विषय क्या था? साथ ही यह भी बताइए कि, आपकी प्रथम कविता किस पत्रिका में और कब छपी थी?

सन् 47-48 के लगभग। अगर ठीक याद है तो पहली दो कविताएँ (जो 'चक्रव्यूह' में भी संग्रहित हैं) 1949 में 'प्रतीक' में छपी थीं—'इस रात सागर के किनारे' और 'ओस नहाई रात'। इसके पहले अंग्रेज़ी में भी लिखा करता था—पर वे कविताएँ कहीं छपने नहीं दीं।

आप कविता क्यों लिखते हैं?

एक सीधा-सा व्यावहारिक उत्तर तो यह हो सकता है—क्योंकि मैं कविता लिख पाता हूँ, कविता की भाषा में ज़िन्दगी को सोच-समझ पाता हूँ। एक सामान्य व्यक्ति से यदि पूछा जाए कि आप कविता क्यों नहीं लिखते तो सम्भवतः वह कहेगा—क्योंकि मुझे कविता लिखना नहीं आता। एक दुनियादार व्यापारी से पूछें तो वह कहेगा—मुझे अपने काम-काज से फुरसत नहीं! इसी तरह बहुत से कारण हो सकते हैं कविता लिखने के पीछे भी, जैसे उसके न लिखने के पीछे भी। एक बड़ा कारण होता है भाषा को एक नई तरह देख सकने की क्षमता। वह स्वाभाविक भी होती है और बहुत कुछ अभ्यास और अध्ययन द्वारा अर्जित भी। जीवनानुभव तो हम सभी के पास होता है, उसे काव्यरूप दे पाना कुछ के लिए ही सम्भव होता है। हर पाठक के अन्दर भी एक कवि होता है। उससे संवाद की इच्छा भी काव्यलेखन को प्रेरित कर सकती है। एक थोड़ा मनमाना उत्तर भी दे सकता हूँ : शब्द मुझे सम्प्रेषण की निर्जीव इकाइयाँ मात्र नहीं लगते। वे मुझे जैविक लगते हैं—चंचल, स्फूर्त, अन्दर से जाग्रत। उनके द्वारा तो बातचीत सम्भव है ही, पर उनसे भी बातचीत सम्भव है। मेरे लिए कविता, अक्सर इस दूसरे तरह की बातचीत से भी निकलती है। शब्द वही रहते हैं लेकिन वाणिज्य में, अनुसन्धान में, विज्ञान में, प्रार्थना में, सान्त्वना में, दिनचर्या में उनकी अर्थ-छवियाँ

बदल जातीं क्योंकि उनके सन्दर्भ बदल जाते। उदाहरण के लिए, 'राम की शक्तिपूजा' (निराला) निरा शब्दाडम्बर नहीं है : शब्दों के माध्यम से आत्मशक्ति या आत्मिक ऊर्जा का उद्‌बोधन है। इसकी तुलना 'कुकुरमुत्ता' के इस्तेमाल से भिन्न है। कविता हमें शब्दों के सामर्थ्य की एक ज़्यादा बड़ी और विचित्र दुनिया में ले जाती है।

आप अपनी रचना-प्रक्रिया के बारे में कुछ बताइए?

कई तरीकों से एक कविता की रचना सम्भव है। इसलिए रचना-प्रक्रिया का कोई एक तरीका नहीं हो सकता जो हर कविता पर बराबर से लागू किया जा सके। शायद एक ही कवि की हर कविता पर भी नहीं। कुछ कविताएँ तुरन्त लिख जाती हैं, कुछ समय लेती हैं, कुछ एक लम्बे या छोटे अन्तराल के बाद पूरी हो पाती हैं, और कुछ अधूरी ही छूट जाती हैं। रचना-प्रक्रिया का अगर कोई एक सर्वमान्य बँधा-बँधाया तरीका होता तो शायद यह दिक्कत न होती।

कविता को जब हम उसके छन्द या स्वच्छन्द 'रूप' से जोड़कर उसकी 'पहचान' बनाते हैं तो यह रचना-प्रक्रिया का सरलीकरण है। उसके बाह्य मात्र का वर्णन है। कविता की आन्तरिक रचना-प्रक्रिया उस चेतना की तरह सूक्ष्म और अप्रत्यक्ष होती है जिसे हम एक कविता में महसूस तो कर सकते हैं, पर कविता से बाहर लाकर उसे ठीक-ठीक परिभाषित और निरूपित करने में बहुत सफल नहीं हो पाते। फिर भी, रचना-प्रक्रिया को मैं कुछ इस तरह समझता हूँ कि जब हम किसी परिचित, या कम-परिचित जीवनानुभव को एक सार्थक भाषायी अनुभव बना पाते हैं तो रचना-प्रक्रिया की कम-से-कम एक शर्त को पूरा कर रहे होते हैं। एक कविता का अन्तिम रूप क्या होगा इसका कोई बहुत स्पष्ट या निश्चित खाका मेरे मन में नहीं होता। केवल कुछ संकेत मात्र होते हैं—जैसे कोई विषय, शब्द, विचार, बिम्ब, ध्वनि, भाव आदि जो एक बीज—कारण की तरह काम करते हैं जिनके, या जिसके, इर्द-गिर्द कविता बढ़त लेती है। कम ही ऐसा होता है कि कविता के किसी बने-बनाए ढाँचे से काम चल जाए। कथ्य के मुताबिक ही कविता अपना आकार-प्रकार ग्रहण करती है।

वस्तु और शिल्प में आप किसे प्रमुखता देते हैं और क्यों?

वस्तु और शिल्प, यानी फॉर्म और कन्टेंट, सापेक्ष पद हैं। एक की अपेक्षा ही दूसरे का महत्त्व है। मार्क्स का यह कथन सार्थक है कि, "Form is the form of its content." मेरा मानना है कि जहाँ समीक्षा विश्लेषणात्मक ढंग से काम करती है, रचनात्मक साहित्य की दृष्टि संश्लेषणात्मक होती है—जीवन की तरह संश्लिष्ट और जटिल। साधारणतः कथ्य ही कविता के स्वरूप को निर्धारित करता है। कथ्य या वस्तु अगर बेदम है तो अच्छे-से-अच्छा शिल्प भी कविता का उद्धार नहीं कर सकता। यह एक बड़ा फ़र्क है जिसे हम आज की तमाम ऐसी कविताओं में परिलक्षित कर सकते

हैं जिनमें कथ्य का दुहराव है, या वह कमजोर है। छन्द आदि का आग्रह न रह जाने से भी कविता की लगभग पूरी निर्भरता कथ्य पर हो गई है। जब मैं कथ्य कहता हूँ तो मेरा मतलब केवल वस्तु से नहीं, बात कहने के तरीकों से भी है। ग़ज़ल का फॉर्म लगभग पूर्वनिर्धारित होता है फिर भी जिसे 'अन्दाजे-बयाँ' (ग़ालिब) कहते हैं उसका कविता में एक बड़ा हिस्सा होता है।

कविता में बिम्ब, प्रतीक और मिथकों का उपयोग किस तरह हो?

प्रभाव उत्पन्न करने के लिए बातों को बढ़ा-चढ़ाकर चमत्कारिक ढंग से कहने की प्रवृत्ति में हम मिथकीय सोच के बुनियादी मनोविज्ञान को आसानी से पहचान सकते हैं।

किसी अनुभव से जब हम बेहद अभिभूत या भयभीत होते हैं तो उसके पूरे प्रभाव को दूसरे, या दूसरों तक पहुँचाना चाहते हैं—किसी अद्भुत या मूल्यवान अनुभव को सुरक्षित रखने के लिए केवल उस घटना मात्र को नहीं, बल्कि उससे हम पर पड़े पूरे प्रभाव को भी! हमारी भाषा तब साधारण नहीं रह जाती। वह सामान्यता की सारी हदों के बाहर संवेगों और महा-बिम्बों की भाषा बन जाती है। इसीलिए मिथकीय भाषा या विषय ऊपर से जहाँ बिलकुल बचकाने या अतिरंजित उत्साही किस्से-कहानी की भाषा होती है वहीं उस चमक-दमक के नीचे दबी गहरे संकेतों और अभिप्रायों की गूढ़ भाषा भी होती है। मिथक नितान्त पुराने जमानों की तकनीक नहीं है। आज भी नए और पुराने मिथकों का इस्तेमाल साहित्य में, बहुतायत से हो रहा है—पूरब में भी, पश्चिम में भी।

बिम्ब और प्रतीकों पर पिछले सौ वर्षों में काफी कुछ लिखा जाता रहा है। दो प्रमुख काव्यान्दोलन जिन्होंने कविता की रूपरेखा पर बुनियादी असर डाला है—'प्रतीकवाद' और 'बिम्बवाद'—कविता में इनके अनिवार्य महत्त्व को रेखांकित करते हैं। बिम्ब और प्रतीक काव्यभाषा के ज़रूरी अंग हैं। मुक्तछन्द के आने पर कविता में उनकी ज़रूरत पर ज़्यादा ध्यान दिया जाने लगा। वे छन्दों का विकल्प तो नहीं हैं पर किसी हद तक कविता की अलग पहचान बनाने और बनाए रखने में कुछ उनका कुशल संयोजन और संरचना की विशेष भूमिका रही है।

कविता की भाषा को लेकर अक्सर प्रश्न खड़ा किया जाता है। आप बताइए कि, कविता की भाषा कैसी होनी चाहिए?

जैसा हम बोलते और लिखते पढ़ते हैं। यह बात सपाट तरीके से कही जाती है कि कविता की भाषा बोलचाल की हो, आम आदमी की हो, सबके समझ में आनेवाली हो, वगैरह। लेकिन बोलचाल की भाषा की भी कई तहें होती हैं, और उसका एक लम्बा इतिहास है। आज की हिन्दी भी बोलियों से, कई तरह की बोलियों

से मिल-जुलकर निकली है। हिन्दी का निकट और लम्बा सम्बन्ध एक ओर आम बोलचाल की भाषा से रहा है तो दूसरी ओर संस्कृत, फारसी, अरबी, तुर्की जैसी शास्त्रीय भाषाओं से भी। एक जटिल ताना-बाना बनता है। उसका सरलीकरण नहीं हो सकता : कविता में तो बिलकुल नहीं। याद करें कि नजीर अकबराबादी की कविताएँ ठेठ बोलचाल की भाषा में की गई नायाब शायरी है : ग़ालिब की शायरी के पीछे कठोर और गूढ़ शास्त्रीय अनुशासन है : मीर की शायरी मिली-जुली भाषा का बेजोड़ नमूना है। थोड़ा और पहले चलें तो अमीर खुसरो, कबीर की कविता मानों भाषा के सारे नियमों को तोड़कर बनती है। जायसी, तुलसी, सूर ठेठ स्थानीय बोलियों में महान कविता दे गए हैं। सच बात तो यह है कि बड़ी कविता अपनी भाषा को ख़ुद बनाती है। एक कवि किस तरह की भाषा में लिख रहा है, इससे कहीं ज़्यादा ज़रूरी है यह जाँच कि उसकी कविता में भाषा में नया क्या जुड़ रहा है–भाषा की सामर्थ्य और उसका आयाम कितना विस्तृत हो रहा है। शेक्सपियर ने जब लिखना शुरू किया उस समय अंग्रेज़ी की स्थिति क्या थी, और जब लिखना खत्म किया उस समय अंग्रेज़ी भाषा को कहाँ पहुँचा दिया। बीसवीं सदी में केवल भाषा की दृष्टि से कविता को देखिए तो मैथलीशरण गुप्त से आज तक हिन्दी भाषा के इतने रूप दिखाई देंगे, और भाषा को लेकर इतनी तरह के प्रयोग, जितने दुनिया की बहुत कम भाषाओं में दिखेंगे। अतः, कविता में शब्दों और भाषा को लेकर खुला दिमाग रखने में विश्वास करता हूँ–कबीर और निराला की तरह, कविता के लिए भाषा के बड़ी से बड़ी ज़मीन पर विचरण करना पसन्द करता हूँ, और यह मानकर चलता हूँ कि कविता के लिए कोई भी ज़मीन वर्जित नहीं। कविता को खुली छूट देता हूँ कि वह तय करे कि उसे किस तरह के शब्दों और भाषा में अपने को प्रकट करना है–ख़ुद को उसका निमित्त मात्र, उसका लिपिक मानकर चलता हूँ।

पाठक वर्ग को आम शिकायत है कि, कविताएँ दिन-ब-दिन दुरूह होती जा रही हैं, इसलिए लोग कविताओं से जुड़ नहीं पा रहे हैं, इस पर आपके क्या विचार हैं?

यह तो एक दुर्लभ स्थिति होगी कि किसी भी कवि की सभी कविताएँ सभी की समझ में आ जाएँ। किन्तु अधिकांश कवियों की अधिकांश कविताएँ अधिकांश पाठकों के समझ में न आएँ यह कविता के लिए सचमुच संकट की स्थिति होगी। संयोग से कविता और पाठक के बीच संवाद की सम्भावना कहीं इन दो ध्रुवों के बीच घटती-बढ़ती रहती है। ज़रूर इस बात में सच्चाई है कि आज कविता और उसके पाठक के बीच फासला बढ़ा है, लेकिन इसकी सारी ज़िम्मेदारी कवि या पाठक पर ही डालना उन दूसरे कारणों का अनदेखा करना होगा जो कविता और पाठक के बीच के सम्बन्धों को बिगाड़ रहे हैं। देखने, सुनने और पढ़ने की जो प्रचुर मनोरंजन-सामग्री इस समय बाजार में आसानी से उपलब्ध है, उसमें कविता के लिए हाशिये में भी

मुश्किल से जगह बचती है। कवि चाहे जितना भी अपनी कविता और भाषा को आसान बनाने की कोशिश करे, वह ठेठ मनोरंजन के स्तर पर न तो उस सामग्री से होड़ ही कर पाएगी न उससे समझौता। बहुत-सी ऐसी कलाएँ हैं जो संरक्षण के बिना जीवित नहीं रह सकतीं। व्यावसायिक होड़ में डाल दिया जाए तो वे नष्ट हो जाएँगी। लेकिन एक जागरूक, सभ्य और शिक्षित समाज उनका नष्ट होना कभी भी बर्दाश्त नहीं कर सकता। यह मानव संस्कृति की एक अत्यन्त महत्त्वपूर्ण अभिव्यक्ति का विनाश होगा। हमें कविता को बचाने की चिन्ता भी उसी तरह करनी चाहिए जैसे विज्ञान और तकनीक की अन्धी दौड़ में हम पृथ्वी और वनस्पति को बचाने की चिन्ता कर रहे हैं। कविता भाषायी पर्यावरण का सबसे नाज़ुक हिस्सा है। उसका ख़ास काम हमारा मनोरंजन मात्र नहीं है, हमारी सूक्ष्मतम मानवीय संवेदनाओं और अनुभूतियों को जीवित रखना है। वे मुरझा न जाए इसके लिए भाषा की काव्यात्मक अभिव्यक्ति भी ज़रूरी है।

लेखन एक सामाजिक दायित्व है। अतः आप बताइए कि, लेखक का क्या कुछ भी निजी नहीं रह जाता?

'निजी' और 'सामाजिक' के बीच इतना ध्रुवीकरण है नहीं जैसा मान लिया गया है। जब तक एक रचना में 'निजी' का साधारणीकरण नहीं होता उसकी सामाजिकता सन्दिग्ध या संकीर्ण रहती है। भाषा अपने आप में अभिव्यक्ति का एक ऐसा माध्यम है जो निजी भी है और सामाजिक भी। मेरा मानना है कि निजी और सामाजिक प्रतिद्वन्द्वी नहीं हैं। एक-दूसरे के पूरक हैं न कि एक-दूसरे के दुश्मन। जीवन में विभिन्नताएँ हैं पर वैसा विभाजन और विभागीकरण नहीं जैसा हमारे सोचने के तरीकों में होता है। विभिन्नताओं का सह-अस्तित्व सम्भव है। एकता का अर्थ एकरसता नहीं है। साहित्य जीवन को सामान्यतः उसकी समग्रता में देखने की कोशिश करता है–प्रभाववादी, संश्लिष्ट ढंग से। विज्ञान की तरह बहुत तर्कमूलक और विश्लेषणात्मक ढंग से कम। इसीलिए एक कृति के लिए Construct, composition या complexity जैसे 'पद' उपयुक्त लगते हैं : समीक्षा उसको विश्लेषित करके देखने का प्रयास है। इसीलिए कला को 'निजी' और 'सामाजिक' में विभाजित करना वैसा ही है जैसे जीवन को। हम एक साथ 'निजी' और 'सामाजिक' होते हैं–इसमें कोई अन्तर्विरोध नहीं है। वैज्ञानिक चिन्तन के दबाब का एक अवांछित प्रभाव जो जीवन पर पड़ा वह है उसका अमानवीयकरण : मनुष्य को एक वस्तु की तरह अध्ययन का विषय बनाना। जीवन की समस्याओं का एक चिकित्सक की तरह हल ढूँढ़ना। इसीलिए एक बड़ी कृति पर किसी एक ही दृष्टिकोण से विचार करना उसके साथ पूरा न्याय नहीं कर पाता : कई दृष्टियों से उस पर विचार करना पड़ता है। उदाहारण के लिए प्रेमचन्द का 'गोदान' लें : होरी की त्रासदी का मुख्य कारण उसका अपना चरित्र है? या उसका

समाज? या दोनों? अगर यह कहें कि होरी का चरित्र उसकी सामाजिक परिस्थितियों का नतीजा है तो यह सवाल फिर भी अपनी जगह बना रहता है कि धनिया और गोबर के चरित्र, उन्हीं सामाजिक परिस्थितियों में, फ़र्क क्यों? अतः 'गोदान' की दुनिया को समझने के लिए कोई एक दृष्टिकोण काफी नहीं ठहरता, उस पर कई तरह विचार करना ज़रूरी हो जाता है ताकि हम उसके जटिल यथार्थ को आत्मसात् कर सकें, उस यथार्थ का कोई एकतरफा सरलीकरण न करें। एक उपन्यास का फिर भी समाजशास्त्रीय ढंग का अध्ययन दूर तक सार्थक हो सकता है, लेकिन कविता की संरचना में इस तरह के अध्ययनों की उपयोगिता सीमित होगी। समाज से जुड़े होते हुए भी निजी में भी कविता की जड़ें गहरी होती हैं।

कवि के अन्दर, व्यक्ति और समाज के हितों के बीच का द्वन्द्व क्या किसी सार्थक लेखन की भूमिका बनाता है?

आपके पिछले प्रश्न के उत्तर में बहुत कुछ इस सवाल का उत्तर भी सन्निहित है। निजी और सामाजिक हितों के बीच द्वन्द्व और तनाव बिलकुल सम्भव है—और यह भी उच्च कोटि के लेखन का विषय रहा है। इसका रूप 'अन्तर्द्वन्द्वात्मक' भी हो सकता है—यानी सूक्ष्म और भीतरी, जिसका उत्कृष्ट उदाहरण दोस्तोयेव्स्की और काफ्का के उपन्यास हैं; तथा अधिक प्रकट और सामाजिक दृष्टि से अधिक बर्हिमुखी भी जैसे जोला, फ्लोबेअर, गोर्की आदि के उपन्यास। लेकिन, एक बार फिर दोहराना चाहूँगा कि इनमें से किसी भी उपन्यास का निजी और सामाजिक में ध्रुवीकरण करना उसका अधूरा पाठ होगा। कोई भी कृति एक क्लासिक की मर्यादा तक तभी उठ पाती है जब उसमें दोनों पक्षों का सन्तुलित समावेश हो। मुक्तिबोध ने कभी मेरी कविताओं (परिवेश : हम-तुम 1961) के लिए कहा था, "हमें कवि के अन्तर्लोक में—गहरी दिलचस्पी है। उससे हमारी ही आत्मा के गहरे सम्बन्ध-सूत्र जुड़े हुए हैं।" कविता में 'स्व' और 'अन्य' के इस समग्र जीवन बोध Integrated life-sense में उसकी शक्ति और मानवता के स्रोत हैं। मुक्तिबोध स्वयं इसका एक उत्कृष्ट उदाहरण हैं कि अपनी सारी सामाजिक और राजनीतिक प्रतिबद्धता के बावजूद "निजी" के भी गूढ़तम आशयों तक उनकी कविता पहुँच पाती है।

लेखन के कारण आपको व्यक्तिगत जीवन में कभी किसी संघर्ष का सामना करना पड़ा? कोई अविस्मरणीय घटना?

कई बार। परिवार में शुरू से ही व्यावसायिक परिवेश मिला जिसके बीच अपनी साहित्यिक रुचियों के लिए जगह बनाना मुश्किल रहा, लेकिन असम्भव नहीं। वह जीवन के बारे में एक फ़र्क तरह के सोच से सामना था। विचित्र बात यह है कि आगे चलकर फ़र्क सोच के कारण साहित्य में ज़्यादा बड़ी दिक्कतों का सामना करता

रहा। लखनऊ में चाचा के साथ रहता था। बड़ा परिवार था। घर पर बड़े-बड़े राजनीतिज्ञों और नेताओं का आना-जाना था, 50-60 के दशकों में। उन्हें निकट से जानना एक बहुत बड़ा शैक्षिक अनुभव था। लखनऊ का साहित्यिक और वैचारिक जीवन उदार और मिला-जुला था। वैचारिक मतभेद थे लेकिन कट्टरता और असहिष्णुता न थी। लेकिन एक घटना याद आती है—चन्द्रभानु गुप्त उस समय उत्तर प्रदेश के मुख्यमन्त्री थे। उनसे हमारे परिवार के घरेलू सम्बन्ध थे, लेकिन मैं कभी भी उनके विचार से सहमत नहीं हो सका। उन्हें मेरा लेखक संघ की बैठकों में शामिल होना और कॉफी हाउस में उठना-बैठना बिलकुल पसन्द नहीं था। उन्हें शक था कि मेरा रुझान वामपन्थी और समाजवादी विचारों में अधिक है—जो शायद बहुत गलत भी नहीं था। सन् 1955 में जब मैं पौलैंड, रूस और चीन की यात्रा पर गया, उन्होंने उससे पहले एक दिन अपने घर पर बुलाकर समझाया या शायद डराया कि यह यात्रा मेरे भविष्य के लिए बहुत अच्छी नहीं साबित होगी। लेकिन मेरे जिस तरह के भविष्य की उन्हें चिन्ता थी उस भविष्य में मुझे कोई दिलचस्पी नहीं थी। बाद में जब भारत चीन युद्ध छिड़ा मुझे उन्हीं के द्वारा मालूम हुआ कि मेरा नाम भी सरकार की 'संदिग्ध व्यक्तियों' की उस सूची में है जिनमें कम्युनिस्ट देशों से सम्पर्क रखनेवाले लोग हैं। 'क्या कहना है तुम्हें?' उन्होंने पूछा। मामला सिर्फ़ राजनीतिक नहीं था, घरेलू भी था : हम लोगों के बीच खुली बातचीत होती थी। मैंने कहा—"इसमें कहना क्या है! इस समय देश संकट में है। ऐसे हर व्यक्ति को जेल में बन्द कर देना चाहिए जो देश की सुरक्षा के लिए ख़तरा हो!' लेकिन वे मेरे तमतमाए चेहरे को गौर से पढ़ रहे थे। मैं कहता रहा, "मुझे भी एक शक है। इसमें अगर मेरे जैसे लोग 'सन्दिग्ध' हैं तो यह सूची ख़ुद बिलकुल 'सन्दिग्ध' है! देश को बचाना है तो पहले सही सूची बनाना तो हम सीखें, वरना हम देश को नहीं बचा पाएँगे, सिर्फ़ कुछ गलत व्यक्तियों की बलि देकर रह जाएँगे।" उस समय तो बात आई गई होकर रह गई, लेकिन मेरे मन में राजनीतिक तरीकों को लेकर एक गहरा अविश्वास पैठ गया। दुर्भाग्य से और कई घटनाओं ने जिनका मैं निकट साक्षी रहा मेरे इस अविश्वास को दूर करने के बजाय और पक्का ही किया—जैसे, अयोध्या में आचार्य नरेन्द्रदेव की चुनाव में हार, इमरजेन्सी, बाबरी मस्जिद का विध्वंस वगैरह। लेकिन...लम्बी कहानी है...उनके बारे में फिर कभी अलग से...।

क्या, रचनाकार के लिए वैचारिक प्रतिबद्धता का होना ज़रूरी मानते हैं? यदि हाँ, तो क्यों? यदि नहीं, तो क्यों?

विचारों और विचारधाराओं में थोड़ा अन्तर मानता हूँ। विचारों के प्रति हम सचेत होते हैं। बद्ध नहीं। जीवन में भी, लेखन में भी। राजनीतिक प्रतिबद्धता में गैर-साहित्यिक दबाव पड़ता है, जिससे स्वतन्त्र लेखन अवरुद्ध हो सकता है।

श्रेष्ठ लेखन के लिए राजनीतिक प्रतिबद्धता ज़रूरी शर्त नहीं है। अच्छे लेखन की अपनी शर्तें होती हैं जो किसी भी प्रकार की 'बद्धता' का उल्लंघन कर सकती हैं। निराला, प्रेमचन्द, मुक्तिबोध, शमशेर आदि ऐसे कुछ उदाहरण हैं जिनका लेखन प्रतिबद्धता का नमूना नहीं है, उनके पक्के साहित्यबोध का नतीजा है। हमारी छोटी-बड़ी तमाम सामाजिक, पारिवारिक, नैतिक, निजी जिम्मेदारियाँ होती हैं जिन्हें व्यवहार और लेखन में हम अपनी तरह निभाने के लिए स्वतन्त्र है। जीवन और लेखन को लेकर साहित्य के स्वतन्त्र विवेक में भरोसा होना चाहिए। अन्य विषयों से—राजनीति से भी—यह घनिष्ठ सम्बन्ध बनता है लेकिन अपनी तरह, उनकी तरह नहीं, और बिना अपनी पहचान को गँवाए। यह एक ज़्यादा मुश्किल काम है। किसी प्रतिबद्धता के तहत काम करना अपेक्षाकृत आसान है क्योंकि उसमें समाज के प्रति सीधी ज़िम्मेदारी न होकर प्रतिबद्धता के प्रति पहली वफादारी होती है। इस वफादारी के ख़िलाफ़ भी जाना पड़ सकता है अगर उसका रवैया कभी जनजीवन को लेकर आतताई और अन्यायी हो जाता है।

वर्तमान में क्या लेखन के द्वारा सामाजिक-आर्थिक बदलाव सम्भव है?

सामाजिक-आर्थिक बदलाव में साहित्य की सहायक भूमिका हो सकती है, प्रमुख भूमिका नहीं। प्रमुख भूमिका तो उन्हीं संस्थानों और संसाधनों की होगी जो कर्म के स्तर पर परिवर्तन ला सकने में सक्षम और ईमानदार हों। और कम-से-कम इतने शिक्षित और संवेदनशील हों, कि साहित्य की आवाज़ को सुन समझ सकें। यही सोच-समझ बनाने और परिवर्तन के लिए प्रेरित करने में साहित्य मदद कर सकता है।

आप किस कवि से अधिक प्रभावित हैं, या रहे हैं? उनकी कुछ उल्लेखनीय रचनाएँ, जिनसे आपके लेखन को गति या दिशा मिली?

एक लेखक पर एक ही समय में कई तरह के प्रभाव एक साथ काम करते हैं—ख़ासकर मेरे जैसे लेखक पर जिसके लिए साहित्य से बाहर की दुनिया तथा अन्य विषय भी साहित्य से कम प्रेरक नहीं रहे हैं। आज भी मेरे पढ़ने के समय का काफी बड़ा हिस्सा शायद गैर-साहित्यिक विषयों के पढ़ने में लगता हो। समय के साथ 'प्रभावों' के सन्दर्भ और उनका नक्शा भी बदलता रहता है। एक सामान्य रचना भी कभी-कभी एक बड़ी कृति को प्रेरित कर सकती है, और ज़रूरी नहीं कि वह एक साहित्य रचना ही हो। संगीत, चित्रकला, शिल्प, फ़िल्म आदि से भी प्रेरित अनेक उत्कृष्ट रचनाओं के उदाहरण हमारे सामने हैं। ऐसे भी तमाम विषय हैं जिनका साहित्य से तत्काल कोई सीधा सम्बन्ध दिखाई नहीं देता। इस सदी में ही लें—डारविन, मार्क्स, फ्रायड, आइंस्टाइन आदि कई ऐसे नाम लिये जा सकते हैं जिनके विचारों से

साहित्य को नई दिशाएँ मिली हैं पर वे साहित्य से बाहर के विचारक थे। मैंने ख़ुद भी यह अनुभव किया है कि अक्सर गैर-साहित्यिक जानकारियों से मुझे साहित्य-रचना में ख़ासी दिलचस्प रचनात्मक ऊर्जा और चिन्तन-सामग्री मिली है। मसलन, इधर अर्थशास्त्र, समय की अवधारणाओं, जीन्स, भाषाशास्त्र, समाजशास्त्र, पर्यावरण आदि पर जो गहरा चिन्तन हो रहा है उससे साहित्य के विश्वव्यापी सरोकारों की एक बड़ी अन्तर्विषयक भूमिका बनती है। साहित्य के बारे में हमारा सोच एक देश, एक काल या एक भाषा तक सीमित नहीं रह पाता।

मेरी काव्य-रचना के शुरुआती दौर में प्रतीकवादी कवियों का प्रत्यक्ष प्रभाव रहा है—जैसे, मलार्मे, बोदलेअर, वलेरी, एलुआर, रिलके, ब्लॉक आदि कवियों का। कबीर और निराला का नाम लेना चाहूँगा : ख़ासकर भाषा को लेकर उनका स्वच्छन्द रवैया मुझे पसन्द है। इधर कवाफी और बोर्खेस मेरी रुचि के कवियों में से रहे हैं। जॉयस, काफ़्का, मारखेज यद्यपि उपन्यासकार हैं पर उन्हें मैं अपनी काव्यदृष्टि में भी बहुत उत्प्रेरक पाता हूँ।

कविता भी एक यात्रा है। आप अपने समकालीनों में किन कवियों को अपने सहयात्री पाते हैं? अपनी पसन्द की कुछ कविताओं और उनके कवियों के बारे में बताइए।

बड़े संयुक्त परिवार और लखनऊ की सामाजिक राजनीतिक हलचल के बीच रहते हुए भी मेरा अधिकांश समय पढ़ने-लिखने और साहित्यकारों के बीच ही बीतता था। कॉफी हाउस, लखनऊ विश्वविद्यालय, 'युगचेतना' का दफ्तर, लेखक संघ की गोष्ठियाँ, हजरतगंज में चहलकदमी, और बाद में 'उत्तर प्रदेश संगीत नाटक अकादमी' और 'भारतेन्दु नाट्य अकादमी' के उपाध्यक्ष और अध्यक्ष पदों पर आने के बाद नाटक और संगीत की दुनिया से घनिष्ठता—ऐसे तमाम केन्द्रों में बिखरी साहित्यिक चेष्टाओं के एक सम्मिलित वातावरण में रहने की अनेक स्मृतियाँ मन में हैं। पिछले पचास वर्षों में साहित्यिक दुनिया से लगभग एक अटूट-सा सम्बन्ध बन गया है। लखनऊ में महानगर का मेरा घर साहित्यकारों और संगीतज्ञों के ठहरने और बैठकों का एक अनौपचारिक अड्डा-सा बन गया था। उस समय जिनसे मेरा अधिक निकट सम्बन्ध रहा उनमें से कुछ के नाम लूँ तो रघुवीर सहाय, कृष्ण नारायण कक्कड़, श्रीलाल शुक्ल, विजयदेव नारायण साही, नामवर सिंह, देवीशंकर अवस्थी, मनोहरश्याम जोशी, श्रीकान्त वर्मा, धर्मवीर भारती, निर्मल वर्मा, अशोक वाजपेयी, ब.व. कारन्त, सर्वेश्वरदयाल सक्सेना, गिरिजाकुमार माथुर, सुरेन्द्र तिवारी, केशवचन्द्र वर्मा, जगदीश गुप्त, विपिन कुमार अग्रवाल, केदारनाथ सिंह, मुद्राराक्षस, परमानन्द श्रीवास्तव, विनोद भारद्वाज, प्रयाग शुक्ल, विष्णु खरे, गिरधर राठी के नाम विशेष रूप से याद आ रहे हैं। सूची बहुत लम्बी है...कहाँ तक नाम बताऊँ...शायद ही ऐसा कोई साहित्यकार हो जिससे अक्सर मिलना जुलना न होता रहा हो...

पर इस बात पर विशेष रूप से ध्यान जाता है कि उम्र को लेकर मैंने कभी भी छोटा या बड़ा अनुभव नहीं किया। न ही इस फ़र्क के कारण किसी से भी निकट सम्बन्ध बनाने में कभी कोई कठिनाई महसूस की। साहित्य ही नहीं उससे बाहर के भी अनेक ऐसे बड़े लोग याद आते हैं जो उम्र में मुझसे काफी बड़े थे लेकिन फिर भी उनसे मेरे मित्रवत् सम्बन्ध रहे। इसी तरह एक लम्बी सूची है लखनऊ के उन घनिष्ठ मित्रों की भी जो उम्र में मुझसे छोटे हैं–विनोद भारद्वाज, नरेश सक्सेना, जयकृष्ण, लीलाधर जगूड़ी, रवीन्द्र वर्मा, प्रवीण शर्मा, मंगलेश डबराल, विनोद दास, अखिलेश, वीरेन्द्र यादव...। सब पर किताब भर कहने को है, पर अपनी सीमा को समझता हूँ...और इस बातचीत की हदों को भी...।

अब इधर कुछ वर्षों से दिल्ली रहने लगा हूँ, तो दिल्ली के मित्रों और साथियों का भी एक बड़ा परिवार-सा बन गया है। बहुत अच्छा लगता है यहाँ भी अपने सहयात्रियों और दूसरी तीसरी पीढ़ी के उत्साही साहित्यकारों और कलाकारों के साथ समय बिताना। यहाँ के अनेक साहित्यिक और सांस्कृतिक आयोजनों में शामिल होता रहता हूँ। राजधानी के साहित्यिक माहौल को अपनी तरह समझने की चेष्टा करता हूँ...कभी दूर से, कभी पास से। साहित्यिक 'मतभेदों' के स्वरूप में जो बदलाव आ रहा है वह अक्सर खटकता है। उसका साहित्य की अपेक्षा व्यक्ति पर अधिक केन्द्रित होते जाना चिन्ता की बात है। वैचारिक मतभेदों और बहसों का मूल उद्देश्य विचार-विमर्श द्वारा साहित्यिक चेतना का विस्तार और परिष्कार है। उस 'जगह' का संकुचित और विकृत होते जाना साहित्य की बड़ी ज़िम्मेदारी को छोटा करता है, और समाज में उसकी भूमिका को कमजोर बनाता है।

कविता के विकास और सार्थक फैलाव में रेडियो, दूरदर्शन और कवि सम्मेलनों पर आपके क्या विचार हैं?

आज़ादी के बाद कई दशक याद आते हैं जब हिन्दी साहित्यकारों का एक बड़ा वर्ग 'आकाशवाणी' से जुड़ा था। 'आकाशवाणी' के दिल्ली, इलाहाबाद, लखनऊ केन्द्र तो मानो पूरी तरह साहित्यकारों के हाथों में थे। ख़ासकर याद आते सुमित्रानन्दन पन्त, अज्ञेय, इलाचन्द्र जोशी, अमृतलाल नागर, गिरिजाकुमार माथुर, रघुवीर सहाय, सर्वेश्वरदयाल सक्सेना, केशवचन्द्र वर्मा, लक्ष्मीकान्त वर्मा, भगवतीचरण वर्मा आदि अनेक नाम जिनकी वजह से लगता था मानो 'आकाशवाणी' साहित्य का ही दूसरा केन्द्र बन गया हो। कई मानो में यह नए हिन्दी साहित्य का भी स्वर्णकाल था। इसके पीछे कहीं रेडियो का भी आनुषांगिक योगदान था हिन्दी साहित्य को 'प्रोजेक्ट' करने में। एक नई हिन्दी बन रही थी...साहित्य के बाहर भी, मीडिया के जरिये। एक तरह से देखें तो रेडियो मानो हिन्दी-काव्य की लम्बी और दृढ़ 'वाचिक' परम्परा का जायज वारिस था। रेडियो का माध्यम मुख्यतः 'श्रव्य' होने के कारण साहित्य की इस अत्यन्त

लोकप्रिय मौखिक परम्परा से सहज ही जुड़ता था। बाद में जब टीवी का मुख्यतः चाक्षुष माध्यम सामने आया तो उससे साहित्य क्या संगीत का भी बहुत अच्छा 'इक्वेशन' नहीं बन सका। हम याद करें कि यही वह समय भी है जब साहित्य ही नहीं भारतीय शास्त्रीय संगीत भी लोकप्रियता की नई ऊँचाइयों को छू सका था। रेडियो किसी न किसी रूप में इस तथ्य को स्थापित कर सका था कि एक श्रेष्ठ गायक को गाते हुए 'सुनना' उसे गाते हुए 'देखने' से ज़्यादा बड़ा अनुभव हो सकता है! जैसे 'ध्वनियों' का वैसे ही 'शब्दों' का भी जो एक जादू होता है वह शायद अपने अमूर्तन में अधिक आत्मीय लगता है; अपने स्थूल रूप में वे उन चिह्नों या प्रतीकों की तरह लगते हैं जिनका अपने आपमें स्वतन्त्र सौन्दर्य सीमित होता है। लेकिन इस बात पर भी जोर देना चाहूँगा कि कविता और संगीत को आमने-सामने बैठकर सुनना उसे टीवी के 'छोटे बक्से' पर देखने-सुनने से बिलकुल फ़र्क प्रकार का अनुभव है। सामने सुनते वक्त कवि या संगीतज्ञ से श्रोता का सीधे आदान-प्रदान का एक संकुल समा अनायास निर्मित होता है। टीवी पर यह प्रक्रिया एकतरफा और 'मैकेनिकल' हो जाती है : गायक और श्रोता की परस्परता को एक डिब्बा विभाजित रखता है।

कमोबेश यही बात कवि सम्मेलनों और मुशायरों को लेकर भी नज़र आती है। टीवी एक जीते-जागते अनुभव को बेजान तस्वीरों और आवाज़ों में बदल देता है। लेकिन टीवी का भी ऐसा इस्तेमाल सम्भव है कि कविता और संगीत की जीवन्तता बरकरार रहे। स्पोर्ट्स की प्रस्तुति में हम एक अधिक संवेदनशील टीवी-दृष्टि को असानी से पहचान सकते हैं। सामान्यतः टीवी साहित्य और संगीत को भी एक मनोरंजन मात्र या 'ग्लैमर-आइटम' की तरह पेश करता है, लेकिन उनका गम्भीर और मर्यादापूर्ण प्रस्तुतीकरण भी न केवल सम्भव है बल्कि ज़रूरी है। ऐसा आभास होता है कि टीवी को राजनीतिक रिपोर्ताज और विज्ञापन-शैली ने जकड़ रखा है। वह मीडिया के रूप में दूसरे गम्भीर विषयों से सहज संवाद नहीं बना पाता।

इसी सिलसिले में एक और बात भी मन में आती है। अभिव्यक्ति का हर माध्यम 'समय' को अलग तरह, और अपनी तरह बरतता है। किताब पढ़ते 'समय', कविता या संगीत सुनते 'समय', सिनेमा या टीवी देखते 'समय' हम एक ही तरह के समय के अनुभव से नहीं गुजरते। इसलिए अगर हम पढ़ने की मानसिकता से देखने के समय की मानसिकता में प्रवेश करते हैं तो दोनों के आस्वाद में व्यवधान पड़ सकता है। चाक्षुष कलाएँ हमारे समय-बोध को अपनी तरह ढालती हैं, जिसका परोक्ष प्रभाव हमारे पढ़ने के प्रति बढ़ती हुई अधीरता में भी झलकता है। पढ़ने में भी हम अखबारी या विज्ञापनी ढंग की तुरत समझ में आनेवाली संक्षिप्तता चाहते हैं—'शार्ट कट्स'। इसका वापसी-प्रभाव जैसे सिनेमा लेखन की तकनीकों पर भी पड़ता दिखाई देता है। लम्बे-लम्बे विवरणों से उपन्यास, कहानी, कविताएँ—सभी बचते हुए नज़र आते हैं।

'वार एंड पीस' को पढ़ने में तीन हफ्ते तक लग सकते हैं, उसे जब तीन घंटे के सिनेमाई समय में संक्षिप्त किया जाता है तो फ़िल्मकार शब्दों की अपेक्षा बिम्बों की भाषा पर अधिक निर्भर करता है। अनेक वर्णनों की जगह बिम्ब ले लेते हैं। यह शब्दों की एक अपेक्षाकृत बड़ी दुनिया का बिम्बों की लघुतर दुनिया में रूपान्तरण है। यह अपने ढंग का एक अनूठा अनुभव होते हुए भी उपन्यास पढ़ने का विकल्प नहीं हो सकता। कलाओं के विश्लेषण में समय की परिकल्पना और उसे बरतने के तरीकों का विशेष महत्त्व है। जैसे संगीत में भी मौन के अवकाश ध्वनि के रूपाकारों को ग़ढ़ने में मदद करते हैं।

कविता पोस्टर्स को आप किस रूप में देखते हैं? क्या, कविता को लोकप्रिय बनाने और चेतना के विकास में इनकी कोई सार्थक भूमिका बन सकती है?

हिन्दी कविता को पोस्टर्स में पेश करने का यह शुरुआती दौर है। लेकिन यह एक अच्छा कदम है। पोस्टर-कला हमारे यहाँ अभी बहुत विकसित नहीं : वह विज्ञापन कला से अपने को अलग करके अपनी स्वतन्त्र पहचान नहीं बना सकी है। इस मायने में हम पोलैंड की पोस्टर-कला से बहुत कुछ सीख सकते हैं : वहाँ वह एक पूर्ण विकसित मौलिक कला के स्तर तक पहुँच चुकी है। वह पोस्टर्स के माध्यम से कला ही नहीं किसी भी विषय को अत्यन्त प्रभावशाली ढंग से प्रस्तुत करने में पूरी तरह सक्षम है। आज से करीब पचास वर्ष पहले की अपनी पहली पोलैंड यात्रा का एक अनुभव याद आता है : द्वितीय महायुद्ध के बाद वार्सा लगभग पूरा नष्ट हो चुका था। एक ध्वस्त गिरजाघर था जो दूर से दिखाई देता था—खंडहर मात्र। उस पर एक आदमकद पोस्टर लगा था—बीच में एक बम की शक्ल में कटा हुआ जिसके पीछे ध्वस्त गिरजाघर दिखता था, और उसके ऊपर केवल एक छोटा-सा nie (नहीं) लिखा हुआ। 'शब्द', 'आकृति' और 'यथार्थ' का एक ही पट पर अद्भुत विन्यास! आज भी मेरी स्मृति में वह पोस्टर मानो वैसा ही अंकित है। उसके बाद मैं जब भी पोलैंड गया वहाँ के पोस्टर्स को देखे बिना नहीं लौटा। एक श्रेष्ठ कला-विधा को कमर्शियल हो जाते देर नहीं लगती, लेकिन एक कमर्शियल कला को श्रेष्ठ कला के स्तर पर उठा देना अपने आप में एक कला है।

फॉर्म की दृष्टि से कविता, अन्य साहित्यिक विधाओं की अपेक्षा, पोस्टर-कला के अधिक अनुरूप ठहरती है। जिस तरह हम छोटी कविताओं या कवितांशों को पोस्टर पर आकर्षक ढंग से प्रस्तुत कर सकते हैं, शायद अन्य विधाओं को नहीं। यूरोप में प्रचलित एक छोटे-से मूवमेंट की ओर ध्यान जाता है—भूमिगत रेलवे स्टेशनों की दीवारों और कभी-कभी रेल के डिब्बों के अन्दर भी कविताओं के हस्तलिखित उद्धरण और चित्र आदि। ऐसा कविताओं का एक दिलचस्प संग्रह 'पोएम्स ऑन द अंडरग्राउंड' प्रकाशित भी हुआ है। (मेरे पास उसका नवाँ संस्करण है जिससे उसकी

लोकप्रियता भी प्रकट होती है!) मैं समझता हूँ कविता की पोस्टर्स द्वारा प्रस्तुति में काफी गुंजाइश है–उसे लोगों तक पहुँचाने में, और लोकप्रिय बनाने में।

कविता के अलावे, आप और किस विधा में लिखते हैं? क्या अन्य विधा में लेखन करने का भी कोई कारण है?

कविता के अलावा समीक्षा, कहानी, ललित-निबन्ध, विचार लेख, डायरी, टिप्पणियाँ, फ़िल्म-समीक्षा आदि भी लिखता रहा हूँ। अधूरी कोशिशों में उपन्यास और नाटक भी शामिल हैं। सामान्यतः ऐसा कोई कठोर आग्रह या विभाजन मन में नहीं है कि कविताएँ ही लिखना है। कई तरह के जीवन जीने और पढ़ने के अनुभव होते रहे हैं। उनके प्रति खुला दिमाग रखता हूँ। वे सभी अनुभव कविता द्वारा प्रकट नहीं होते। कुछ बातों को दूसरी तरह दूसरी विधाओं मे कहना ज़रूरी भी लगता है और दिलचस्प भी। यह कविता के लिए भी ज़रूरी है कि कभी-कभी उससे अवकाश लिया जाता रहे। एक कवि का एक से अधिक विधाओं में सक्रिय होना कोई असाधारण बात नहीं है : ज़्यादातर ऐसे कवि मिलेंगे जिन्होंने एक से अधिक विधाओं में काम किया है, और सफलता से। निराला, प्रसाद, महादेवी वर्मा, बच्चन, मुक्तिबोध, नागार्जुन आदि कई ऐसे नाम हैं जो तत्काल याद आते हैं। ग़ालिब के खत उनकी शायरी से कम महत्त्वपूर्ण नहीं : ऐसा जानदार और खुशमिजाज़ गद्य हमारी एक दुर्लभ धरोहर है।

और अन्त में, कविता की आलोचना और उसके आलोचकों के विषय में आपकी क्या राय है?

कविता की आलोचना में एक समीक्षक के अपने विचारों, पूर्वग्रहों, रुचियों, प्रतिबद्धताओं का हस्तक्षेप न्यूनतम, सतर्क और बहुत संयत ढंग से होना चाहिए : कोशिश रहे कि वे दुराग्रह का रूप न ले लें। कविता का 'पाठ' एक कवि की स्वतन्त्र रचना का अध्ययन होना चाहिए, न कि समीक्षक की अपनी अवधारणाओं और मान्यताओं के खंडन-मंडन का बहाना। कवियों के तुलनात्मक अध्ययन में विशेष सावधानी ज़रूरी है। कोई दो कवि एक तरह के नहीं होते, न एक तरह से लिखते हैं। हर मौलिक कवि अपनी तरह लिखता है–इसीलिए वह विशिष्ट होता है। इसका सामान्यीकरण नहीं हो सकता, न यह ज़रूरी है, क्योंकि हर कवि एक अलग तरह जीवन को देखता, सोचता और समझता है। इस विविधता का स्वागत किया जाना चाहिए, न कि उसका कुछ ख़ास नामों या मान्यताओं की अपेक्षा थोक अवमूल्यन या असन्तुलित स्तुति। हिन्दी कविता की दुनिया संकुचित नहीं है : अतः, अच्छी समीक्षा की यह एक बड़ी ज़िम्मेदारी है कि संकुचित समीक्षा द्वारा वह काव्यक्षेत्र अकिंचन न दिखाई दे। एक अच्छी समीक्षा का काम हमारे काव्यबोध को विस्तृत

करना है—उसमें नया और मूल्यवान कुछ जोड़ सकना है। साहित्य में अक्सर कुछ ही नामों को पकड़कर दुहराते रहने की कभी रीति तो कभी नीति-सी चल पड़ी है। ऐसे तुरत स्मरणीय नामों को भी ठीक से पढ़ा और समझा जाता है या नहीं उसमें कभी-कभी सन्देह उठता है। आमतौर पर लगता है कि अपनी बात को वजन देने के लिए इन नामों को ठप्पों की तरह इस्तेमाल किया जाता है। कविता की जाँच परख में तुलनात्मक की अपेक्षा खोजपरक दृष्टि एक ज़्यादा बड़े काव्य-संसार का उद्घाटन कर सकती है। तुलनात्मक अध्ययनों का भी अपना महत्त्व है, लेकिन उसे अन्य समीक्षा-विधियों का विकल्प नहीं माना जा सकता।

(2003)

कविता अपने उदात्ततम अर्थों में जीवनवादी होती है

हीरालाल नागर

वह कौन-सी वजह है कि आज हिन्दी कविता पाठकों की आकांक्षाओं पर खरी नहीं उतर रही है?

पाठक की आकांक्षाएँ क्या हैं इसका भी सर्वेक्षण होते रहना चाहिए। कविता के बारे में कवियों, लेखकों आदि से तो प्रश्न पूछे जाते रहते हैं, लेकिन यह भी बहुत ज़रूरी है कि कवियों को पाठकों का भी 'फ़ीड-बैक' मिलता रहे। मेरा अपना अनुभव है कि जिन्होंने मेरी कविताओं को ध्यान से पढ़ा उन्होंने कविताओं को पसन्द किया : लेकिन जो कविताएँ नहीं पढ़ते वे शिकायत करते हैं कि आज की हिन्दी कविता समझ में नहीं आती!

कविता की गिरती लोकप्रियता के पीछे क्या पाठकों की अपनी रुचि है। यानी रुचि बदल रही है। उनका नजरिया और खयाल बदल रहा है जो उसे कविता-विमुख कर रही है? आपकी नज़र में क्या कारण हो सकते हैं इसके? इस गिरती लोकप्रियता का कारण कहीं कविता का अतुकान्त होना तो नहीं?

विश्व-स्तर की हिन्दी कविता लिखी जाती रही है—आज भी लिखी जा रही है। पिछले पचास वर्षों में कविता में अनेक महत्त्वपूर्ण बदलाव आए हैं, लेकिन कविता को लेकर जो सवाल आज भी पूछे जा रहे हैं उनमें कोई ख़ास बदलाव नज़र नहीं आता। इससे लगता है कि आम पाठक और कविता के बीच कितनी बड़ी दूरी है, और किस प्रकार की दूरी है। हम परिवर्तन की माँग तो करते हैं लेकिन परिवर्तन के साथ अक्सर अपनी रुचियों को नहीं बदल पाते। ग़ज़ल और गीत का फ़ॉर्म सदियों से नहीं बदला पर वे आज भी लोकप्रिय हैं। मैं नहीं समझता कि शिल्प और भाषा का सवाल बहुत सरलीकृत ढंग से लोकप्रियता से जुड़ता है।

कविता अपनी बात गद्य और पद्य दोनों में कह सकती है, और दोनों ही तरह की कविताएँ लोकप्रिय रही हैं। ऐसा कोई नियम अथवा अनिवार्यता नहीं है कि बिना तुक और छन्द के कविता नहीं लिखी जा सकती। संस्कृत काव्य में तुकों की परम्परा

नहीं रही, और वर्णिक छन्द वैसे भी लगभग गद्य की तरह लचीले और स्वच्छन्द हैं। सुन्दर शब्द-रचना और मर्मस्पर्शी अर्थ-वैभव ही काव्य का असली गुण माना गया है—छन्द, तुक आदि उसकी बाहरी छटा, उसका अलंकरण है। कविता के प्रति 'गिरती लोकप्रियता' का एक बड़ा कारण तमाम ऐसी चीज़ों के प्रति 'बढ़ती लोकप्रियता' भी जान पड़ती है जो हमारे सांस्कृतिक और सामाजिक जीवन में ही गिरावट और उथलापन ला रही हैं।

कविता जन-विमुख होती जा रही है? लोग कविता को अपनी बातचीत में शामिल नहीं करते? जैसे कि ग़ालिब के शेर, तुलसी की चौपाई और कबीर के दोहे कोट किया करते थे लोग। पाठकों की रुचियों में तब्दीली आई है। क्या इलेक्ट्रानिक मीडिया का प्रभाव है या भूमंडलीकरण या मुक्त बाजार व्यवस्था का। या फिर कविता ही कट गई है अपने पाठकों से। कवि जनता के नजदीक जाने को उत्सुक नहीं। क्या प्रकाशक कविता की अनदेखी कर रहे हैं?

कविता जन-विमुख होती जा रही है? या जन कविता-विमुख...? सवाल उठाने का यह बहुत सही तरीक़ा नहीं जान पड़ता। नाहक ध्रुवीकरण करके अक्सर हम द्वन्द्व की स्थिति बना लेते हैं। कविता जन-विमुख नहीं होती, न जन ही कविता-विमुख। रुचियों के अनुरूप ही कविताओं में भी विविधता होती है लेकिन अक्सर हम दोनों के बीच बहुत ही ठोस समीकरण ढूँढ़ते या बना लेते हैं। खुले दिमाग़ से सोचें तो जन और कविता के बीच सम्बन्धों का एक बहुत बड़ा संसार बनता है, बशर्ते कि हम उसे संकुचित न करें।

प्रकाशकों का कहना है कि कविता की पुस्तकें बिकती नहीं। फिर भी इधर पहले से कहीं ज़्यादा कविता की पुस्तकें प्रकाशित हुई हैं। इससे लगता है कि प्रकाशकों की काव्य-रुचि में भारी सुधार हुआ है, और उन्हें पूरी उम्मीद है कि ज़ल्दी ही पाठकों की रुचि भी सुधरेगी! जहाँ तक कवि का सवाल है उसकी हैसियत शायद वैसी ही रहेगी जैसी कभी ग़ालिब, तुलसी और कबीर की थी।

प्रकाशकों का मानना है कि अब कविता का बाज़ार नहीं है। क्या यह सच है कि कविता बाज़ार से ग़ायब हो रही है?

कविता को 'बिकाऊ माल' के वर्ग में रखकर सोचना ही ग़लत है। वे सभी चेष्टाएँ जो एक सभ्य और सुसंस्कृत जीवन को सम्भव बनाती है 'खपत के माल' की तरह नहीं होतीं : उन्हें उसी तरह कोशिश करके बचाना होता है जैसे ताज़ी हवा, साफ़ पानी, हरे-भरे जंगल आदि ताकि पूरा जीवन बाज़ारों, दफ़्तरों, कारखानों आदि में न समा जाय। ये चेष्टाएँ 'बाज़ारवाद' और 'उपभोक्तावाद' के तर्कों से परे होती हैं। इनका अपना जैविक तर्क होता है—बहुत नाज़ुक तर्क। उसके साथ हिंसा, या

उसकी उपेक्षा उस पूरे मानवीय सन्तुलन को बिगाड़ दे सकती है जिससे एक स्वस्थ जीवन का आधार बनता है। कविता को मैं ऐसी ही-सी एक नाजुक भाषायी चेष्टा मानता हूँ जिस पर 'बाज़ारवाद' का तर्क लागू नहीं होता : 'संरक्षण' का तर्क बेहतर लागू होता है।

कविता और राजनीति के सम्बन्धों को किस प्रकार देखते हैं?

कविता अपने उदारतम अर्थों में 'जीवनवादी' होती है 'राजनीतिवादी' नहीं। वह राजनीतिक दृष्टि से जीवन को नहीं देखती, लेकिन राजनीति को भी अपनी दृष्टि से ओझल नहीं होने देती। कविता जीवन की मार्मिक सच्चाइयों की भाषा है। इन्हीं अर्थों में एक कालिदास, कबीर, शेक्सपीयर और ग़ालिब हमारे महान कवियों में से हैं। उनका लेखन आज भी जिस तरह हमारे जीवन का हिस्सा है, रहा है, और आगे भी रहेगा उस तरह वह राजनीति का हिस्सा न तो कभी रहा, न रह सकता है। बड़ी कलाएँ इस मायने में जन्मजात वैश्विक होती हैं कि वे जन्म कहीं भी लें पूरी दुनिया उनका 'घर' बन जाती है। अक्सर कविता ने शासकों और राजनीति से दूर रहकर अपना लोकधर्म बेहतर निभाया है। और जहाँ शासकों के निकट भी रहीं शासकों पर उसका प्रभावा ज़्यादातर मानवीय और नैतिक ही रहा।

(2003)

पूरे विश्व का सोच हमारी परिधि में हो

प्रेमकुमार

पन्द्रह फरवरी की उस सुबह एक ज़ीने की ऊँचाई चढ़कर कुँवर नारायण जी के घर में पहला कदम रखते ही सबसे पहले बड़ी-बड़ी रैक्स में सामने किताबें रखी दिखाई दीं। दाहिनी ओर से आती धूप उनकी चमक को और भी दमका रही थी। एक और दरवाजे की दूरी पार करते ही किताबों के एक बड़े रैक से दो भागों में बँटा बड़ा-सा एक कमरा। पहले हिस्से में ड्राइंगरूम, बैठने की आरामदायक कुर्सियाँ, सामने खूबसूरत-सा दीवान, उसके पीछे लकड़ी के बड़े रैक्स, किताबें-विभिन्न विषयों पर–पोयट्री, समीक्षा, अर्थशास्त्र, फ़िल्म, विचार इत्यादि। रैक्स के पीछे वाले हिस्से में खाने की मेज़-कुर्सियाँ, दीवारों पर चित्र...यानी एक कमरा किताबों की दीवार से दो हिस्सों में बँटा हुआ।

बातचीत की शुरूआत में ही मैंने उन कुछ कारकों-कारणों के बारे में जानना चाहा, जिनके चलते कुँवर नारायण जी साहित्य की ओर आकृष्ट हुए। सोचने, याद करने के क्रम में वह थोड़ी देर चुप बैठे रहे, फिर धीरे-धीरे अतीत की ओर बढ़े।

इसका कोई आसान जवाब सम्भव नहीं। ऐसी चीजें अपनी ओर धीरे-धीरे खींचती है। अच्छे-बुरे अनुभव, पुस्तकें आकृष्ट करती हैं। परिवार में मैं बहुत अकेलापन अनुभव करता था। शुरू से ही पढ़ने का शौक था। उस समय से ही केवल साहित्य की ही नहीं विभिन्न विषयों की पुस्तकें साथ-साथ पढ़ता रहता था। किताबों से निरन्तर यह सम्पर्क धीरे-धीरे लिखने की ओर भी गया। किताबों के हाशियों पर टिप्पणी लिखना, वाक्यों को रेखांकित करना...मेरे लिए किताबों से संवाद का एक निजी तरीका था। जीवन के कड़वे मीठे अनुभवों ने भी मुझे अपने साथ बैठकर सोचने और लिखने की ओर प्रेरित किया। पढ़ना मेरे लिए केवल मनोरंजन नहीं था, एक ऐसी दुनिया थी जिसमें विचरण एक-दूसरे तरह के यथार्थ से सामना भी था। किसी भी लेखक या विचारक से अभिभूत होने के बजाय उसकी रचनाओं से बातचीत मुझे ज़्यादा अच्छी लगती थी। इससे एक ख़ास तरह

क़ा आत्मविश्वास मुझमें आता था। आजकल ज़्यादा नहीं पढ़ पाता, इसकी तकलीफ है।

मुझे उस समय कुँवर नारायण जी के कुछ मित्रों और परिचितों से हुई बातों का ध्यान आया, ख़ासतौर से यह कि वे बहुत पढ़ते हैं। नई-से-नई किताब के उनके यहाँ उपलब्ध होने की उम्मीद मित्रों को रहा करती थी। पूछने पर कहा–

हाँ, जैसा मैंने बताया किताबें लाना और पढ़ना मेरा शुरू से बहुत बड़ा सहारा भी और आदत भी रही है। लखनऊ में काफी किताबें जमा हो गई हैं। बेटे अपूर्व को भी पढ़ने का शौक है। जब वह केम्ब्रिज में पढ़ रहा था तब भी, और अब भी, बराबर किताबें लाता रहता है। ऐसी पुस्तकें जो विचारोत्तेजक हों, नया सोचने की जिनमें सामग्री मिले। ये साहित्य की भी हो सकती हैं और गैर-साहित्यिक भी।" पास ही मेज़ पर एक पुस्तक रखी थी–"कल्चरल रेजिस्टेंस"। पूछने पर बताया, "हाँ, इसे पढ़ रहा हूँ।

पत्रिकाओं को महत्त्वपूर्ण मानता हूँ। उससे पूरा परिदृश्य मिलता रहता है। विदेशी पत्रिकाएँ मुख्य स्रोत रही हैं जिनसे महत्त्वपूर्ण किताबों के बारे में जानकारी मिलती रहती है। पूर्वी साहित्य के बारे में अभी भी पर्याप्त जानकारी नहीं मिल पाती। आजकल जितनी पत्रिकाएँ आती हैं उन सभी को देखना सम्भव नहीं हो पाता। मैं पत्रिकाओं को साहित्य का अभिन्न अंग मानता हूँ।...अच्छे मित्रों और समान रुचि वाले लोगों का संग-साथ भी बहुत महत्त्व रखता है। छठे-सातवें दशकों में लखनऊ और अन्य शहरों में भी कॉफी-हाउस और घरों पर साहित्यकारों का मिलना-बैठना बहुत होता था। मतभेद भी होते थे। खुलकर बहसें होती थीं। लेकिन साथ ही लेखकों का एक घनिष्ठ परिवार-सा भी बन जाता था। साहित्य में इस तरह की अनौपचारिक बैठकों का ख़ासा महत्त्व रहा है। सबसे बड़ी बात तो यह है कि इन बातचीतों में अक्सर अन्य क्षेत्रों के जानकार भी शामिल होते थे जिससे साहित्य को भी सोचने के लिए एक ज़्यादा बड़ा 'स्पेस' मिलता था। मुझे याद पड़ता है लखनऊ कॉफी हाउस में हम हिन्दी साहित्यकारों की ही मेज़ पर नहीं बल्कि कभी डॉ. लोहिया, डॉ. केस्कर, डॉ. सी.पी. मिश्रा, मजाज़, सज्जाद जहीर साहब आदि के साथ भी बैठा करते थे। यूनिवर्सिटी में भी हम अक्सर अपनी अंग्रेज़ी की क्लास छोड़कर अर्थशास्त्र के डॉ. राधाकमल मुखर्जी और प्रो. डी.पी. मुखर्जी की क्लासों में जाकर बैठ जाते थे। बाद में फ़िल्म, नाटक, संगीत आदि के लोगों से जुड़ने का जो सुअवसर मिला, उसे मैं मूल्यवान मानता हूँ। श्रीलाल शुक्ल के आग्रह पर जब मैं उ.प्र. संगीत नाटक अकादमी का उपाध्यक्ष और भारतेन्दु नाट्य केन्द्र का अध्यक्ष बना तो लखनऊ में इन क्षेत्रों में कुछ सक्रिय योगदान का भी मौका मिला।

चाय पीने के पूरे समय की बातचीत उनकी पुस्तकों, कविताओं को लेकर होती रही। कविताएँ 'ओस न्हाई रात' और 'सागर के किनारे' (जो चक्रव्यूह में संग्रहित हैं) प्रतीक में सबसे पहले 1949 में छपी थीं। चक्रव्यूह 1956 में प्रकाशित हुई।

संग्रह 1954 में ही प्रेस में चला गया था, पर उसी समय पोलैंड, रूस, चीन आदि देशों की यात्रा पर चले जाने के कारण वह बहुत देर से आया। वह बता रहे थे, 'उस समय भी नए कवियों को संग्रह छपवाने में काफी कठिनाई होती थी।' 'चक्रव्यूह' यद्यपि उनका पहला संग्रह है इसलिए वह आज भी अपनी कविता की दुनिया में उसकी एक ख़ास जगह मानते हैं। 'चक्रव्यूह' में, उन्होंने बताया, 'एक बेचैन-सी रोमांटिक ऊर्जा है जो जीवन के साथ एक प्रौढ़ समीकरण खोज रही है। जीवन-व्यूह में घिरी हुई युवा-चेतना की छटपटाहट न केवल विषम परिस्थितियों में बल्कि यदा-कदा भाषा की अप्रांजलता में भी प्रतिबिम्बित होती है। 'चक्रव्यूह' में पलायन या समर्पण का भाव नहीं है, एक अन्तर्द्वन्द्व और चुनौती है जो जीवन को रूढ़िगत अर्थों में स्वीकार करने के लिए तैयार नहीं। उस समय का युवा-मन जो छायावादी रूमानियत से थक चुका था, शायद 'चक्रव्यूह' में एक अलग तरह के भावोद्वेग के संकेत पा सका। यह 'डिफायन्स' आज भी मायने रखती है।'

मैंने उनकी प्रसिद्ध कृति 'आत्मजयी' की प्रेरणा और उस पर उनके विचार जानने चाहे।

'आत्मजयी' का उत्स यद्यपि मृत्यु की त्रासदी का अनुभव रहा है...किन्तु, उसकी परिणति मृत्यु के भय से मुक्ति ही है। उसके अस्तित्ववादी या मिथकीय होने की बातें होती रही हैं, पर मैंने उसे हमेशा जीवन के पक्ष का काव्य ही माना है। 'आत्मजयी' कठोपनिषद् का भाष्य नहीं है, न ही इन कविताओं में कठोपनिषद् के दार्शनिक पक्ष को लिया गया है। मुख्यतः उसके मानवीय द्वन्द्व को ही ध्यान में रखा गया है। जैसे कि प्रो. मरियोला ऑफ्रेदी ने अपने इटालवी अनुवाद नचिकेता की भूमिका में लिखा भी है कि इस काव्य की मुख्य समस्या एक युवा पुत्र का पिता की सत्ता की हिंसक प्रवृत्तियों के विरोध में विद्रोह है।

उनकी पंक्तियाँ—'कोई दुख मनुष्य के साहस से बड़ा नहीं...' का जिक्र करते हुए मैंने इन पंक्तियों के लेखन के समय की मानसिक स्थिति को याद करने का आग्रह किया।

बचपन में कभी-कभी चर्च में चला जाता था...क्राइस्ट की कीलें ठुंकी और माथे से रक्त बहती तस्वीरों में करुण छवि देखकर मेरे मन में यह भाव उठता था कि एक छवि है, और दूसरे वह क्राइस्ट जो सूली पर चढ़े फिर भी क्षमा का साहस नहीं छूटा-टूटा। मुझे वह ज़्यादा बड़ी बात लगती थी।...जीवन में भी संकट आते हैं लेकिन उस इच्छा-शक्ति के लिए मन में विशेष आदर होता है जो उसे झेल लेती है। साहित्य

का काम यह भी है कि हम अपनी सामर्थ्य को जान-समझ सकें। यह सब सोचकर नहीं किया जाता, कभी-कभी अपने आप हो जाता है।

मैंने कुँवर नारायण से 'आत्मजयी' के लेखन की अवधि और प्रक्रिया को लेकर कुछ सवाल किए तो सहजता से बोले।

सात-आठ साल लगे। उस बीच और भी लिखा, पर यह भी लिखता रहा। 'आत्मजयी' के पूरा होने पर ही नहीं, हर पुस्तक को समाप्त कर लेने के बाद लगा है कि काम अधूरा है, कुछ है जो अभी पूरा करना है अगली पुस्तक में। हाँ, मेरा काम करने का यही ढंग है—कई किताबें एक साथ चलती हैं, किसी में लगता है कि वह आगे नहीं बढ़ रही है तो दूसरा कुछ लिखना शुरू। नहीं, करता नहीं हूँ, अपने आप शुरू हो जाता है। यही रवैया पढ़ने में भी रहता है—कई किताबें एक साथ। मुझे इससे दिक्कत नहीं होती : रिलैक्स करता है यह सब मुझे। जो किताब मुझे पकड़ लेती है उसे लगातार पढ़ता हूँ—बल्कि वह ख़ुद अपने को पढ़वा लेती है : जैसे कुछ लेखन हैं जो लिखवा लेते हैं अपने आपको। लेखन के साथ मैं जोर-ज़बरदस्ती नहीं करता—यद्यपि लिखना मेरी आन्तरिक मजबूरी है। धीरज रखता हूँ, कविता के साथ जल्दबाजी नहीं चलती। मैं अनन्तकाल तक धीरज रख सकता हूँ।

पकड़कर लिखवा लेनेवाली किसी कविता के बारे में जानना चाहा तो बताने लगे।

पिताजी की मृत्यु के साल-डेढ़ साल बाद मैंने एक कविता लिखी थी 'नीम के फूल'। एक रात नींद खुल गई थी और पूरी कविता कुछ घंटों के अन्दर ही लिखी गई थी। यह मेरी पसन्द की कविताओं में से है।

मैंने उनकी अधूरी कविताओं के बारे में पूछा तो हँसते हुए बोले।

अधूरा भी कम नहीं होता है। अधूरे तर्कों से भी बखूबी काम चलता है। दरअसल कोई कविता कभी पूरी तो होती ही नहीं...अधूरी ही छूट जाती है—कहीं भी, कभी भी, ज़िन्दगी की तरह...। जैसे, अधूरा प्रेम...बिलकुल अलग ही तरह की होती है उसकी तीव्रता, उसका चढ़ाव-उतार...ग़ालिब ने कहा है—'कोई मेरे दिल से पूछे उस तीरे नीमकश को/ये खलिश कहाँ से होती जो जिगर के पार होता'। बचपन में बीमारी और मृत्यु के कटु अनुभवों से गुजरा तो लगा जैसे यही है जीवन का अन्तिम सत्य : पर जैसे-जैसे जीवन को और अधिक जाना-पहचाना तो नई सम्भावनाओं के दरवाजों से आती रोशनी दिखाई दी। साहित्य में रुचि कैसे एक शौक से धीरे-धीरे मेरे लिए एक जीवन-उद्देश्य बनता गया, मुझे भी ठीक से पता नहीं चला। आज सोचता हूँ वह रोशनी सिर्फ़ मेरे लिए ही नहीं थी, मेरे और दूसरों के बीच सबसे घनिष्ठ और मानवीय रिश्तों का जरिया है। इस सम्बन्ध में पैसा नहीं था, केवल एक मूक कृतज्ञता है मेरे और मेरे पाठकों के छोटे-से समुदाय के बीच।

आप कई विधाओं में लिखते रहे हैं—कविता, कहानी, समीक्षा के साथ-साथ सिनेमा, चित्रकला, संगीत आदि पर भी लिखा है। नाटक भी।

हाँ, अन्य विधाओं में भी लिखता रहता हूँ—पर सहज, मूल गति कविता में है। कहानियाँ लिखी हैं—संग्रह भी छपा है पर कहानी की अपेक्षा कविता में बेहतर व्यक्त कर पाता हूँ अपने को। हो सकता है आगे चलकर कहानी भी वैसे ही रास आने लगे जैसे कविताएँ। मैंने कभी अपने रास्ते बन्द नहीं रखे, जब जो अच्छा लगा, लिखा।

उनकी पुस्तक 'आज और आज से पहले' के बारे में यह पूछने पर कि कुछ लोगों ने यह भी कहा है कि आपने कुछ समकालीन महत्त्वपूर्ण कवियों पर नहीं लिखा है या बहुत कम लिखा है। वह कहते हैं।

मैं कभी भी काम्प्रीहेन्सिव समीक्षक की तरह नहीं लिखने बैठा। इतिहास लिखने बैठूँगा तो लोग नहीं छूटेंगे। पुस्तक के शुरू में ही मैंने जिक्र किया है कि इसे साहित्यिक इतिहास की तरह नहीं पढ़ा जाए। जो लेखक मेरी साहित्यिक यात्रा के रास्ते में आते रहे उनपर या जिन पर पत्रिकाओं ने आग्रहपूर्वक लिखवाया, वे लेख हैं इस पुस्तक में। अलग-अलग काल की लम्बी अवधि में लिखे निबन्धों में से चुनकर निकाले थे ये लेख।...विचारों की दुनिया जटिल होती है—कई तरह के विचारों की संवादी, वादी और विवादी दुनिया। साहित्य के लिए वह दुनिया किसी हद तक पराई हो सकती है पर बेमानी नहीं। उनसे साहित्य को ज़िन्दगी के बारे में सोचने-विचारने के अनेक पहलू और सन्देश मिलते हैं। साहित्य में अनेक क्रान्तिकारी आन्दोलन और परिवर्तन युग के प्रमुख विचारों और विचारधाराओं द्वारा प्रेरित रहे हैं। बीसवीं सदी के साहित्य की पृष्ठभूमि में मार्क्स, फ्रायड और डारविन प्रमुख प्रेरणाएँ रहे हैं। सबसे ज़रूरी है विचारों की डायनेमिक्स के साथ तालमेल। यह एक अनुशासन है जो जीवन और साहित्य के प्रति एक अधिक खुले और उदार दृष्टिकोण को प्रोत्साहित कर सकता है। हम विचारों को किसी एक जगह ठहराकर अन्तिम नतीजे नहीं निकाल सकते : उसी तरह जीवन और साहित्य में जहाँ ठहराव या गतिरोध है वह विचारों द्वारा ही आन्दोलित हो सकता है।''...''एक अच्छी फ़िल्म देखना एक अच्छी किताब पढ़ने जैसा ही सन्तोष मुझे देता है। एक गम्भीर और उत्कृष्ट फ़िल्म कई कलाओं का स्पर्श करती है...साहित्य, चित्रकला, संगीत आदि। वह बिम्बों की एक समर्थ भाषा है। चार्ली चैपलिन की फ़िल्में शब्दरहित साहित्य हैं—व्यंग्य और विद्रूप की एक अनूठी भाषा के सर्जक थे वह। वह सिनेमा का आदिकाल था जब चैपलिन ने बिम्बों की शक्ति को पहचाना और उसे एक मूक वाणी दी। वे सिर्फ़ हँसाने वाली फ़िल्में नहीं हैं, उनका कवित्व और दर्द आज भी हमें कहीं गहरे तक छू जाता है। उसी तरह आज जब हम कुरोसावा की फ़िल्में देखते हैं तो लगता है उन्होंने एक बिलकुल नई तरह की भाषा दी है जो शब्दों से कहीं अधिक बिम्बों से रचा गया साहित्य है। शेक्सपीयर

के कई नाटकों को उन्होंने जापानी वेश और परिवेश में प्रस्तुत करके उन्हें इतनी प्रामाणिक पहचान दी कि लगता है वे पश्चिम के नहीं पूर्व के ही हों।

कुँवर नारायण जी अब अज्ञेय की सप्तक योजनाओं और प्रयोगवाद से ख़ुद के जुड़ाव के कारणों-परिणामों के बारे में पूछे गए कुछ प्रश्नों का उत्तर दे रहे थे। साफ दिख रहा था कि वह उस बताने के माध्यम से उस काल-खंड को फिर से जी रहे थे।

मैं नहीं जुड़ा, लोगों ने जोड़ दिया। मैं तो कविता से जुड़ा, बस। नया, पुरातन, मार्क्सवादी, प्रयोगवादी...लोगों ने जोड़ा। अज्ञेय ने जब 'तार सप्तक' निकाला तब उसमें कौन थे—मुक्तिबोध, डॉ. रामविलास शर्मा, नेमिचन्द्र जैन,...ज़्यादातर मार्क्सवादी। उस समय यह वाद के रूप में नहीं था। 44 में कागज वगैरह की सुविधा की वजह से सोचा गया कि संयुक्त संग्रह निकाला जाए। हमारे यहाँ के आन्दोलनों का ठीक से इतिहासीकरण नहीं हुआ। कुछ लेबिल्स, कुछ नामों को लेकर हेराफेरी होती रही। मुक्तिबोध या शमशेर प्रयोगवादी क्यों नहीं हैं? मैं इन्हें बड़ा प्रयोगवादी मानता हूँ। शमशेर ने जितने प्रयोग किए हैं शायद ही किसी ने किए हों। यह श्रेय केवल अज्ञेय को ही क्यों दे दिया गया? क्लासिकल उदाहरण है कबीर, निराला का। कबीर को रहस्यवादी, यथार्थवादी, निराकार के उपासक...क्या कहेंगे उन्हें? हम समझते हैं सब मिलाकर कबीर बनते हैं। आज भी उनके भजन श्रेष्ठतम माने जाते हैं क्योंकि वे हमारे जीवन के घोरतम यथार्थ और अध्यात्म से जुड़े हैं। ऐसे ही निराला...'राम की शक्ति पूजा', 'जूही की कली', 'सरोज-स्मृति', 'मास्को डायलॉग','तुलसीदास', 'वह तोड़ती पत्थर'...कैसे करेंगे निर्धारण? भाषा के जितने प्रयोग निराला ने किए हैं शायद ही और किसी ने किए हों। बड़ा साहित्य इस तरह के विभाजन को स्वीकार नहीं करता है। ये सब कहीं-न-कहीं उसकी सामर्थ्य को संकुचित करते हैं। ग़ालिब को हर कोई पसन्द करता है। तुलसीदास यहाँ की सामाजिक चेतना का हिस्सा हैं। साहित्य अपनी शक्ति और सामर्थ्य को समवेत ढंग से जीवन से लेता है। जहाँ, वाद प्रमुख हो जाता है वहाँ साहित्य की शक्ति कम हो जाती है। जो साहित्य जीवन से जुड़ता है उसमें जीवन्तता के लक्षण दिखते हैं। यदि कोई लेखन कमजोर है तो वह किसी भी 'वाद' से स्वीकृत नहीं हो पाता। उस समय 'सप्तकों' को लेकर ऐसा विवाद नहीं था जैसा बाद में हुआ। अज्ञेय पर विश्वास किया जा सकता था—मैंने सोचा जो करेंगे, सही करेंगे। 'तार सप्तक' का उदाहरण सामने था, उससे नहीं लगा कि कोई पक्षपात हुआ है।

अज्ञेय जी के बारे में कुछ निजी अनुभव?

वे आधुनिक कवियों का एक संग्रह निकाल रहे थे जिसमें मुझे सह-सम्पादक रखा था। प्रकाशक जब मेरे पास लखनऊ में कवियों की सूची लेकर आए तो उसमें कुछ

महत्त्वपूर्ण नाम नहीं थे। मैंने अपनी आपत्ति बता दी। पर बाद में वह संग्रह छपा नहीं...समय नहीं मिला, या अज्ञेय जी को मेरी बात उचित नहीं लगी, यह पता नहीं। वह दूसरों की राय का आदर करते थे। हिन्दी कविता में एक नया दौर लाने का बड़ा श्रेय उनको जाता है। लखनऊ में कई बार मेरे साथ घर पर ठहरे भी–कुछेक बार कपिला जी के साथ भी। यह बात हमेशा मुझे प्रभावित करती रही कि उनके साथ मैंने कभी अपने को छोटा अनुभव नहीं किया। खुलकर उनसे बातें होतीं, कभी-कभी मैं क्रिटिकल भी हो जाता था। बाद के दिनों में मैंने महसूस किया कि जब उन पर आक्रमण हुए, उन्हें प्रतिद्वन्द्वी की तरह खड़ा किया गया, तब उनमें एक कटुता-सी आ गई थी।...नहीं, रचनात्मक लेखन में ऐसा पक्षपात नहीं होता। समीक्षा में जो पक्षपात सम्भव है वह लेखन में नहीं हो पाता। एक रचनाशील व्यक्ति की दृष्टि जीवन पर होती है, समीक्षक की दृष्टि रचना पर होती है। साहित्य अकादमी से मेरी एक छोटी-सी पुस्तिका आई है अभी–सन् 2000 में दिया संवत्सर व्याख्यान–साहित्य के अन्तर्विषयक सन्दर्भ–उससे मेरे इधर के चिन्तन का अन्दाज लगेगा...।

बात वेनिस विश्वविद्यालय में दिए गए बीस व्याख्यानों की हो रही थी जो अभी तक पुस्तक रूप में नहीं आए हैं। इसमें उन्होंने आधुनिक कविता के ढाँचे से सम्बन्धित अपने अध्ययन, उसके मिथकीय प्रारूप आदि की उदाहरणों सहित व्याख्या की है। मैंने उनसे साहित्य में मिथक की जगह के बारे में कुछ सवाल किए। कुँवर नारायण जी गम्भीरता के साथ बता रहे थे।

मिथकीय ढाँचे साहित्य में लौटते रहते हैं, वास्तविक जीवन में वे भले ही काल्पनिक लगें। किन्तु मिथक में वे अच्छे-बुरे मूल्यों के प्रतीक बन जाते हैं। उनकी जड़ें पौराणिक हो सकती हैं, ऐतिहासिक या फिर किंवदन्तियों और लोक-कथाओं में भी। मिथक भी एक तरह की भाषा है–इधर यह सोच भी आया है कि मिथक विचारधाराओं की तरह काम करते हैं और विचारधाराएँ कुछ-कुछ मिथकों की तरह प्रभाव डालती हैं...मिथकों का प्रभाव अभी भी जितना भारतीय जीवन पर है उतना और कहीं नहीं। जब गांधी या लोहिया ने राम का नाम लिया तो वे जानते थे कि यदि हमें भारतीय यथार्थ को बेहतर बनाना है तो मिथकीय सन्दर्भों की अवहेलना नहीं कर सकते। आज कुछ लोगों ने इनका दुरुपयोग करके अपने हित में मोड़ लिया है। मैं अयोध्या का हूँ, मेरा बचपन वहाँ बीता। वहाँ के लोगों को बाबरी मस्जिद से कोई परेशानी नहीं थी, न ही किसी स्थान-विशेष पर राम का मन्दिर बनाने का हठ। शान्त जीवन था वहाँ का, यह सब तो राजनीति और निहित स्वार्थों का उठाया हुआ बावेला था, जिसने अयोध्या को सांस्कृतिक केन्द्र में लाने के बजाय बदनाम किया।...आदमी के अन्दर भय की प्रवृत्ति होती है, दूसरी ओर रक्षक शक्ति या सरवाइवल इंस्टिंक्ट। व्यक्ति और समाज इस दुनिया से अलग एक समानान्तर मिथकीय दुनिया बना लेते

हैं—ये युक्तियाँ हैं जिनसे आदमी अपने को मनोवैज्ञानिक स्तर पर दृढ़ करता है, पर यही जब गलत मोड़ लेने लगते हैं तो समाज के लिए कष्टकारी भी बन जाते हैं। यह जीवन के विरोध में है तो जीवन ही इसके ख़िलाफ़ लड़ने की शक्ति पैदा कर लेगा। यह दुधारी तलवार है—सावधानी ज़रूरी है।

बीच में जब रोमांटिसिज्म का जिक्र आया तो बोले—"रोमांटिसिज़्म की लम्बी और विविध परम्पराएँ हैं। पूर्व और पश्चिम की रोमांटिक संवेदनाओं में भी पर्याप्त अन्तर है। पूर्वी रोमांटिसिज़्म में रहस्यवाद गहराई से घुला-मिला है : अद्वैत, भक्ति और सूफी साहित्य का हिन्दी भाषा के स्वभाव पर व्यापक असर रहा है। छायावाद और रवीन्द्रनाथ टैगोर की कविता पर इस असर को बखूबी देखा जा सकता है, पर रोमांटिसिज़्म का अर्थ यहीं तक सीमित नहीं मानना चाहिए, उसके वैश्विक सन्दर्भ भी उतने ही महत्त्वपूर्ण हैं क्योंकि सब मिलाकर उनसे मनुष्य के बुनियादी स्वभाव का एक प्रमुख पक्ष—उसका कल्पनाशील और स्वप्नदर्शी होना उजागर होता है। वह मनुष्य के उत्साहों और आकांक्षाओं की भाषा है।"

छन्दबद्ध कविता के बारे में मैंने जानना चाहा तो संक्षेप में उन्होंने बताया—
"प्रयोग का अर्थ केवल छन्दों से मुक्ति नहीं है। छन्दों में भी प्रयोगों की पूरी गुंजाइश है। नई कविता में भी छन्दों में महत्त्वपूर्ण रचनाएँ हुई हैं। जब हम लोगों ने छन्द मुक्ति की बात की तो वह दरअसल विषय-मुक्ति की भी बात थी। नए विषयों के लिए हमें छन्दों से अलग होना पड़ा। उससे कविता में एक नए तरह की विषय-वस्तु आई, दायरा बढ़ा, जीवन के ज़्यादा सरोकार शामिल हुए। आज छन्दबद्ध कविता में भी ज़्यादा विविधता आ रही है। एक बार विषयों को लेकर खुलापन लाने के बाद छन्दों की ज़मीन भी अधिक विस्तृत हुई—त्रिलोचन के सानेट्स, रघुवीर सहाय की रामदास जैसी कविताएँ इसके उदाहरण हैं।" पूछने पर उन्होंने बताया कि उन्होंने भी "छन्द में कई कविताएँ लिखी हैं, जैसे 'पालकी', 'जन्मदिन जन्मस्थान पर', 'शान्तिवार्ता' आदि। कोई निश्चित नियम नहीं है। हाँ, ग़ज़लें भी लिखता रहता हूँ—अभ्यास के लिए। अनुशासन है एक तरह का। छपवाई नहीं हैं।

मैंने उपभोक्तावादी जीवन-शैली, पीढ़ियों के अन्तर और असहमतियों की चर्चा चलाई। अब तक एक ऊब-सी भी उनके चेहरे पर दिखाई दे रही थी, फिर भी बहुत धीरज से बोलते रहे।

उपभोक्तावाद को लेकर हमारी प्रतिक्रियाओं में सन्तुलन होना चाहिए न कि थोक भाव से उसका समर्थन या विरोध। उपभोक्तावाद के अनेक ऐसे पक्ष हैं जिनका पर्यावरण पर, हमारे आपसी सम्बन्धों पर तथा सामाजिक और नैतिक चेतना पर विपरीत असर पड़ रहा है—उसका विरोध होना चाहिए। लेकिन सभी चीजें त्याज्य नहीं हैं : ऐसा भी बहुत कुछ है जो हमारे सामान्य जीवन को बेहतर बना रहा है, जैसे

टेली-कम्यूनिकेशंस, कम्प्यूटर, सार्वजनिक यातायात में सुधार इत्यादि। 'कंज्यूमरिज्म' और 'डेवलपमेंट' में एक बारीक फ़र्क है जिसे नज़रअन्दाज नहीं किया जाना चाहिए, अन्यथा हमारी प्राथमिकताएँ गड़बड़ा सकती हैं। कितनी तकलीफ की बात है कि अभी तक हमारे गाँवों और दूरदराज के इलाकों में बिजली, पानी, यातायात, स्वास्थ्य और शिक्षा केन्द्रों की व्यवस्था नहीं हो पाई है। इस ओर ध्यान दिया जाना ज़रूरी है न कि बाजार को 'लग्जरी-गुड्स' से भर दिया जाना। उदाहरण के लिए एक हद तक तो मोटरों की ज़रूरत समझ में आती है लेकिन दिल्ली जैसे शहर में इतनी मोटरें भर जाएँ कि चलना-फिरना और साँस लेना दूभर हो जाए तो उसके लिए तुरन्त आवश्यक कदम उठाना अनिवार्य लगता है...मुक्त अर्थव्यवस्था का यह अर्थ नहीं कि वह अराजक हो जाए। उसे इस तरह नियन्त्रित रखना ज़रूरी है कि उसका लाभ अधिक-से-अधिक लोगों तक पहुँच सके न कि कुछ ही लोगों तक सीमित रह जाए। अपने पर नियन्त्रण और सन्तोष की प्रवृत्ति भी हमारी शैक्षिक संस्कृति का एक अंग होना चाहिए। जिस बात को गांधी जी ने राष्ट्रीय स्तर पर सम्भव करके एक अविस्मरणीय उदाहरण रखा उस पर हमें गर्व होना चाहिए।"

वे बता रहे थे, "पीढ़ीगत संघर्ष को मैं परिवर्तन और विकास की सहज गति के रूप में लेता हूँ। जॉन ऑसबोर्न का एक नाटक पढ़ा था कभी 'लुक बैक इन ऐंगर', नाटक कहता है–"पिता को गुस्सा आता है कि सब कुछ बदल गया है। मुझे गुस्सा आता कि कुछ भी नहीं बदला!...यह मानव स्वभाव का हिस्सा है। 'स्टेटस को' से कोई भी सन्तुष्ट नहीं होता। 'डिफरेंसेज़' में रचनाशीलता के तत्त्व होते हैं...ध्रुपद गायकी के साथ जब खयाल गायकी आई तो ध्रुपद नष्ट नहीं हुआ : हिन्दुस्तानी संगीत समृद्ध हुआ। हमें केवल अपने ही देश नहीं, बल्कि पूरे विश्व के सोच के बारे में जानना चाहिए क्योंकि वह हमारे समय में सोचा जा रहा है। समय के सोच को ध्यान में रखें तो पीढ़ियों का यह अन्तर दिखाई नहीं देगा। चिन्तन की जो परम्परा बनती है उसमें कई पीढ़ियों के सोच शामिल होते हैं। हमारी प्राचीनता बहुत बड़ी है–यह तो कहते रहेंगे, पर वह क्या है यह जानने की कोशिश नहीं। पुरानी किताबों की धूल तक झाड़ने की कोशिश नहीं। अगर की होती तो हिन्दुत्व की यह भोंडी तसवीर हमारे सामने न आती।...एक वृद्ध नए ढंग से, या एक नया पुराने ढंग से सोच सकता है, इसलिए मूल्यांकन उम्र को लेकर नहीं, चिन्तन को लेकर हो तो बेहतर है।

आपके सर्वप्रिय होने और किसी पन्थ का अनुयायी न होने की चर्चा रहती है : आप क्या सोचते हैं?

इसमें मैं क्या कह सकता हूँ? मेरी मानवीय प्रतिबद्धताएँ हैं, उसे तो कहीं संदिग्ध नहीं रखा है मैंने। मैं अपनी आज़ादी को महत्त्व देता हूँ।

फ़ैज़ाबाद, अयोध्या, लखनऊ और अब दिल्ली, और अक्सर विदेश...इन बदलावों का आपके मन और लेखन पर क्या प्रभाव पड़ा?

अयोध्या-फ़ैज़ाबाद से लखनऊ तो बहुत पहले ही आ गया था। बचपन एक बड़े संयुक्त परिवार में बीता। माँ और बड़ी बहन की मृत्यु के कारण बचपन बहुत पीड़ादायक रहा। एम.ए. के दौरान जो लिखना शुरू किया, तब जैसे अपने आपको पाया। लखनऊ दिल्ली के अपने-अपने सुख और तकलीफें हैं। लखनऊ को अभी भी मित्रों की घनिष्टता और अपनत्व के कारण भूल नहीं पाता। एक कचोट उन्हें छोड़ने की हमेशा बनी रहती है। जब भी लखनऊ जाता हूँ तो लगता है अपने घर में आ गया हूँ। पर रहने का स्थान हमेशा अपनी इच्छा पर ही निर्भर नहीं करता। और भी अनेक कारण होते हैं। निश्चित ही दिल्ली में देश और विदेश के ज़्यादा व्यापक सांस्कृतिक, साहित्यिक परिवेश में रहना होता है जो प्रीतिकर है। सांस्कृतिक कार्यक्रम, फ़िल्में, किताबें जिनका मुझे शौक है, ज़्यादा उपलब्ध हैं। अन्ततः मैंने देखा है कि हर जगह अपनी तरह के लोगों का एक घनिष्ठ दायरा बन ही जाता है। विदेश काफी जाना होता रहा है। वहाँ भी बहुत घनिष्ठ और अच्छे मित्र हैं। घूमते रहने का मिला-जुला असर जीवन पर पड़ता है जो लेखन पर भी स्वाभाविक है।

भोजन और कॉफी के समय कुँवर नारायण जी की पत्नी से भी मिलना हुआ। परिचय कराया।

भारती कलकत्ता की हैं। वहाँ श्री शिक्षायतन में अर्थशास्त्र पढ़ाती थीं। बहुत प्रिय अध्यापिका रही हैं। कलकत्ता में लड़कियों की कई शैक्षिक और सांस्कृतिक संस्थाओं की स्थापना और संचालन में सक्रिय रही हैं। कलकत्ता के प्रेसीडेंसी कॉलेज में सुखमय चक्रवर्ती, अमर्त्य सेन, वरुण दे, शक्ति चट्टोपाध्याय इनके सहपाठी और अच्छे मित्र रहे हैं–इसकी इन्हें खुशी है।" *भारती जी से भी थोड़ी बात हुई। उन्होंने बताया–* "साहित्य में मुझे शुरू से रुचि रही, मित्र अच्छे थे; अंग्रेज़ी, हिन्दी, बांग्ला साहित्य की सभी पुस्तकें उपलब्ध करा देते थे...हमारा विवाह बहुत देर से हुआ। यों समझिए मैंने ही जिद करके किया। हमारा गोत्र एक ही था। इनके परिवार में बड़ों को नहीं बताया। हाँ, मैं इनकी कविताएँ पढ़ चुकी थी। 'आत्मजयी' मुझे बहुत आकर्षित करती थी।...नहीं, मुझे कभी नहीं लगा कि कलकत्ता की ज़िन्दगी छोड़ने में मुझे कुछ त्याग करना पड़ा। साहित्यिक ज़िन्दगी मेरी पसन्द की है।" *कुँवर जी के बारे में पूछने पर बताती हैं*–"इनमें बहुत सहनशीलता है...टॉलरेट करते हैं।" जोर से हँसकर, "घर में मेरी ही चलती है, कुँवरजी कभी कुछ नहीं कहते। गुस्सा आने पर चुप और उदास हो जाते हैं, प्रकट नहीं करते हैं। मैं कहती हूँ, थोड़ा गुस्सा भी आना चाहिए। पत्रिकाओं में उलटा-सीधा निकलता रहता है तो इन्हें विशेष रुचि नहीं रहती उसे पढ़ने की–वह सब मेरे जिम्मे है...कभी-कभी छेड़ते हैं कि तुम्हें साहित्य से ज़्यादा साहित्य

के प्रपंच में मजा आता है...हाँ, इन्हें शौक कई हैं...अच्छा खाना, फ़िल्म, संगीत, देश-विदेश घूमना और सबसे अधिक लोगों का साथ।'' हँसी के ठहाके के साथ– ''आज खुश होंगे...बेटे से कहेंगे अपूर्व आज 'वाइन' लेंगे, जब कि हैं बिलकुल टीटोटलर! कुँवरजी को सबसे अधिक खुशी होती है जब लेखन का कोई काम पूरा कर लेते हैं। भीड़ और मंच से घबराते हैं। अब तो सभापतित्व, लोकार्पण, भाषण सभी कर लेते हैं, पर स्वभाव के अनुकूल नहीं। कविता सुनाना अच्छा लगता है। इस बात का भी असमंजस कि बहुत सारे पुरस्कार मिल रहे हैं, क्यों मिल रहे हैं, एक ही पुस्तक पर। रुपयों की दृष्टि से एक काफी बड़े पुरस्कार को स्वीकार करने से मना भी कर दिया था। बाद में बहुत चर्चा हुई इसकी, मित्रों को लगा इससे सबके लिए थोड़ा असमंजस हो जाता है। जो पुरस्कार समिति में थे उन्हें भी अच्छा नहीं लगा। कुछ समय तक यह दौर चला...फिर अस्वीकार करना बन्द कर दिया। अब ज़्यादा सहजता और हल्कापन लगता है। जो अपने आप आता है उसे सादर स्वीकार करना चाहिए।

एक स्मार्ट-से शालीन युवक ने आकर नमस्कार किया तो बताते हैं,

बेटा है, अपूर्व नारायण। काफी समय के लिए विदेश भी जाता रहता है। मेरी कविताएँ ध्यान से पढ़ता है। मेरे और इसके बीच बच्चों की तरह झगड़ा भी होता है...यह नहीं होता यहाँ तो मैं बच्चों की तरह बेचैन हो जाता हूँ।

(2004)

कविता एक स्वायत्त कला है

अरुंधति सुब्रमण्यम

आपके छह कविता संग्रहों के क्रम में आपकी कविता ने कौन-सी दिशाएँ तय की हैं? क्या आप एक संग्रह से दूसरे संग्रह तक की अपनी इस कविता-यात्रा को विषय-वस्तु, सरोकार और रूपाकार के प्रति अपने दृष्टिकोण के सन्दर्भ में निरूपित करना चाहेंगे? क्या इस बीच काव्य-शास्त्र को लेकर आपके अपने दृष्टिकोण में कोई तब्दीलियाँ आई हैं?

मैं अट्ठाईस वर्ष का था, जब मेरा पहला कविता संग्रह 'चक्रव्यूह' प्रकाशित हुआ। इसके पूर्व मैंने अंग्रेज़ी में लिखना प्रारम्भ किया था, और इस निर्मित-काल में मुझ पर यूरोप की रोमानी कविताओं का पुरज़ोर असर था। अंग्रेज़ी रोमानी कवियों की अपेक्षा मैं फ्रांसीसी प्रतीकवादियों, विशेषकर बॉदेलेयर, मलार्मे, वर्लैं, रैम्बो आदि से अधिक प्रभावित था। 'चक्रव्यूह' में कई कविताएँ हैं, जिन पर प्रतीकवादी प्रभाव दिखते हैं। उदाहरण के लिए मुक्त छन्द (फ्री वर्स) ने मुझे हिन्दी कविता के सख़्त छन्द-विधान को अधिक स्वतन्त्रता और अन्वेषणों के साथ रूपान्तरित करने में मदद की। मैंने संस्कृत के वार्णिक मीटर के प्रति एक सहज निकटता महसूस की, क्योंकि इसकी संरचना समान थी—शब्द गणना यहाँ स्वराघात (स्ट्रेस) और अन्त्यानुप्रास (राइम) से अधिक महत्त्वपूर्ण है। हिन्दी शब्दों की व्युत्पत्ति का एक लम्बा और आकर्षक इतिहास रहा है—शब्दों के अर्थ होते हैं, लेकिन इससे भी कहीं अधिक महत्त्वपूर्ण उनकी संस्कृति और इतिहास होता है। शब्दों की एक तात्कालिकता होती है, लेकिन उससे कहीं अधिक अर्थपूर्ण उनका एक व्यक्तित्व होता है, जिसे कविता में जीवन्त कर, सदियों लम्बी उनकी उन अनुभव-यात्राओं के बारे में जाना जा सकता है, जिनसे गुज़र कर वे वर्तमान अर्थ-सन्दर्भ तक पहुँचे हैं। इस दृष्टि से 'चक्रव्यूह' की कविताएँ शब्दों के इस जादुई लोक में मेरी पहली अनुभव-यात्रा थी।

लेकिन मैंने हिन्दी मीटर में यात्रा को बिलकुल छोड़ नहीं दिया। 'परिवेश : हम-तुम' जो पाँच वर्ष बाद प्रकाशित हुआ, मैं मुक्त छन्द और छन्द दोनों साथ-साथ

चलते हैं, लेकिन भाषिक और सामाजिक स्तर पर, यह एक ज़्यादा वैविध्यपूर्ण दुनिया है, जिसमें मेरी कविता साँस लेती है। अपने संग्रह प्रकाशित कराने की मुझे कभी कोई हड़बड़ी नहीं रहती। पाँच-दस वर्षों का अन्तराल उसी प्रकार दिक्काल से भरा होता है, जिस प्रकार दो शब्दों के बीच की खाली जगह–जो खाली दिखती है, लेकिन वास्तव में होती नहीं। देखा जाए तो, इन अलग-अलग संग्रहों के बीच एक सिलसिला है, वे एक-दूसरे से जुड़े हैं, और इन्हें हम एक नैरन्तर्य के रूप में पढ़ सकते हैं–जो मेरे भीतर और बाहर की दुनिया में घटित हो रहे बदलावों के प्रति मेरी प्रतिक्रियाओं के रूप में अभिव्यक्त हुए हैं। 'आत्मजयी' ('कठोपनिषद्' पर आधारित और 1965 में प्रकाशित एक लघु काव्य) मेरे अन्य संग्रहों से बिलकुल भिन्न है। यहाँ मृत्यु के प्रति मेरी दृष्टि उजागर हुई है। मृत्यु–जिसका सामना हर व्यक्ति को अपने जीवन में करना होता है। मुझे लगता है, सृजनात्मक जीवन हमें एक प्रकार का अमरत्व बोध (इंटिमेशन ऑफ इम्मोर्टालिटी) प्रदान करता है और मृत्यु के भय से हमारा ध्यान हटाता है। 'अपने सामने' (1979) देश में आपातकाल के पूर्व तथा बाद की सामाजिक-राजनीतिक स्थितियों का प्रत्यक्ष जायजा लेता है। इसके बाद के संग्रह 'कोई दूसरा नहीं' (1993) और 'इन दिनों' (2002) में मैंने मानव जीवन और उसकी दुनिया के बारे में अपनी दृष्टि को विस्तार देने की कोशिश की है। इस दृष्टि को वैश्विक कह देना भर बहुत स्थूल बात होगी, क्योंकि इस दृष्टि में मिथक, इतिहास, संस्कृति, विकास आदि से जुड़ी हमारी व्यापक चिन्ताएँ और सरोकार शामिल हैं। अपने जीवन-संघर्ष की समझ को व्यापकता प्रदान करने के लिए कविता एक संवेदनात्मक और कल्पनाशील साधन है। इस तरह, मेरी कुछ कविताओं को इस रूप में पढ़ना अर्थपूर्ण हो सकता है। एक सम्पूर्ण जीवन-यथार्थ केवल अनुभूत दुनिया से ही नहीं बनता बल्कि यह काल्पनिक दुनिया से सम्पृक्त होकर अनुप्राणित होता है। अपनी कविताओं पर मैंने किसी प्रकार का सौन्दर्यशास्त्र आरोपित नहीं किया है, बल्कि उन्हें स्वयं अपने 'रूपाकार' और 'विषयवस्तु' निर्धारित करने की स्वतन्त्रता दी है। मार्क्स की यह मान्यता कि 'रूप', 'विषयवस्तु' का ही 'रूप' है, या जगन्नाथ (17वीं शताब्दी) की पुरानी संस्कृत उक्ति (काव्य शब्द और अर्थ का सुखद संयोजन है) मेरे लिए काव्य-रचना की एक सारगर्भित व्यावहारिक परिभाषा प्रस्तुत करती है।

साहित्य के प्रति आपका लगाव कैसे हुआ? अपने प्रारम्भिक अनुभवों के बारे में हमें कुछ बताएँ।

पुस्तकें मुझे बहुत शुरू से ही आकर्षित करती रहीं और मैं अपना अच्छा-ख़ासा समय पुस्तकें पढ़ने और स्वयं भी कुछ लिख डालने में व्यतीत कर देता। जब मैं विश्वविद्यालय में था तभी मैंने कविताएँ लिखना शुरू कीं–पहले अंग्रेज़ी में और फिर थोड़े ही समय बाद हिन्दी में। काव्य लेखन की प्रक्रिया, किसी भी अन्य सृजनात्मक

प्रक्रिया की तरह, जटिलताओं से भरी है, इसलिए इसे बहुत स्पष्ट शब्दों में व्याख्यायित नहीं किया जा सकता। जीवन और भाषा में इसकी जड़ें बहुत गहरी हैं, और यह एक प्रकार के जैव विकास की प्रक्रिया के समान है। यही कारण है कि अपने विकास-क्रम की एक ख़ास अवस्था पर पहुँचकर कवि के लिए यह असम्भव-सा होता है कि वह अपनी रचनात्मक पहचान को बनाए रख सके और उसे एक वस्तुपरक स्वायत्त सत्ता के रूप में निरूपित करे। अपनी कविताओं को वह एक आलोचकीय दृष्टि से परख तो सकता है, लेकिन उसकी कविताएँ इस रूप में किस तरह प्रतिफलित हुईं, इसकी तार्किक व्याख्या वह शायद ही कभी कर पाए। अपने बारे में मैं ऐसा ही कुछ महसूस करता हूँ।

उन्नीस सौ पचपन में मैंने पोलैंड, रूस और चीन की यात्रा की थी, और वारसा में मुझे पाब्लो नेरुदा, नाज़िम हिकमत और एंटन स्लोनिस्मकी से मुलाक़ात का अवसर मिला था। इस उम्र में ये मुलाक़ातें मेरे लिए बहुत महत्त्वपूर्ण थीं। इसने कविता के प्रति मेरे आकर्षण को और बढ़ा दिया। लखनऊ का तत्कालीन साहित्यिक जीवन काफी समृद्ध था–कॉफी हाउस में नियमित विचार-विमर्श और लेखक मित्रों के साथ लेखक संघ की साप्ताहिक साहित्यिक गोष्ठियाँ हुआ करतीं। इस दौरान मुझे अनेक अग्रज साहित्यकारों, शिक्षाविदों और राजनीतिज्ञों से मिलने का अवसर मिला। आचार्य नरेन्द्र देव, आचार्य कृपलानी तथा डॉ. राममनोहर लोहिया–जो मेरे पारिवारिक सदस्य के समान थे–का मेरे विचारों की निर्मिति में पर्याप्त योगदान रहा। उन्होंने मुझे मेरे परिवार की व्यापारिक पृष्ठभूमि से बाहर निकालकर साहित्य की दिशा में प्रेरित किया। इन सभी अनुभवों को मैं अपनी साहित्यिक निर्मिति में अत्यन्त महत्त्वपूर्ण मानता हूँ।

आपने कई अन्तर्राष्ट्रीय लेखकों का अनुवाद किया है। उदाहरण के लिए बोर्खेस, कवाफ़ी, वालकॉट आदि। अनुवाद की इस प्रक्रिया ने जो कि स्वयं एक रचनात्मक प्रक्रिया है–आपके लेखन को किस तरह प्रभावित किया?

मेरा मानना है कि किसी अच्छे कवि को जानने का सर्वोत्तम उपाय यह है कि आप उसका अनुवाद करने की कोशिश करें। जब मैंने अपने फ्रैंच शिक्षक की मदद से मलार्मे का अनुवाद सीधे फ्रैंच से करने की कोशिश की तो मुझे बहुत कुछ सीखने का अवसर मिला। मेरे यह अनुवाद मलार्मे की मूल रचना से सर्वथा भिन्न थे : लेकिन उस विरल काव्य-सामग्री पर स्वतन्त्र रूप से कार्य करने के इस उर्वर अनुभव ने मुझे कविता में एक ऐसी मूल्यवान अन्तर्दृष्टि प्रदान की, जो उन कविताओं के शाब्दिक अनुवाद से कभी सम्भव नहीं होता। कवाफ़ी, बोर्खेस, वालकॉट तथा हाल में जर्मन अनुवादकों के साथ गुंटर ग्रास की रचनाओं के अनुवाद ने भी उसी तरह मेरे अनुभवों को काफी समृद्ध किया है। ये सारे कवि एक-दूसरे से काफी अलग हैं,

इसलिए इस अनुभव ने काव्य-शिल्प के विभिन्न आयामों को समझने में मेरी मदद की। कविता अक्सर पूरी तरह संस्कृति-विशिष्ट तथा भाषा-विशिष्ट कला है, और बहुतेरी ऐसी कविताएँ हैं, जिनके शाब्दिक अनुवाद का या तो बहुत कम या कोई अर्थ नहीं निकलता, जब तक कि दूसरी भाषा में उनका पुनर्लेखन न कर दिया जाए। उदाहरण के लिए उर्दू की अधिकांश कविताएँ अतिशय संस्कृति/भाषा विशिष्ट हैं : इसलिए ग़ालिब के अन्दाज़े-बयाँ का अनुवाद करना बिलकुल असम्भव है। विभिन्न प्रकार के कवियों की रचनाओं के अनुवाद के क्रम में एक अहम् अन्तर, जो मैंने महसूस किया, वह यह कि किसी भाषा में समान रूप से सभी प्रकार की कविताओं को ग्रहण करने की क्षमता नहीं होती। ऐसा भी हो सकता है कि एक कवि की विभिन्न कविताओं में से कुछ कविताओं का अनुवाद सम्भव हो और कुछ का नहीं। उदाहरणस्वरूप—गुंटर ग्रास का अनुवाद करते हुए मैंने पाया कि 'सैटर्न' जैसी उनकी कविताओं का हिन्दी अनुवाद तो सहज है, किन्तु द्वितीय विश्वयुद्ध से जुड़े विशिष्ट अनुभवों पर केन्द्रित उनकी कविताओं का अनुवाद हिन्दी में उतना सहज नहीं जितना कि यूरोपीय भाषाओं में।

अनुवाद में जिस चीज़ ने मुझे सर्वाधिक आकृष्ट किया वह है इसका अन्वेषणात्मक पक्ष। यह सहज स्वाभाविक था कि मैंने अनुवाद के लिए वैसे कवियों को चुना जो मेरी संवेदना और सरोकारों के सर्वाधिक निकट थे। बोर्खेस और कवाफ़ी में मैंने जीवन और अतीत को देखने का जो तरीका पाया वह मेरे लिए भी, भारतीय इतिहास को जैसे मैं देखता हूँ, उस सन्दर्भ में प्रासंगिक जान पड़ा। मैं गुन्नार एकलॉफ और पाब्लो नेरुदा के नाम भी जोड़ना चाहता हूँ, जिनका मैं प्रशंसक रहा हूँ, लेकिन उनका अनुवाद करना मुझे कभी सहज नहीं लगा।

कविता अपना शिल्प अनेक स्रोतों से ग्रहण करती है, मेरी कविताओं के सन्दर्भ में भी ऐसा ही रहा है—जिन कवियों का अनुवाद मैंने किया है, वे इन स्रोतों में से केवल एक स्रोत हैं। पचास और साठ के दशक में विश्व साहित्य पर मार्क्सवाद का जबर्दस्त प्रभाव रहा। ज़मीनी यथार्थ, आम गरीबी और शोषण के सामाजिक-आर्थिक और राजनीतिक समाधान के प्रति मार्क्सवाद के प्रबल आग्रह से आम आदमी की समस्याओं की ओर चिर-अपेक्षित ध्यान आकृष्ट हुआ। इसने लोगों में एक उम्मीद को जन्म दिया कि उनके दुख और संताप का शमन प्रभावी राजनीतिक, सामाजिक और आर्थिक कार्रवाई से सम्भव है—यह महसूस किया जाने लगा कि महान आदर्शवादी स्वप्न अब उनकी पहुँच से दूर नहीं है। लेकिन बहुत जल्द ही स्वयं मार्क्सवादी राजनीति के भीतर अन्तर्विरोध उभरकर सामने आने लगे, और राजकीय नियन्त्रण के नाम पर फासीवादी प्रवृत्तियाँ—जैसा कि मार्क्सवाद के सोवियत और चीनी मॉडल में हमें देखने को मिला—उन्हीं लोगों का शोषण करती प्रतीत हुई, जिन्हें मुक्त

करने का संकल्प उसने लिया था। जल्द ही, एक रूपान्तरित मार्क्सवाद—ज़्यादा उदार और लोकतान्त्रिक-अस्तित्व में आ चुका प्रतीत होता है और जिसने आज लोगों के ज़ेहन में एक जगह बना रखी है। मार्क्सवाद के हिंस्र और युद्धोन्मुख संस्करण की अपेक्षा इसका ज़्यादा पसन्दीदा यह समाजवादी मॉडल ही मेरे लेखन में भी अन्ततः बना रहा है।

गांधी-दर्शन में मुझे एक सक्रिय नैतिक क्रान्ति दिखाई देती है। बुद्ध के विश्व-दर्शन और गांधीवादी विचार-व्यवहार में काफी समानताएँ हैं। क्रान्ति के हिंसक साधन अनगढ़ भावोत्तेजनाओं के खूनी विस्फोट हैं : अहिंसक क्रान्ति एक अटल और दृढ़ नैतिक बल की माँग करती है—और इसका सर्वोत्तम दृष्टान्त हमें ब्रिटिश उपनिवेशवाद के विरुद्ध गांधी के प्रतिरोध में देखने को मिलता है। बौद्ध दर्शन, जैसा कि मेरी कविताओं में आप पाएँगे, आस्था के कारण उतना नहीं, जितना कि लम्बे समय से स्वयं को अस्तित्व में बनाए रखने के कारण मुझे आकृष्ट करता है। इसके अस्तित्व की गहरी जड़ें बीहड़ संयम और समायोजन की इसकी क्षमता में निहित है, न कि इसकी रूढ़िवादी प्रकृति में। भारत और मध्य एशिया में विकसित और संवर्द्धित बौद्ध दर्शन के विभिन्न सम्प्रदायों पर यदि एक सरसरी निग़ाह दौड़ाई जाए तो हमें करुणा और संवेदना के इस दर्शन में एक अद्भुत लचीलापन देखने को मिलेगा। मानवतावाद वह विराट बिन्दु है, जहाँ मानव कल्याण से जुड़ी तमाम विचारधाराएँ आकर मिलती हैं, और अपनी कविताओं में मैंने इस बिन्दु को हमेशा ध्यान में रखा है।

कविता के अलावा अन्य विधाओं में भी आपकी रुचि रही है। एक कवि के रूप में आपकी मूल विधा के साथ अन्य अभिरुचियाँ किस तरह पेश आती हैं?

मैं आरम्भ से ही कविता के साथ-साथ कहानियाँ, साहित्यालोचना, फ़िल्म समीक्षा तथा निबन्ध लिखता रहा हूँ। अक्सर विषय ही विधाओं का चयन कर लेते हैं। सिनेमा, नाटक, संगीत और कला का गहरा रिश्ता मेरी काव्य-संवेदना से है, लेकिन वे मेरी काव्यानुभूत दुनिया के विस्तार नहीं हैं, बल्कि इस दुनिया—जिसमें हम रहते हैं—से जुड़े मेरे अनुभवों और मेरे विचारों के विस्तार हैं। इनमें बदलाव आते रहते हैं और मेरी कविता अक्सर इन बदलावों से नई स्फूर्ति और ऊर्जा प्राप्त करती है।

आपकी राय में वे कौन-सी चुनौतियाँ हैं, जिनसे आज का कवि रूबरू है? समकालीन हिन्दी कवि के सामने क्या कोई विशेष चुनौतियाँ भी हैं?

किसी महान विचारधारा का पतन अपने पीछे एक विराट शून्य छोड़ जाता है। आधी सदी से अधिक समय से हिन्दी रचनाशीलता का एक अच्छा-ख़ासा हिस्सा मार्क्सवादी तथा आधुनिकतावादी सिद्धान्तों से प्राण-शक्ति लेता रहा। विगत 15-20

वर्षों के दरम्यान इस स्थिति में आमूल परिवर्तन हुआ है। आज की तारीख में हम उत्तर-मार्क्सवाद व उत्तर-आधुनिकतावादी दुनिया में रह रहे हैं, जहाँ हम बाज़ार के अर्थतन्त्र और वैश्वीकरण से पैदा हुई नई चुनौतियों से दो-चार हैं। भारत जैसे विकासशील देश के लिए, जहाँ गरीबी, निरक्षरता, प्रदूषण और भ्रष्टाचार आज भी समाज में व्याप्त हैं, नए बदलावों ने आशाओं से अधिक चुनौतियाँ ही पैदा की हैं। हिन्दी साहित्य सामान्यतः इन समस्याओं के प्रति सजग है। लेकिन इसकी प्रतिक्रिया अक्सर हड़बड़ी में लिखी गई अख़बारी लेखन-सी प्रतीत होती है, न कि आत्म-मन्थन से पैदा हुई कोई चीज़। ऐसा सम्भवतः इसलिए है कि ये समस्याएँ हमारे जीवन की सतह पर घटित हो रहे तेज़ बदलावों से जुड़ी हैं, न कि उन मूल्यों से जिनकी जड़ें व्यक्ति की सांस्कृतिक, कलात्मक और मानवीय अनुभूतियों की गहराइयों तक जाती हैं। दोनों ही प्रकार के जीवन से जुड़ी कविताएँ एक जटिल संरचना में अभिव्यक्त होती हैं, जिसे सहज रूप में परिभाषित या व्याख्यायित कर पाना सम्भव नहीं है। जीवन की सामान्यीकृत व्याख्याओं से कहीं अधिक काव्यात्मकता मुझे जीवन और साहित्य की विविधताओं और जटिलताओं में मिली हैं।

इसमें भी कोई सन्देह नहीं कि जातीय अलगाव, साम्प्रदायिक हिंसा, रूढ़िवादिता तथा आतंकवाद ने आज हर सही सोच वाले व्यक्ति की अन्तरात्मा को झकझोर कर रख दिया है। इनमें से कई समस्याओं की जड़ें आज की भारतीय राजनीति में हैं। वर्चस्ववादी भ्रष्ट राजनीति और हाशिये से उठती साहित्य की आवाज़ के बीच का असहज रिश्ता उन कई समस्याओं में से एक है, जिनके कारण हमारे देश की मानवतावादी संस्कृति का क्षरण हो रहा है। इसे मैं आज हिन्दी कविता के सामने खड़ी एक अतिविशिष्ट समस्या के रूप में देखता हूँ।

बोर्खेस का कथन है कि 'हर लेखक अपने पूर्ववर्ती लेखकों को रचता है'। आपकी नज़र में वे कौन-से लेखक हैं, जिन्हें आप अपने पूर्ववर्ती मानते हैं या जो आपकी सृजन-यात्रा में उल्लेखनीय रहे हैं?

महान कृतियों—जिन्हें हम पढ़ते हैं, हमारे ऊपर पड़ने वाले प्रभावों, पूर्ववर्ती लेखकों आदि के साथ हमारे रिश्ते शायद ही कभी चिरस्थायी या अटल होते हैं—मेरे मामले में तो बिलकुल ही नहीं। समय के साथ, जैसे-जैसे कवि का विकास होता है, वे बदलते रहते हैं। जब हम किसी वैसे पूर्ववर्ती विशिष्ट साहित्यकार को पुनः पढ़ते हैं जो एक समय में हमारे लिए एक महान साहित्यकार रहे थे, तो उनके साथ हमारा रिश्ता या हमारे ऊपर उनका प्रभाव वही नहीं रहता जो उस समय था। एक विकासवान लेखक की संवेदनाएँ तथा स्वयं के बारे में और अपने समय के बारे में उसकी अपनी समझ यह निर्धारित करती हैं कि कोई ख़ास लेखक, कवि या कृति उसकी रचनात्मक प्रवृत्तियों को किस तरह प्रभावित करेगी। मैं समझता हूँ कि बोर्खेस

का तात्पर्य यही था जब उसने कहा कि 'हर लेखक अपने पूर्ववर्ती लेखकों को रचाता है'। मैंने पहली बार 'महाभारत' तब पढ़ी थी जब मैं 15 या 16 वर्ष का था। युद्ध के अद्‍भुत दृश्यों से मैं अभिभूत था। इसमें भरपूर नाटकीयता थी। जब मैं बड़ा हुआ तो 'महाभारत' को कई बार पुनः पढ़ा, लेकिन उन्हीं आकर्षणों के कारण नहीं। एक लम्बे समय तक 'भगवत गीता' से मेरी सोच और कल्पना मुग्ध रही। लेकिन अब हो सकता है कि 'शान्तिपर्वम्' मुझे ज़्यादा आकर्षित करती हो। बाद के दिनों में भारतीय क्लासिकी लेखकों में, उदाहरण के लिए—कबीर ने मुझे अपने सामाजिक और रहस्यवादी सरोकारों के कारण, और ग़ालिब ने अपने उदात्त शिल्प तथा मानवीय समझ की गहराई के कारण प्रभावित किया। इन महान कृतियों के साथ मेरा सक्रिय और गतिशील रिश्ता मुझे अत्यन्त प्रिय है—रचनात्मक स्तर पर यह मेरे लिए ज़्यादा समृद्धिकारक रहा है।

समकालीन हिन्दी कविता की प्रवृत्तियों या धाराओं को लेकर आपकी प्रतिक्रिया क्या रही है?

समकालीन हिन्दी कविता की प्रवृत्तियों और प्रभावों को लेकर मेरी प्रतिक्रिया उदासीन रही है, कभी-कभी तो नकारात्मक भी जब कोई आन्दोलन अत्यन्त हठधर्मी हो गया। कविता स्वभावतः एक स्वायत्त कला है, यह किन्हीं अवरोधों या शासनादेशों को स्वीकार नहीं करती। मैं लगभग आधी सदी से कविता लिख रहा हूँ। इस दरम्यान मैं आधे दर्जन से अधिक साहित्यिक आन्दोलनों की शुरुआत और अन्त का साक्षी रहा हूँ। इन सबसे जो जीवित बचा रहा, वह उदात्त कविता है, न कि इसके आसपास मँडराता कोलाहल। दरअसल, किसी प्रवृत्ति को नाम देने के पीछे कवि से कहीं अधिक सक्रिय आलोचक होते हैं, और जो नाम किसी सच्चे कवि के लिए शायद ही कोई मायने रखता हो। हिन्दी कविता में, इसी तरह, छायावाद, प्रगतिवाद, प्रयोगवाद, नई कविता, अकविता आदि जैसे नाम अस्तित्व में आए, लेकिन अच्छी कविता सदैव इन नामकरणों से अपेक्षाकृत उदासीन ही रही। कई बार तो, कविता के विकास में इनकी भूमिका प्रतिगामी रही। किसी आन्दोलन ने जब किसी ख़ास प्रकार की कविता या कवि को एक आदर्श नमूने के तौर पर तरजीह दी तो इससे नकल को प्रोत्साहन मिला, और मौलिकता अवरुद्ध एवं उपेक्षित हुई।

आधुनिकतावादी आन्दोलन की शुरुआत टी.एस. एलियट की कविता एवं उनकी साहित्यिक आलोचना से होती है। सामान्यतः इसका तात्पर्य था काव्य-शिल्प, परम्परा, संस्कृति, अतीत, प्रयोगशीलता आदि को एक नए अन्दाज़ में देखना। हिन्दी कविता पर आधुनिकीकरण के प्रभाव को अज्ञेय द्वारा सम्पादित चार 'सप्तकों' में देखा जा सकता है। देखा जाए तो मार्क्सवाद, आधुनिकतावाद, प्रयोगवाद, नववाद जैसी धाराएँ इस कालखंड की कविताओं में परस्पर एक-दूसरे से आच्छादित हैं, जैसा कि वे आज

भी हैं। 'तीसरा सप्तक' में शामिल एक कवि के रूप में, मुझे जल्द ही यह महसूस हुआ कि कविता को इस तरह वर्गीकृत नहीं किया जा सकता। बार-बार यह आलोचकों द्वारा गिनाई गई अपनी विशेषताओं एवं कर्त्तव्यों की सीमाओं का अतिक्रमण कर जाती है। यह ज़रूर महसूस होता है कि समकालीन हिन्दी कविता, सन्दर्भ और विषयवस्तु के स्तर पर आज ज़्यादा बड़ी और ज़्यादा स्वाधीन दुनिया में साँस ले रही है।

(2005)

साहित्य को समावेशी होना चाहिए

अजित राय

आपको दिल्ली सरकार की हिन्दी अकादमी ने अपना सबसे बड़ा सम्मान 'शलाका सम्मान' दिया है। कैसा लग रहा है?

जब भी कोई पुरस्कार मिला तो मैंने आत्म-परीक्षण ज़रूरी समझा। क्या मैं वह सब कह चुका जो मुझे कहना था और क्या यह पुरस्कार मेरे अन्तिम मूल्यांकन का संकेत है? या यह सम्मान मेरे लेखन में नए सिरे से रुचि का द्योतक है? अपने लिए; यह मानकर चलने में अधिक आश्वासन अनुभव करता हूँ कि मेरे लेखन को जो भी मान्यता मिली या आज मिल रही है वह शायद ऐसे कुछ तत्त्वों या दृष्टिकोण के लिए; जिसमें मनुष्य की अस्मिता, मर्यादा और उसी आत्मशक्ति को स्वतन्त्र रूप से पहचानने और परिभाषित करने की ज़रूरत पर आग्रह रहा है।

आप हिन्दी के उन गिने-चुने लेखकों में हैं, जो कभी किसी अनावश्यक विवाद या कभी किसी होड़ में नहीं रहे, फिर भी आपकी ज्ञानपीठ को छोड़ सभी पुरस्कार घर बैठे मिलते रहे। क्या आपको हिन्दी साहित्य का 'अजात शत्रु' कहा जाए?

तुम चाहो तो ऐसा कह सकते हो। ज़िन्दगी और लेखन के प्रति मेरा एक निश्चित नजरिया रहा है। मैं समाज में एक लेखक की गरिमा और स्वायत्तता में विश्वास करता रहा हूँ और ज़िम्मेदारी में भी। लेकिन इसका मतलब यह नहीं कि मैं किसी से असहमत नहीं होता।

आपने दयावती मोदी कवि शेखर सम्मान लेने से इनकार कर दिया था।

वह तो इसलिए कि मेरे कविता संकलन 'कोई दूसरा नहीं' को उस वर्ष चार-पांच पुरस्कार मिले थे तो मुझे लगा कि मैंने और भी बहुत कुछ लिखा है। उसका भी मूल्यांकन होना चाहिए।

आपने अमेरिका के आयोबा विश्वविद्यालय के 'लेखक प्रवास' फैलोशिप को क्यों लौटाया था?

मैंने लौटाया नहीं था बल्कि उनकी एक शर्त मानने से इनकार कर दिया था। मैं कुछ साल पहले सोवियत संघ और चीन के दौरे पर गया था। यह बात मेरे 'बायो डाटा' में अंकित थी। उन लोगों ने अनुबन्ध-पत्र मैं मुझसे लिखकर देने को कहा कि 'अब सोवियत संघ और चीन से मेरा किसी तरह का सम्बन्ध नहीं है।' इसे मैंने अपनी लेखकीय स्वायत्तता और आज़ादी के ख़िलाफ़ मानते हुए उन्हें लिखकर देने से इनकार कर दिया। उन्होंने मुझे फैलोशिप देने का प्रस्ताव वापस ले लिया। कोई भी, किसी भी कारण से एक लेखक होने के मेरे स्वायत्त क्षेत्र में मुझे कैसे डिक्टेट कर सकता है?

'कबीर सम्मान' के वक्त आपने एक कविता सुनाई थी, 'तट पर हूँ तटस्थ नहीं' पर एक अर्से से आप लेखक की वैचारिक प्रतिबद्धता से असहमत रहे हैं। आपका एक लेख भी है 'साहित्यकार विचारधारा को लेकर हमेशा समर्पित नहीं होता।' साफतौर पर पूछूँ तो मार्क्सवाद से आपकी क्या असहमतियाँ हैं?

एक विचार के रूप में मार्क्सवाद से मेरी कोई असहमति नहीं है। मैं मानता हूँ कि आज मार्क्सवाद पहले से ज़्यादा प्रासंगिक है। वह हमारे जीवन की प्रकृति में हवा और पानी की तरह घुल-मिल गया है। उसके लिए किसी संगठन या संस्था की ज़रूरत मैं महसूस नहीं करता। जैसे किसी उपग्रह को अन्तरिक्ष में लांच करने के बाद राकेट नष्ट हो जाता है, उसकी भूमिका खत्म हो जाती है, उसी तरह समाज में विचार को लांच करने के बाद संगठन या संस्थान की उपयोगिता खत्म हो जाती है। आज मार्क्सवाद हमारे आचार-विचार का हिस्सा बन गया है तो फिर हमें उसे 'मठ और गढ़' में क्या बदलना चाहिए। उसका संस्थान बनाने की क्या ज़रूरत है। यह राजनीतिक विचारधारा है, जो हमेशा पक्ष-प्रतिपक्ष बनाकर चीजों को देखती हैं जबकि साहित्य समावेशी होता है। मेरा मानना है कि एक लेखक को विचारधाराओं से संवाद करना चाहिए। प्रतिबद्ध या अनुयायी होने और संवाद करने में अन्तर होता है। एक और उदाहरण दूँ—भारतीय विचार परम्परा और आज की कर्मकांडी धार्मिक परम्परा में अन्तर है। कबीर भारतीय विचार परम्परा के कवि हैं जो धार्मिक कर्मकांडी परम्परा के कितने बड़े आलोचक हैं।

कुछ वर्ष पहले साहित्य अकादमी में संवत्सर व्याख्यान देते हुए आपने कहा था कि हिन्दी आलोचना सीमित और जड़ हो गई है।

हाँ, मुझे याद है। हिन्दी आलोचना का संकट है कि वह ज्ञान के दूसरे अनुशासनों से संवाद नहीं कर रही है। इसलिए उसमें नए शब्द नहीं आ रहे हैं। अभी अमर्त्य

सेन की एक किताब आई है–'द अरगूमेन्टेटिव इण्डियन'। वे एक अर्थशास्त्री हैं लेकिन संस्कृति पर किताब लिखी है। हमारे आज के हिन्दी आलोचक दूसरे विषयों–जैसे भूगोल, इतिहास, जीव विज्ञान, पर्यावरण आदि की किताबें नहीं पढ़ते। अधिक हुआ तो राजनीति की किताब को पढ़ लिया। मैं राजनीति का विरोधी नहीं हूँ। उसके बिना हमारा काम नहीं चल सकता, पर वह दुरुस्त राजनीति होनी चाहिए और थोड़ी मानवीय भी। इससे हमारी सोच गलत हो गई है कि हम हमेशा दो में से एक को चुन लेते हैं और उसके पक्ष में हो जाते हैं। इसका असर साहित्यिक आलोचना पर पड़ा है। पिछले पचास सालों में इस सोच के कारण बेमतलब बेतहाशा ऊर्जा का अपव्यय हुआ है। हम बहुलता को क्यों न स्वीकार करें।

आपने एक लेख में नामवर सिंह की आलोचना पद्धति से असहमति जताई थी। आपको उनसे क्या असहमति है?

उन जैसे समझदार और प्रतिभाशाली आलोचक बहुत कम हैं। वे मेरे काफी पुराने मित्र हैं। वे मार्क्सवाद के अच्छे प्रवक्ता हैं। पर वे एक विचारधारा के प्रवक्ता हैं पूरे हिन्दी साहित्य के प्रवक्ता नहीं हैं। जैसे डॉ. रामविलास शर्मा का 'स्टैंड' (मत) एक 'स्टैंड' है, वह पूरे हिन्दी साहित्य का 'स्टैंड' नहीं हो सका। जब तक हम कई समीक्षा-दृष्टियों का इस्तेमाल नहीं करेंगे साहित्य की सम्पूर्ण समीक्षा दृष्टि या पद्धति कैसे विकसित होगी? हमने समीक्षा को ही सीमित कर दिया कि जो नामवर सिंह कह रहे हैं वही अन्तिम है।

और राजेन्द्र यादव के 'दलित-स्त्री विमर्श' के बारे में...।

साहित्य में अलग कैटेगरी बनाने से ज़्यादा ज़रूरी है कि सामाजिक न्याय होना चाहिए। जहाँ भी शोषण और अन्याय हो वहाँ उसके ख़िलाफ़ आवाज़ उठनी चाहिए। इसे आप सैद्धान्तिकी में न भी बाँधें तो भी दलितों और स्त्रियों की आवाज़ें आ रही हैं। आनी चाहिए। इसे मैं सामाजिक न्याय से जोड़ता हूँ।

तो साहित्य में आप किस सोच के हिमायती हैं?

समावेशी और सांस्कृतिक। दरअसल मार्क्सवाद के असर में जीवन का सामाजिक, आर्थिक पक्ष ज़रूर उभरा पर बहुत सारा पक्ष पीछे छूट गया। अब सारी दुनिया में नव इतिहासवादी चीजों को सांस्कृतिक नजरिए से देखने की कोशिश कर रहे हैं। जिसकी शुरुआत रेमंड विलियम के विचारों से हुई थी। मैं कहता रहा हूँ कि साहित्य का अपना तरीका है सोचने का। और राजनीति का अपना। हमने सोचने के राजनीतिक तरीके को अपना लिया जबकि होना उलटा चाहिए था। तब राजनीति ज़्यादा मानवीय होती। हमें अपनी सोच का तरीका बदलने की ज़रूरत है। राजनीति हमेशा बाँटकर देखती है जबकि साहित्य समावेशी होता है। राजनीति की गलत सोच

का असर आज जीवन, समाज, नैतिकता और साहित्य पर हो रहा है। नामवर जी ने एक साक्षात्कार में मेरी इसी सोच के लिए मुझे 'सन्तुलनवादी' कहा है।

आज के नए दौर में क्या साहित्य बचेगा? आप चीजों को कैसे देख रहे हैं?

यह सवाल बार-बार पूछा जाता है। इसका जवाब मैं अपने एक शेर में देता हूँ– 'सुना है कि कविता वही अब बचेगी, जरा हाशिए को भी रखना नज़र में।' यही हाशिया कबीर का राम-झरोखा है, जहाँ से वे संसार को देखते हैं। साहित्य भीड़-भाड़ की चीज़ नहीं। भक्त कवि किसी दरबार में नहीं गए–गली-कूचों में रहकर लिखा। मिर्जा ग़ालिब बल्ली-मारान में रहे। कविता का अस्तित्व जेनेटिक है, इसलिए वह मरेगी नहीं। हमारे जीवन को और बहुत सी चीजों ने छेक रखा है। धैर्य खत्म हो रहा है। हमें हर चीज तुरन्त चाहिए। इस 'तुरन्ताभाव' और ख़ास हड़बड़ी के कारण साहित्य के प्रति लेखकों में असन्तोष बढ़ा है। साहित्य थोड़ा इत्मीनान माँगता है। पहले जीवन में इतमीनान था–इसलिए साहित्य को थोड़ा मौका मिलता था। अब एक सामान्य जीवन जीना भी मुश्किल होता जा रहा है। फिर भी साहित्य हमारे भीतर बचेगा। पढ़ने का संस्कार खत्म नहीं होगा। हमें थोड़ी उम्मीद के साथ इन्तजार करना चाहिए। ब्रेख्त कहते थे–बुरे वक्त में बुरे वक्त की कविता होगी। हो सकता है कि यह कविता का बुरा वक्त है, पर कविता इससे बाहर आएगी।

आज बाहर का शोर इतना छा गया है कि हमने अपने भीतर की चीजों को खोजना छोड़ दिया है। चारों ओर शक्ति का भीषण अपव्यय। पत्र-पत्रिकाओं की भरमार है। एक आध को छोड़ कुछ भी पढ़ने लायक नहीं। सिनेमा जैसी सशक्त विधा सतही मनोरंजन में सीमित हो गई है। हमारे चारों ओर साहित्य ओर सिनेमा, कला और रंगमंच में गुणवत्ता का घोर अभाव है। नए प्रकाशन तन्त्र ने अराजकता पैदा कर दी है। आज लोग धड़ल्ले से कुछ भी लिखकर छपवा देते हैं। मेरी सलाह है कि आप यदि ज़िम्मेदार लेखक हैं तो पाठक के समय का आदर करना चाहिए। फिर भी मेरा मानना है कि इस नए जमाने में भी कविता ज़रूर बची रहेगी। नक्कारखाने में तूती की आवाज़ की तरह और साहित्य बचा रहेगा और कहीं नहीं तो हमारे भीतर।

(2006)

सन्तुलित आलोचना का सकारात्मक प्रभाव पड़ता है

महावीर अग्रवाल

अपनी रचना प्रक्रिया पर प्रकाश डालते हुए बताइए, आपकी आलोचना के क्षेत्र में रुचि कैसे जागृत हुई? आप कब से यह कार्य कर रहे हैं? इस क्षेत्र को आपने क्यों चुना? क्या, आपने दूसरी विधाओं में भी लिखा है?

पढ़ने का शौक शुरू से ही रहा, लिखना बाद में शुरू किया। आलोचना का सीधा और पहला ताल्लुक पढ़ने से है। स्वयं के लेखन से उसका सम्बन्ध बाद में बनता है। कभी-कभी नहीं भी बनता है। एक पुस्तक पढ़ना मेरे लिए हमेशा उससे एक बातचीत की तरह रहा है जो उस पुस्तक को केवल एक औसत पाठक की तरह मात्र 'ग्रहण' करने से भिन्न बात है। एक रचनाकार जिस तरह एक साहित्यिक कृति को 'पढ़ता' है, और जिस तरह एक शुद्ध आलोचक या अध्येता उसे पढ़ता है उसमें बुनियादी अन्तर है। एक रचनाकार की दृष्टि स्वभावतः एक कृति की जीवन-वस्तु और रचना-कौशल पर केन्द्रित होगी, जबकि आलोचक के मूल्यांकन में गैर साहित्यिक आग्रहों का होना आम बात है। ऐसा नहीं कि रचनाकार की मानसिकता के निर्माण में भी अन्य विषयों का योग नहीं होता। जैसे, मेरे अपने लेखन में इतिहास, मिथक, नीतिशास्त्र, विज्ञान, सामाजिक-आर्थिक यथार्थ, राजनीतिक मसलों, संगीत, दर्शन, सिनेमा आदि अनेक विषयों से सम्बन्धित एक मिली-जुली दुनिया भी रहती है जो मेरी जीवन दृष्टि और विश्व दृष्टि में अतिरिक्त कुछ जोड़ती है। मैं इस मानसिक आयाम को भी जीवन यथार्थ का ही एक हिस्सा और विस्तार मानता हूँ। अपने लेखन की युक्तियों से मैं अपनी इस साहित्यिक-संस्कृति को अलग नहीं कर सकता। मैंने अपने लिए अपनी रचना और आलोचना के बीच जटिल सम्बन्ध को कुछ इसी तरह समझा और बरता है। पढ़ना भी मेरे लिए अन्य अनुभवों की तरह एक ख़ास तरह का जीवनानुभव ही है जो हमारे अन्दर की रचनाशीलता को भी कई तरह और अनेक स्तरों पर उकसा सकता है। मेरे विधिवत आलोचना लिखने की शुरुआत 1955-56 मानी जा सकती है जब मैं 'युगचेतना' के

सम्पादक-मंडल में शामिल हुआ। इसके पहले कुछ निजी ढंग की टिप्पणियाँ और प्रतिक्रियाएँ इधर-उधर लिखता रहा था। आलोचना लिखना मेरा प्रमुख कार्य क्षेत्र नहीं रहा। जब किसी कृति ने ख़ासतौर पर मुझे आकृष्ट किया या मुझे लगा कि किसी कृति के जरिए मैं कोई अपनी बात भी कहना चाहता हूँ, तब कुछ कहा। इसीलिए आप देखेंगे कि 'आज और आज से पहले' मेरे समीक्षा-संग्रह में कई तरह के लेख हैं लेकिन इतिहास या काल-क्रमानुसार उनमें तारतम्यता और एकाग्रता नहीं है। अन्य रचनाओं के साथ एक खुली बातचीत का सा रंग-ढंग है। इसी तरीके से अन्य विषयों पर भी लिखता रहा हूँ, जैसे सिनेमा, नाटक, संगीत, विचार-साहित्य आदि जिनकी एक बानगी आपको यतीन्द्र मिश्र द्वारा सम्पादित मुझ पर केन्द्रित पुस्तक के खंड-1 में देखने को मिल सकती है, या 'मेरे साक्षात्कार' (सं. विनोद भारद्वाज) में भी।

अधिकांश रचनाकार ऐसा मानते हैं कि आजकल हिन्दी आलोचना का क्षितिज बड़ा संकीर्ण हो गया है। आलोचक अपने मित्रों की रचनाओं पर ही अधिक बहस करते हैं। समग्र रूप से मूल्यांकन कोई नहीं करता?

काफी हद तक सही होते हुए भी यह बात पूरी तरह सही नहीं है। बहुत अच्छी समीक्षा भी लिखी जा रही है। उस पर ज़्यादा ध्यान रखना चाहिए। साहित्य के भाषायी, शास्त्रीय, वैचारिक और अध्ययनशील तत्त्वों पर कम चिन्तन हो रहा है जिसकी वजह से अखबारी और उथले ढंग की समीक्षा हीं गम्भीर समीक्षा का पर्याय-सा बनती जा रही है। श्रेष्ठ और ज़िम्मेदार आलोचना का मतलब है कि उसमें अपने समय के विशिष्ट लेखन को अलग से पहचान सकने की योग्यता, धैर्य और पैशन हो।

आप मानक आलोचना किसे मानते हैं, मानक आलोचना का मानदंड क्या होना चाहिए?

आलोचना सम्बन्धी कुछ शब्दों और 'पदों' पर गहराई से विचार करना चाहिए, जैसे 'आलोचना', 'समीक्षा', 'विवेचना', 'मूल्यांकन', 'अध्ययन', 'व्याख्या', 'आकलन', 'विश्लेषण', 'रिव्यू' आदि जो एक कृति या रचना पर सोच विचार से जुड़े पद हैं। इनके अभिप्राय और आशय एक से लगते हुए भी एक से नहीं हैं। एक कृति के गुण-दोष निर्धारण में इन पदों के बीच फ़र्क का आभास मिलते रहना चाहिए। 'पदों' को लेकर असावधानी और थोकपन की वजह से भी अनेक भ्रान्तियाँ उत्पन्न होती हैं। किसी भी कृति को केवल एक ही दृष्टि से और एक ही तरफ से देखना भी पर्याप्त नहीं है, क्योंकि एक रचना के स्वभाव में ही बहुलता और अनेकता होती है। उसे कई तरह से जाँचना परखना ज़रूरी होता है। अपने पूर्वग्रह अपनी जगह लेकिन

समीक्षा की जाँच-पड़ताल में अगर भरसक निष्पक्षता और तटस्थता हो तो शायद वह मानक समीक्षा के आदर्श के ज़्यादा नजदीक मानी जा सकती है। रचना जीवन-सापेक्ष होती है। वह जीवन की सच्चाइयों से हमारा सामना कराती है। आज कबीर या तुलसी को हम उन्हीं सच्चाइयों के लिए पढ़ते हैं। उस भावनात्मक उद्रेक के लिए पढ़ते हैं जो एक स्थायी मानवीय यथार्थ है, भले ही उनके रहस्यवाद या भक्ति को लेकर हम आज भिन्न तरह सोचते हों। 'क्लासिक्स' और 'समकालीन' लेखन को लेकर भी दोहरे मानदंड नहीं होने चाहिए कि एक को तो हम मानवीय गुणों के कारण स्वीकृति दें और दूसरे को वैचारिक मतभेद के आधार पर खारिज कर दें। एक कृति पर विचार विमर्श ज़रूरी है, मतभेद भी सम्भव है, लेकिन जब हम एक कृति को गवाह बनाकर अपना पक्ष पुष्ट करना चाहते हैं उस समय यह सावधानी ज़रूरी है कि कृति के अपने पक्ष को कमजोर करके या विकृत करके न पेश किया जाए। एक कृति विशेष के मन्तव्यों में भी कमियाँ और चूकें हो सकती हैं। ऐसी अनेक रचनाएँ ध्यान में आती हैं जिन्हें हमारे प्रचलित नैतिक और सामाजिक मूल्य अक्सर स्वीकार नहीं कर पाते फिर भी एक क्लासिक की हैसियत से साहित्य में उनकी जगह बनी हुई है क्योंकि उनका आकलन हम पूरे जैविक सन्दर्भ में रखकर करते हैं न कि किसी ख़ास विचार, समय या स्थान की सापेक्षता में ही।

रचनाकार की आलोचक से शिकायत है, कि वे बिना पढ़े समीक्षाएँ लिखते हैं जबकि आलोचक कहते हैं रचनाकार समीक्षाओं को पढ़े बिना रचनाएँ लिखते हैं। एक ओर रचनाकार मानते हैं कि आलोचक भटक गए हैं वे सहायता करने में असमर्थ हैं वहीं दूसरी ओर आलोचक की शिकायत है—रचनाओं में ताजगी और दमखम की कमी है। आलोचक रचना को निरस्त कर अजेय होने का दृढ़ प्रतिज्ञ है, ऐसी स्थिति में रचना के विकास में आलोचना की क्या भूमिका है? और भविष्य में क्या होगी? क्या आलोचना में सिद्धान्त से अधिक महत्त्व व्याख्या का है?

आलोचना के 'सिद्धान्त' और 'व्याख्या' पक्ष का इतिहास लम्बा और ख़ासा पेचीदा रहा है। उस सारे विचार-विमर्श, वाद-विवाद को एक उत्तर की सीमा में समेटना लगभग असम्भव है, और बिना विस्तार में जाए उस पर बातचीत अधूरी ओर भ्रामक भी हो सकती है। बहुत सांकेतिक ढंग से ही यहाँ कुछ बातों का जिक्र भर ही हो पाएगा। बात को 'व्याख्या' की ओर से उठाना चाहिए क्योंकि साहित्य के सिद्धान्त-पक्ष पर जो भी बहसें होती रही है उनमें व्याख्या की प्रमुख भूमिका रही है। अमरीकी 'नई समीक्षा' (1940) के बाद से ही 'व्याख्या' पद बराबर ही समीक्षात्मक छानबीन का ही हिस्सा रहा है। कुछ इस तरह आलोचना के इर्द-गिर्द क्या किसी कृति की कोई एक ही निर्णायक या प्रामाणिक व्याख्या मानी जा सकती है? या, उसकी

कई व्याख्याएँ हो सकती हैं, और वे सभी अपनी-अपनी तरह जायज मानी जा सकती हैं? यदि प्रामाणिक व्याख्या उसे मानें जैसा उसे उसके लेखक या कवि ने माना होगा, तो उसके न रहने पर उसकी कृति की क्या स्थिति बनती है? उसकी एक स्वतन्त्र सत्ता मानकर उसका 'पाठ' किया जाना चाहिए? या उसके पाठ के अन्य तरीके भी हो सकते हैं? भाषायी और विखंडनकारी दृष्टियों से एक रचना अस्तित्व में आने के बाद लेखक से मुक्त अपना आज़ाद व्यक्तित्व पा जाती है। उसके द्वारा सम्प्रेषित संकेत चिन्हों को हम कई तरह पढ़ सकते हैं : यह 'पाठ' लेखक के इरादों से भिन्न भी हो सकता है। दरअसल, इस तरह की बहसों से किसी अन्तिम नतीजे या फैसले तक पहुँचना दुश्वार होता है, लेकिन पैनी बहसों के दौरान जिन तमाम विचारों और धारणाओं का उत्खनन होता है वही इन बहसों का सबसे मूल्यवान हिस्सा होता है। एक बात मन में आती है कि अगर 'बहसों' का भी स्वतन्त्र पाठ या अध्ययन किया जाए तो वह शायद उन्हें साधन बनाकर किसी ख़ास नतीजे पर पहुँचने से ज़्यादा उपयोगी काम हो सकता है।

परम्परा का मूल्यांकन करते हुए परम्परा के प्रति आलोचक का दृष्टिकोण कैसा होना चाहिए? मूल्यांकन के बाद पुनर्मूल्यांकन की आवश्यकता क्यों और कब पड़ती है?

जिसे हम वर्तमान कहते हैं उसमें अतीत का भी बहुत बड़ा हिस्सा वर्तमान रहता है। हमारी भाषाओं, यादों, मनोविज्ञान, मनोरथों, यकीनों, आदतों आदि में। इसीलिए किसी भी बड़े बुनियादी परिवर्तन को सहसा स्वीकार कर लेना मुश्किल होता है। नए के प्रति सशंकित होना उतना ही स्वाभाविक है जितना उसे न त्याग पाना जिसके हम लम्बे समय से अभ्यस्त हैं। नए और पुराने के बीच लगातार तनाव का यही मूल कारण जान पड़ता है। पारम्परिक मूल्य हमें अधिक आश्वस्त करते हैं क्योंकि समय उन्हें परख चुका होता है, लेकिन उन पर पुनर्विचार की ज़रूरत तब महसूस होती है जब कोई नया विचार, खोज या आविष्कार एक नई चुनौती पेश करता है। पिछली सदी में हम देख चुके हैं कि डारविन, मार्क्स, फ्रायड, आइंस्टाइन आदि के विचारों ने इस प्रकार की चुनौतियाँ हमारे सामने रखीं कि हमारे लिए अपने पारम्परिक मूल्यों को नए सिरे से सोचना ज़रूरी हो गया। इससे पहले मानवतावादी और विज्ञानवादी विचारों ने मध्यकालीन धर्म-भावना को एक बड़ी चुनौती दी थी। आज ऐसा नहीं लगता कि हमारे सामने ऐसे किसी बड़े विचार या विचारधारा की चुनौती है, लेकिन इधर से ऐसे कई तथ्य हमारे जीवन में आए हैं जो मिल-जुलकर हमारे रहन-सहन, आपसी सम्बन्धों और सोचने-विचारने के तौर तरीकों पर बुनियादी असर डाल रहे हैं। दबाव केवल विचारों के ही हों यह ज़रूरी नहीं। दो बातों की ओर ख़ासतौर पर ध्यान जाता है : एक तो यह कि विज्ञान और तकनीक, उद्योग, वाणिज्य और बाजारवाद, संचार सूचना और यातायात आदि की सुविधाओं में

असाधारण वृद्धि का सीधा असर हमारे जीवन पर पड़ रहा है : मानो एक विचारहीन उपभोक्तावाद से विचारशीलता को ही पीछे ढकेलता हुआ। दूसरी बात, इस उत्तर उपनिवेशवादी समय में 'जातीय' पहचान अस्मिता और राष्ट्रीयता आदि का सवाल कुछ इस तरह उठा या उठाया जा रहा है कि परम्परा की अपेक्षा हमारा ध्यान हमारे सुदूर अतीत और इतिहास की व्याख्या पर ज़्यादा केन्द्रित हो रहा है। इससे परम्परा का वह अर्थ नष्ट होता है जिसमें विभिन्नताओं के बावजूद हमें आपस में जोड़े रहने की शक्ति है। परम्परा एक सतत गतिशील अवधारणा है, उसके प्रवाह को हम उलटा लौटाकर कहीं दूर अतीत में नहीं ले जा सकते।

क्या, आलोचना का रचनाकार और समाज पर सकारात्मक प्रभाव पड़ता है? किसी भी देश के सांस्कृतिक विकास में आलोचक और आलोचना की क्या भूमिका होती है?

किसी भी क्षेत्र में उत्कृष्ट और सन्तुलित आलोचना का सकारात्मक प्रभाव पड़ता है। उत्कृष्ट से मेरा मतलब ऐसी आलोचना से है जिसमें भरोसेमन्द जानकारियाँ, तर्क की ईमानदारी और उच्चतम जीवन मूल्यों के प्रति आदर हो। आलोचना यदि हठधर्मी, पक्षपाती, एकतरफा और अधकचरी है तो वह या तो उपेक्षित रह जाएगी, या फिर उसका नकारात्मक असर भी पड़ सकता है। अच्छी आलोचना न केवल एक रचना के बारे में हमारे सोच समझ को विस्तृत करती है बल्कि रचना के माध्यम से हमारी जीवन को भी। अच्छी आलोचना का काम केवल अपनी स्थापनाएँ घोषित करना नहीं होता, हमें इस योग्य बनाना भी होता है कि हम ख़ुद भी अच्छे बुरे के बीच सही फ़र्क कर सकें। बहुत से ऐसे शब्द और पद होते हैं जिनके रूढ़ अर्थों को हम सन्देह से परे मान चुके होते हैं। उनको लेकर हमारे अन्दर नए सवाल उठते ही नहीं। श्रेष्ठ आलोचना जहाँ हमें इस तरह की रूढ़ियों के विरुद्ध निडर सवाल उठाने के लिए प्रेरित करती है वहीं इस ओर भी सावधान रहती है कि अपनी मान्यताओं को लेकर भी वह इस तरह के रूढ़िवादी चिन्तन प्रवृत्तियों की नई लीक न बनने दे। खुलापन और उदारता आलोचना की संस्कृति का सबसे महत्त्वपूर्ण गुण है।

कहा जाता है, रचना की तुलना में आलोचना का काम द्वितीयक है। क्या यह सही है? अगर नहीं तो, रचना और आलोचना में समानता का आधार क्या है?

आलोचना के केन्द्र में रचना होती है। रचना के केन्द्र में जीवन होता है। इस तरह दोनों का काम अलग-अलग है, फिर भी दोनों के बीच जीवन का एक व्यापक सन्दर्भ तो रहता ही जिससे उनके सरोकारों की एक बड़ी बिरादरी बनती है। मेरी समझ में उनकी जगहों को यदि दरबारी ढंग से ऊपर-नीचे न रखकर अगल-बगल रखा जाए तो हम उनके कामों को एक-दूसरे की अपेक्षा भी और एक दूसरे के बावजूद

भी, बेहतर समझ सकेंगे। दूसरी बात जिस तरह एक बड़ी रचना जीवन पर आधारित भी हो सकती है और उसकी आलोचना भी, उसी तरह एक श्रेष्ठ आलोचना भी रचना सापेक्ष होते हुए भी उस जीवन पर भी अलग विचार हो सकती है जिसे आलोच्य रचना प्रस्तुत करती है। इस तरह रचना-जीवन-आलोचना के बीच एक त्रिकोणात्मक सम्बन्ध बनता है। 'रचना' के अर्थ को यदि बहुत व्यापक करके देखें तो ज़रूर कह सकते हैं कि आलोचना भी एक ख़ास तरह की रचना ही है लेकिन इस तरह का सामान्यीकरण मुझे ज़रूरी नहीं लगता। दोनों काम अलग-अलग है यह मानकर चलने में दोनों की विशिष्टता बनी रहती है।

एक रचनाकार और आलोचक द्वारा की गई आलोचना में मुख्य फ़र्क क्या होता है?

रचनाकार की आलोचना उसकी रचना-प्रक्रिया की भीतरी ज़रूरतों और अनुभवों से निकलती हैं। आलोचक द्वारा की गई आलोचना साहित्य के शास्त्र, इतिहास, सिद्धान्तों, विचारधाराओं आदि को अपना आधार बनाती है। साहित्य के विकास में दोनों ज़रूरी हैं। लेकिन मौलिक रचनात्मक प्रतिभाएँ अक्सर स्वयत्तताधर्मी रही हैं। वे स्थापित पद्धतियों को तोड़कर भी आगे बढ़ती रही हैं और ज़रूरी हो तो शास्त्रीय आलोचना के नियमों के ख़िलाफ़ भी। आधुनिकतावाद के साथ हम रचनात्मक और आलोचनात्मक दृष्टियों में इस तरह के द्वन्द्वात्मक रिश्ते को आसानी से पहचान सकते हैं। एक बड़ा रचनाकार अपने समय से आगे सोचता और देखता है, इसलिए आलोचना के बने बनाए पिछले नियम अक्सर उसके लिए दिक्कतें पैदा करते हैं। रचनात्मकता की माँग के आगे उन्हें तोड़ना भी पड़ सकता है। अगर वह सचमुच कोई महान रचना दे पाता है तो आलोचना को उसके अनुरूप अपने नियमों को बदलना भी पड़ सकता है। कुछ-कुछ भाषा की गति की तरह है रचनाक्रम का विकास भी। भाषा पहले व्यवहार में बनती है फिर उसका व्याकरण बनता है। लेकिन यदि व्याकरण के अनुसार ही भाषा को बरतने की जिद हो तो भाषा का विकास रुक जाएगा। रचनात्मक ऊर्जा भी जैविक ऊर्जा का ही एक रूपान्तरण है। यह रूपान्तरण कभी-कभी बिलकुल अप्रत्याशित और अनोखा रास्ता अपना सकता है। हम इस तथ्य का बारीक अध्ययन तो कर सकते हैं जैसा कि आलोचना करती है—लेकिन इस अध्ययन से निकले निष्कर्षों को आधार बनाकर तो रचना प्रक्रिया को न निर्देशित कर सकते हैं न ही उनको लागू करके मनचाही रचना का निर्माण ही कर सकते हैं।

आपकी दृष्टि में समकालीन लेखन की बुनियादी पहचान क्या हो सकती है?

बहुत कुछ तो वह 'समकालीन' शब्द में ही ध्वनित है कि वह मूलतः अपने समय से जुड़ा हुआ लेखन हो। लेखक का जन्म किसी भी स्थान, देश या भाषा में

हो सकता है, लेकिन अपनी पहुँच में उसका लेखन अपने समय की महत्त्वपूर्ण जानकारियों और विचारों से अवगत होता है। इस अर्थ में वह स्थानीय भी होता है और सार्वभौमिक भी। इस समय दुनिया में जो लिखा-पढ़ा और सोचा जा रहा है उसके प्रति परहेजी रवैया नहीं होना चाहिए। उसे आत्मशिक्षा और आत्म-संस्कृति का ज़रूरी हिस्सा माना जाना चाहिए। समकालीन लेखन का एक दूसरा पहलू भी है कि उस पर आज किस तरह के स्थानीय और बाहरी यथार्थ का दबाव पड़ रहा है। किताबों का नया बाजार और मीडिया समकालीन लेखन पर किस तरह का प्रभाव डाल रहे हैं। भारतीय मूल के अनेक ऐसे लेखक हैं जो अंग्रेज़ी में लिख रहे हैं और इन दिनों चर्चा के केन्द्र में हैं। विश्व साहित्य का एक ख़ासा बड़ा हिस्सा अंग्रेज़ी अनुवादों के जरिए साहित्य जगत में अपनी सशक्त उपस्थिति दर्ज करा रहा है। अनेक छोटी भाषाओं के बड़े लेखक अपने ही देश में तब जाने पहचाने गए जब उनका लेखन अंग्रेज़ी अनुवादों के द्वारा दुनिया के सामने आया। तो क्या इस तथ्य का समकालीन लेखन पर कोई गुणात्मक असर पड़ रहा है? इसका उत्तर विस्तृत विवेचन माँगता है जो यहाँ सम्भव नहीं, लेकिन यह ज़रूर लगता है कि अब समकालीन लेखन की जो पहचान बन रही है वह केवल पाश्चात्य देशों का मामला नहीं है। उसमें तीसरी दुनिया से आ रहे लेखन की सक्रिय हिस्सेदारी है, चाहे वह अंग्रेज़ी अनुवादों द्वारा आ रहा हो, चाहे सीधे अंग्रेज़ी में लिखा जा रहा हो। कविता की स्थिति गद्य लेखन से भिन्न है। उसकी जड़ें एक भाषा-विशेष की प्रकृति, इतिहास, संस्कृति, मुहावरों आदि में गहरी प्रविष्ट होती हैं। इसीलिए किसी अन्य भाषा में उनका स्थानान्तरण बहुत मुश्किल होता है लेकिन सर्वथा असम्भव नहीं होता। अच्छे काव्यानुवादों की भी एक सुदृढ़ परम्परा है और इधर दुनिया की तमाम श्रेष्ठ कविताओं ने उत्कृष्ट अनुवादों द्वारा ही विश्व साहित्य में अपनी जगह बनाई है। मुझे विश्वास है कि इस ओर यदि पूरा ध्यान दिया जाए तो भारतीय और हिन्दी कविता की भी एक विश्व-स्तरीय छवि उभरेगी।

रचना के कथ्य और शिल्प में आप किसे प्रमुख मानते हैं? और क्यों?

यह एक थकी हुई पुरानी बहस है। संस्कृत काव्यशास्त्र में 'शब्द' और 'अर्थ' की प्रमुखता को लेकर यह बहस सदियों चली जिसे 17वीं सदी में दोनों के महत्त्व को सहयोगी ठहराकर पंडितराज जगन्नाथ ने एक निष्कर्ष तक पहुँचाया। बीसवीं सदी में मार्क्सवाद को लेकर उसी तरह की बहस 'कथ्य' और 'रूप' को लेकर उठी और अब भी जारी है। स्वयं मार्क्स का मानना था कि 'कथ्य रूप का ही स्वरूप होता है।' यानी दोनों अविभाज्य होते हैं। (फॉर्म इज द फॉर्म ऑफ इट्स कन्टेन्ट) चलिए, इसे ही ठीक मान लें और इस बहस को जारी रख फिर सदियाँ बरबाद न करें।

क्या, आप रामचन्द्र शुक्ल को आलोचना के सिद्धान्तों और मूल्यांकन के मानदंडों के प्रवर्तक/जनक मानते हैं या यह कार्य किसी दूसरे आलोचक ने किया है? आचार्य रामचन्द्र शुक्ल की आलोचना पद्धति क्या आज भी प्रासंगिक है? क्या, आप मानते हैं कि, रामचन्द्र शुक्ल के बाद आलोचना का विकास होता जा रहा है। वह किस रूप में हुआ है? उसे आगे बढ़ाने में किन-किन का योगदान आपकी दृष्टि से रेखांकित करने योग्य है?

शुक्ल जी ने हिन्दी में शास्त्रीय आलोचना और साहित्य के इतिहास लेखन का एक नया कीर्तिमान स्थापित किया। साहित्य के विकासक्रम में उसका एक बड़ा योगदान है, लेकिन उसे पहला या अन्तिम मानना ठीक नहीं। उनकी आलोचना दृष्टि का सबसे प्रासंगिक पक्ष है—एक ओर तो संस्कृत काव्यशास्त्र पर उनकी पक्की पकड़, दूसरी ओर पाश्चात्य समीक्षा सिद्धान्तों पर भी एक सतर्क दृष्टि। उनके बाद हिन्दी साहित्य और समीक्षा दोनों ही आगे बढ़े हैं—और अनेक दिशाओं में। 'छायावाद' को लेकर शुक्लजी की दृष्टि कम उदार रही है। 'छायावाद' एक बड़ा काव्य आन्दोलन था, उस पर निराला और प्रसाद जैसे कवियों ने जो विचार प्रकट किए हैं वे आज ज़्यादा महत्त्व रखते हैं। बाद की आलोचना को हिन्दी में ही नहीं विश्व साहित्य में भी हम दो प्रमुख धाराओं या उनकी उपधाराओं में विभाजित होते देखते हैं—आधुनिकतावादी और मार्क्सवादी। उनके पीछे मार्क्स, फ्रायड, युंग, डारविन, आइंस्टाइन आदि के विचारों का कभी स्पष्ट, कभी मिला-जुला प्रभाव रहा है। आधुनिकता हो चाहे मार्क्सवाद उनकी वैश्विक उपस्थिति ने न केवल हिन्दी बल्कि अनेक देशों के साहित्य-चिन्तन पर गहरा असर डाला है। ''न्यू क्रिटिसिज्म'', संरचनावाद, विखंडनवाद, उत्तर आधुनिकतावाद वगैरह में हम भाषा और मीडिया सम्बन्धी तमाम ऐसी चिन्ताओं को साहित्य में आते देखते हैं जो किसी भी साहित्य के लिए आज प्राथमिक महत्त्व रखती हैं। समीक्षा का यह ज़्यादा बड़ा और जटिलतर परिप्रेक्ष्य आज एक नई चुनौती भी है और अवसर भी।

अपने समकालीन आलोचकों से आप किस सीमा तक प्रभावित हैं। आलोचना के क्षेत्र में अपना सहयात्री आप किन आलोचकों को मानते हैं?

जीवन के साथ खुला, उदार और मैत्रीपूर्ण सम्बन्ध बनाना मेरे स्वभाव के अनुकूल पड़ता है। अपने लेखन में भी और दूसरों के लेखन में भी, इस बात पर ख़ास ध्यान रहता है कि साहित्य मूलतः एक सांस्कृतिक चेष्टा है, फौजी कार्रवाई नहीं। इस आग्रह की नैतिक शक्ति हमारी भाषा में भी प्रकट होनी चाहिए और हमारी जीवन दृष्टियों में भी। रोष का प्रदर्शन शक्ति की नहीं असंयम की निशानी है। अच्छी आलोचना अपनी बात को ईमानदारी, दृढ़ता और सलीके से कहती है। इन गुणों को

मैंने पसन्द किया है। आलोचना का एक विस्तृत परिदृश्य बनता है जिसमें देशी और विदेशी दोनों समीक्षक शामिल हैं। कुछेक का ही नाम लेना इस परिदृश्य को संकुचित करना भी हो सकता है। दूसरे, यह परिदृश्य समय के साथ तेजी से बदलता रहा है। स्वभावतः मैंने ऐसी आलोचना को पसन्द किया है जो इस बदलाव को लेकर जागरूक रही है। आलोचना में ठहराव की स्थिति रचनात्मकता के लिए किसी हद तक नकारात्मक माहौल बनाती है।

आप प्रगतिशील विचारधारा के साथ-साथ सौन्दर्यपरक मूल्यों और उदारता उदात्तता से युक्त रचना को अधिक महत्त्वपूर्ण मानते हैं या वैसी रचना को जो प्रगतिशील विचारधारा से न होते हुए भी सौन्दर्यपरक मूल्यों, उदात्तता और यथार्थ को रेखांकित करने वाली होती है?

आपके सवाल को जरा कम घुमा-फिरा कर रखना ज़रूरी लगता है। आप शायद प्रगतिशील विचारों और कुछ जाने-माने साहित्यिक गुणों के बीच कोई अनिवार्य द्वन्द्व या विरोध देख रहे हैं। प्रगतिशील दृष्टिकोण या विचारकोण से भी जीवन और साहित्य के रिश्तों को देखा जा सकता है, लेकिन यदि उसी दृष्टि से देखने का आग्रह हो तो वह जीवन और साहित्य दोनों की प्रगति में बाधक हो सकता है। इस विरोधाभास पर भी नज़र रखनी चाहिए कि 'प्रगति' के नाम पर भी 'अप्रगतिशील' मानसिकता का पोषण सम्भव है।

नए आलोचकों में आपको जिन आलोचकों में कुछ सम्भावनाएँ नज़र आती हैं, उनके बारे में कुछ बताइए।

एक बात मन में आती है कि इस समय किसी बड़ी विचारधारा का सीधा दबाव आलोचना पर उस तरह नहीं पड़ रहा है जैसा अभी दो दशक पहले तक पड़ रहा था। बड़े विचारों का प्रभाव छनकर हमारी साहित्यिक-चेतना से विचार-बैंक में जमा हो गया है जिसका सूद हमें मिल रहा है। यह एक अच्छा मौका है कि नई आलोचना की आज रचे जा रहे साहित्य से सीधी और संवेदनशील संवाद की स्थिति बने न कि टकराहट की। बड़े-बड़े विचारों और विचारधाराओं की मार्फत तो काफी बातचीत हो चुकी है। समीक्षा यह जानने की कोशिश करे कि इस समय महत्त्वपूर्ण जो लिखा जा रहा है वह किस तरह अपने चारों तरफ के यथार्थ को देख और सोच रहा है। आलोचना उसमें किस तरह का सकारात्मक हस्तक्षेपी दायित्व निभा सकती है। अपनी बात को रचना से ऊपर रखकर नहीं, रचना की बात को धीरज से सोचते समझते हुए। आज हम जीवन के लगभग हर पक्ष को राजनीति की भाषा में सोचने के आदी हो गए हैं जबकि ज़रूरत है कि साहित्य और विचारशीलता की ज़मीन को और विस्तृत और पक्का किया जाए ताकि राजनीति पर भी उसका एक कारगर नैतिक और

मानवीय प्रभाव पड़े। नई आलोचना में यह फ़र्क अब साफ नज़र आता है कि वह अधिक उदार और समावेशी हुई है।

पुरस्कारों का रचनाकारों और आलोचकों पर क्या प्रभाव पड़ता है?

आमतौर पर पुरस्कारों की राशि इतनी बड़ी नहीं होती कि रचनाकारों या आलोचकों के निर्णयों पर दूर तक असर डाल सके। मुख्य बात है एक विशिष्ट कृति के रूप में उसका मान्यता पाना। इस मान्यता से साहित्य को बढ़ावा मिल सकता है, बशर्ते कि पुरस्कार की ख़ुद की एक प्रतिष्ठा हो। उसके निर्णायकों में ऐसे लोग हों जिनकी योग्यता, ईमानदारी, सोच समझ और न्याय बुद्धि सन्देह से परे हो। इस मायने में 'भारत भूषण अग्रवाल पुरस्कार', 'देवीशंकर अवस्थी' जैसे पुरस्कारों ने अपनी एक ख़ास जगह बनाई है। इसके बरअक्स बड़े पुरस्कारों के पीछे अक्सर जो खींचतान और राजनीति रहती है उससे चिन्ता भी होती है। लेकिन साहित्य की दुनिया पुरस्कारों की दुनिया से कहीं ज़्यादा बड़ी है। यह सच्चाई आश्वस्त करती है कि नोबेल जैसे पुरस्कारों को भी देने में अगर चूकें हुई तो उससे साहित्य के फैसलों पर कोई ख़ास फ़र्क नहीं पड़ा है।

रचना और आलोचना के क्षेत्र में सकारात्मक भूमिका अदा करने में लघु-पत्रिकाओं की भूमिका आप किस रूप में मानते हैं? कौन-सी लघु पत्रिकाओं ने इस दिशा में बेहतर काम किया है?

पत्रिकाओं का जीवन बहुत लम्बा नहीं होता। लघु पत्रिकाओं का जीवन तो और भी लघु होता है। वे बहुधा एक सीमित उद्देश्य को लेकर निकलती हैं—उस उद्देश्य की पूर्ति तक ही उनकी सार्थकता रहती है। उद्देश्य पूरा न भी हो तो भी वे अपना सन्देश तो दे ही जाती है। साहित्यिक गतिविधियों को सक्रिय रखने में उनकी ऐतिहासिक भूमिका होती है। उनमें हम समय की माँगों को, एक समय विशेष की साहित्यिक हलचलों को, ज़्यादा नजदीक से महसूस कर करते हैं। उनका दीर्घायु होना बड़ी बात नहीं है। 'सरस्वती' जैसी पत्रिका के बाल और युवाकाल को ही हम महत्त्वपूर्ण पाते हैं। उसका लम्बा बुढ़ापा साहित्य पर कोई ख़ास प्रभाव नहीं डाल सका। कुछ पत्रिकाओं का पुनर्जन्म होता है, जैसे प्रेमचन्द का 'हंस' और फिर बाद में राजेन्द्र यादव का 'हंस' लेकिन दोनों में हम उस बुनियादी अन्तर को आसानी से पहचान सकते हैं जो प्रेमचन्द और उनके समय तथा राजेन्द्र यादव और उनके समय के बीच है। एक ही नाम की वे दोनों नितान्त भिन्न प्रकार की पत्रिकाएँ हैं। इसी तरह अज्ञेय का 'प्रतीक' और बाद में 'नया प्रतीक' एक ही सम्पादक के बावजूद दो भिन्न प्रकार की पत्रिकाएँ थीं। 'नया प्रतीक' के सम्पादक मंडल में मैं और फणीश्वरनाथ रेणु भी थे, और हम दोनों ही इस बात को महसूस कर रहे थे कि 'नया

प्रतीक' शायद समय की माँग को सही तरह पूरा नहीं कर पा रहा था। इसी तरह 'युगचेतना' जिसके साथ मैं लम्बे अरसे तक जुड़ा रहा, जब डॉ. देवराज के अकेले सम्पादन में पुनः निकली तो अप्रभावी रही। 'आलोचना' यद्यपि लघु पत्रिकाओं की श्रेणी में नहीं आती, उसके कई अवतारों की कथा दिलचस्प है जो आलोचना के बदलते मिजाज़ का अच्छा-ख़ासा आईना है। अल्पकालिक पत्रिकाओं में हम 'नयापथ', 'कृति' (श्रीकान्त वर्मा और नरेश मेहता), 'वसुधा' (हरिशंकर परसाई) तथा 'पहचान' (अशोक वाजपेयी) को ख़ासतौर पर याद कर सकते हैं जिन्होंने न केवल नए रचे जा रहे साहित्य को प्रस्तुत करने में बल्कि उसके अनुकूल एक आलोचनात्मक माहौल बनाने में महत्त्वपूर्ण भूमिका निभाई। आजकल हिन्दी में इतनी पत्रिकाएँ निकल रही हैं जितनी शायद पहले कभी नहीं निकली होंगी। आसान छापा-तकनीक, कम्प्यूटर की सुविधाएँ और विज्ञापन व्यवसाय का इस विपुल पत्रिका-उत्पादन में प्रमुख हाथ है। कुटीर-उद्योग की तरह ढेरों पत्रिकाएँ छप रही हैं और ज़्यादातर पत्रिकाएँ एक ही तरह की लगती हैं। पत्रिकाओं की इस बहुलता के बावजूद काफी कुछ नया लेखन अखबारों और उनके रविवारीय पत्रिका परिशिष्टों द्वारा आ रहा है। सहज उत्सुकता होती है कि उच्च कोटि का साहित्य क्या इतना लिखा जा रहा है जो मीडिया की प्रतिदिन बढ़ती माँग को पूरा कर सके? या बहुत कुछ ऐसा लिखा जा रहा है जो गम्भीर साहित्य की अपेक्षा पत्रकारिता की ओर ज़्यादा खिसकता जा रहा है? लघु पत्रिकाओं में काफी कुछ भरती का साहित्य छप रहा है। गम्भीर साहित्य जितना अध्ययन, समय और चिन्तन माँगता है क्या मीडिया के पास उतना समय और 'स्थान' है? आपके प्रश्नों का उत्तर देते समय मेरा ध्यान इस ओर भी जाता है कि इस समय 'बातचीत' (इंटरव्यूज) और पत्रिकाओं तथा अखबारों में सीमित 'जगह' को देखते हुए छोटे और चलताऊ किस्म की पुस्तक-समीक्षाओं की जो माँग बढ़ी है उससे साहित्य के विज्ञापनी ढंग के प्रचार-प्रसार में भले ही कुछ मदद मिली हो पर साहित्य के गुणात्मक पक्ष पर उसका कितना सकारात्मक असर पड़ रहा है इस पर ठीक से सोच-विचार की ज़रूरत है। कहीं ऐसा तो नहीं कि श्रेष्ठ लेखन का एक बहुत बड़ा हिस्सा इसीलिए उपेक्षित रह जाता हो क्योंकि हर पत्रिका-अखबार हर पुस्तक को एक सीमित जगह और सीमित समय में निबटा देने की जल्दी में है। लघु पत्रिकाओं पर आज एक बिलकुल दूसरे तरह की ज़िम्मेदारी भी है—श्रेष्ठ साहित्य की उस गरिमा और विशिष्टता पर नज़र रखना जो आज व्यावसायिक मीडिया तन्त्र द्वारा बनाई जा रही मनोरंजन प्रधान लोकरुचि के चपेट में है। फिर भी इस समय अनेक बहुत अच्छी पत्रिकाएँ भी निकल रही हैं जो साहित्य के प्रति अपने इस गम्भीर दायित्व को लेकर सचेत हैं। सब के नाम गिनाना तो यहाँ सम्भव न होगा, पर उनके माध्यम से स्तरीय लेखन सामने आ रहा है।

प्रगतिशील लेखक संघ, जनवादी लेखक संघ और जनसंस्कृति मंच सहित दूसरे साहित्यिक संगठन एक-दूसरे पर अक्सर आरोप प्रत्यारोप लगाते रहते हैं, इससे प्रगतिशील आन्दोलन को नुकसान हो रहा है। आपके विचार से यह विभाजन समाप्त कर इन्हें एकता के सूत्र में साथ-साथ कैसे आगे बढ़ाया जा सकता है?

साहित्य संगठनों, दलों आदि में विशेष रुचि कभी नहीं रही। धीरे-धीरे उनमें साहित्य की अपेक्षा उनकी राजनीतियाँ अधिक मुखर हो जाती हैं। मुझे बड़े विचारों ने अधिक आकृष्ट किया है—साहित्यिक दृष्टि से भी और अपने आप में भी, जिनमें मेरे साहित्य सोच और जीवनदृष्टि को विस्तार और गहराई मिली।

नई पीढ़ी के रचनाकारों के विषय में आपकी क्या राय है? कुछ सम्भावनाशील रचनाकारों के नाम और काम पर अपने विचार बताइए।

इस समय अच्छा जो भी लिखा जा रहा है उस पर सतर्क दृष्टि रखनी चाहिए। उसे पीढ़ियों में बाँटकर देखना सिफारिशी ढंग से साहित्याकलन को प्रोत्साहित कर सकता है। अगर इतर कारणों से हम साहित्याकलन के मानदंडों में गिरावट आने देंगे तो साहित्य पर इसका बहुत हितकर असर नहीं पड़ेगा। सम्भावनाशील रचनाओं और रचनाकारों का अच्छे और ज़िम्मेदार संकलनों द्वारा समय-समय पर सामने लाया जाना बहुत ज़रूरी है। नए संचयनों और संकलनों पर विशेष ध्यान देने का मतलब है नए लेखन को सही ढंग से पेश करना।

हिन्दी रचना और आलोचना की विश्व साहित्य में क्या स्थिति है?

हिन्दी में भी विश्वस्तरीय साहित्य रचा जा रहा है लेकिन अच्छे अनुवादों ख़ासकर अंग्रेज़ी अनुवादों के अभाव में उसकी वाजिब विश्वस्तरीय पहचान नहीं बन पा रही है। यह एक दुखद स्थिति है कि अपने ही देश में शिक्षितों के बीच हिन्दी भाषा और साहित्य उपेक्षित से हैं। एक बहुत बड़े क्षेत्र में बोली जानेवाली भाषा होने के बावजूद हिन्दी वह आदर नहीं पा रही जो उसका हक है। विदेशों में आज हिन्दी की अपेक्षा उर्दू की स्थिति बेहतर है क्योंकि पाकिस्तान में वह पूरी तरह सम्मानित उनकी अपनी भाषा है। हिन्दी की राष्ट्रीय तो क्या क्षेत्रीय हैसियत ही डांवाडोल है। इस समय भारत में अंग्रेज़ी और हिन्दी दोनों ही भाषाओं में उच्च कोटि का लेखन हो रहा है पर दोनों भाषाओं के बीच एक अजीब सी दूरी और परायापन नज़र आता है। हिन्दी भाषा का अपनी ही धरती पर असम्मानित रहना दूर तक उसके विकास को कुंठित कर रहा है। आज की हिन्दी आलोचना ने अपने स्वतन्त्र कोई नियम कानून (कैनन्स) विकसित नहीं किए हैं। अधिकांश समीक्षा किसी न किसी राजनीति का एजेंडा जान पड़ती है, गोया साहित्य उसके तहत कोई कार्यक्रम हो। उसका विकास, मोटे तौर पर पश्चिमी साहित्यकारों और विचारधाराओं से ज़्यादा प्रभावित रहा—भारतीय काव्यशास्त्र

की सम्पन्न परम्परा से लगभग कटा हुआ। आचार्य हज़ारीप्रसाद द्विवेदी तक तो हम अवश्य उसके जीवन्त स्पर्श को अनुभव कर पाते हैं, लेकिन उसके बाद वह सन्दर्भ या तो बिलकुल औपचारिक या बेजान होकर रहा गया। पाश्चात्य आलोचना ने बहुत यत्न से अपने को अपने प्राचीन और मध्यकालीन क्लासिक्स के अवलोकन और आकलन से जोड़े रखा। प्राचीनों को बराबर जीवन्त चर्चा की परिधि में रखा। प्राचीन यूनानी और लैटिन काव्यशास्त्र की ही तरह भारतीय काव्यशास्त्र भी अत्यन्त समृद्ध है तथा उच्चकोटि के पांडित्यपूर्ण चिन्तन की संसार में एक अद्वितीय मिसाल है। ख़ासकर भाषाविज्ञान और व्याकरण के क्षेत्रों में। इस सच्चाई को हम से अधिक शायद पाश्चात्य विद्वानों ने आत्मसात किया है और इसीलिए उनके शोध कार्यक्रमों में भारत के भी प्राचीन और मध्यकालीन साहित्य चिन्तकों पर अध्ययनों का विशेष स्थान रहता है। इस सदी में भाषा, शब्द, अर्थसम्प्रेषण के माध्यमों आदि पर जो गहरी छानबीन हुई है उसका क्रान्तिकारी असर न केवल साहित्य बल्कि हमारे सोचने-समझने के तरीकों पर भी पड़ा है। मुझे लगता है यह वक्त आलोचना के भी गहरे आत्मालोचन का वक्त है।

भारत भवन द्वारा आयोजित 11 से 13 जनवरी 1987 तक आलोचक पर केन्द्रित 'समवाय' का आयोजन सम्पन्न हुआ। उस पर केन्द्रित 'पूर्वग्रह' (78-79) के विशेषांक पर आपकी क्या राय है?

वह अपने ढंग का एक महत्त्वपूर्ण आयोजन था। समीक्षा पर कई दृष्टियों से आमने-सामने बैठकर बातचीत करना एक दुर्लभ अवसर था। यह खेद की बात है कि इस तरह के और आयोजन नहीं हुए। इस तरह की गोष्ठियाँ यदि समय समय पर होती रहें तो शायद अनेक भ्रान्तियों का निराकरण तत्काल हो सके और आलोचना के नए मुद्दों की ओर ध्यान जाए।

मीडिया की लोकप्रियता और उसके सकारात्मक उपयोग की दिशा में आप क्या सोचते हैं? क्या, दूरदर्शन अपने दायित्व का निर्वाह कर पा रहा है?

साहित्य के सन्दर्भ में दूरदर्शन की, फिलहाल न तो कोई विचारणीय भूमिका है, न ही निकट भविष्य में बनती नज़र आ रही है। उसे विज्ञापन उद्योग और सस्ते मनोरंजन की बहुलता ने बुरी तरह जकड़ लिया है। कलाओं से अधिक वह व्यवसाय तन्त्र का हिस्सा बन गया है। साहित्य का अस्तित्व उसके लिए उतना ही है जितना वह इस उद्योग धन्धे में सहायक हो। हिन्दी भाषा को लेकर दूरदर्शन की नीति विकृत और गैरज़िम्मेदाराना है। फ़र्क साफ नज़र आता है जब हम पाकिस्तान में प्रसारित होनेवाली उर्दू को सुनते हैं। यह ख़ासतौर पर ध्यान देने की बात है कि आज़ादी के बाद से जिस तरह 'आकाशवाणी' की नीतियों से हिन्दी को ही नहीं, अच्छे शास्त्रीय

संगीत को भी ठोस बढ़ावा मिला था उसकी अपेक्षा आज दूरदर्शन की भूमिका लगभग नकारात्मक साबित हो रही है। आज दूरदर्शन आकाशवाणी की अपेक्षा कहीं अधिक लोकप्रिय माध्यम है, इसलिए भी लोकरुचि को बनाने बिगाड़ने में दूरदर्शन का बहुत बड़ा दायित्व है। वह आज व्यवसाय, मनोरंजन और राजनीति को लेकर तो भरपूर मुब्तिला है, लेकिन गम्भीर विचारों, साहित्यों और कलाओं का कोई सार्थक प्रसारण उसके द्वारा लगभग नहीं के बराबर है।

पुस्तकों के मूल्य बहुत अधिक रखे जा रहे हैं, वे पाठक और आम जनता तक कैसे पहुँचाई जा सकती हैं?

यह बात कई बार और कई तरह उठती रही है कि प्रकाशक की रोजगारी व्यवस्था में आज लाइब्रेरियाँ प्रमुख ख़रीददार हैं, पाठक नहीं। पुस्तकों के मूल्य इस प्रकार रखे जाते हैं कि लाइब्रेरियों की ख़रीद से ही किताबों की लागत और लाभ दोनों ही निकल आए। जाहिर है कि यह सौदा पाठक के लिए महँगा पड़ता है। पेपरबैक यानी सस्ते संस्करणों का नम्बर तो तब आता है जब कम-से-कम एक लाइब्रेरी संस्करण हार्डकवर में बिक चुका होता है। लेकिन इससे भी बड़ी समस्या है प्रकाशित हिन्दी पुस्तकों की वितरण व्यवस्था। उन्हें बेचनेवाले पुस्तक केन्द्रों का सर्वथा अभाव है। दिल्ली जैसे शहर में भी, जहाँ अधिकांश बड़े प्रकाशक स्थित हैं, मुश्किल से चार-पाँच केन्द्र होंगे जहाँ हिन्दी की पुस्तकें भी मिल सकें। इन 'केन्द्रों' या 'दुकानों' को अगर आप ढूँढ़ भी लें तो कतई ज़रूरी नहीं कि उनमें आप उस पुस्तक या उन पुस्तकों को भी ढूँढ़ लें जिसे या जिन्हें आप ढूँढ़ रहे हों। हिन्दी के पाठक की समस्याओं को हम भले ही हिन्दी लेखन में खोजते रहें, पर सच बात तो यह है कि हिन्दी पाठक वर्ग की बहुत बड़ी-बड़ी समस्याएँ बिलकुल व्यावहारिक स्तर की हैं। छापा तकनीक में उन्नति से पुस्तक की बाहरी चमक-दमक, माल की पैकिंग में तो अच्छा-ख़ासा फ़र्क आ गया है लेकिन अन्दर हिन्दी भाषा शुद्ध छपे, पुस्तक के अन्त में अक्षर-क्रम से इंडेक्स आदि हों, इस तरह के श्रम और व्यय को लेकर प्रकाशक ज़्यादातर कंजूसी बरतते हैं। इधर भारतीय ज्ञानपीठ ने कीमतों को लेकर ख़ास ध्यान दिया है। हार्डकवर में छपनेवाली पुस्तकों के दाम भी अपेक्षाकृत कम रखे गए हैं। यह कैसे सम्भव हो पा रहा है? ख़रीद-फरोख्त के तन्त्र पर भी जरा और गहराई से गौर किया जाना चाहिए।

अभिव्यक्ति की स्वतन्त्रता और सरकार की नीतियों के सम्बन्ध में आपकी क्या धारणा है?

लोकोक्ति प्रसिद्ध है कि 'कथनी और करनी के बीच की खाई कभी पटती नहीं है।' अभिव्यक्ति की आज़ादी को लेकर घोषित सरकारी नीति जो भी हो लेकिन

व्यवहार में कोई भी सरकार उसे पूरी छूट नहीं दे पाती। अभिव्यक्ति की स्वतन्त्रता ही नहीं संविधान में अनेक ऐसे प्रावधान गिनाए गए हैं जिनका हर नागरिक बराबर का हकदार है लेकिन व्यवहार में वह तन्त्र लचर साबित होता है जो इस हक के फायदे आम नागरिक को दिला सके। अभिव्यक्ति की स्वतन्त्रता का न होना जनता से अधिक अक्सर सरकारों के लिए खतरनाक साबित हुआ है। जनता कब क्या सोच रही है इस ओर से अगर एक सरकार अँधेरे में रहती है तो यह उसके लिए भी घातक सिद्ध हो सकता है। हमारे सामने ऐसी अनेक तानाशाह सरकारों के उदाहरण हैं जिनके पतन में ज़बरदस्ती चुप करा दी गई जनता के रोष का निर्णायक हाथ रहा है। यह अ-सहमति को ज़बरदस्ती चुप करा देने की नीति, अब तानाशाही रवैये की लगभग एक प्रमुख पहचान बन चुकी है।

हिन्दी आलोचना के उत्तरोत्तर विकास के सम्बन्ध में अपने विचार बताते हुए अपने प्रिय आलोचकों के बारे में बताइए।

एक बड़ी रचनात्मक कृति को कई तरह से सोचा जा सकता है। उसे किसी एक ही दृष्टि या कुछेक दृष्टियों से भी सोचा जा सकता है, लेकिन बड़ी समीक्षा, बड़ी रचना की ही तरह अपने साहित्यबोध को खुला और उदात्त रखना पसन्द करती है। पिछले 50-60 वर्षों की हिन्दी समीक्षा पर एक उड़ती नज़र डालें तो कुछ प्रवृत्तियाँ साफ दिखाई देती है। कवि समीक्षकों में अज्ञेय, मुक्तिबोध, शमशेर, विजयदेवनारायण साही, नेमिचन्द्र जैन, धर्मवीर भारती, अशोक वाजपेयी, रघुवीर सहाय, विष्णु खरे, विश्वनाथ प्रसाद तिवारी, रमेशचन्द्र शाह, मलयज, जगदीश गुप्त, अजित कुमार आदि ख़ासतौर पर याद आते हैं। दूसरे वर्ग में शास्त्रीय यानी अकादमिक समीक्षा को महत्त्व देनेवालों में देवीशंकर अवस्थी, निर्मला जैन, मदन सोनी, कृष्णदत्त पालीवाल, नित्यानन्द तिवारी आदि के नाम तत्काल सामने आते हैं। दोनों से अलग मार्क्सवादी समीक्षकों में रामविलास शर्मा, नामवर सिंह, मैनेजर पांडेय, विश्वनाथ त्रिपाठी, नन्दकिशोर नवल आदि की समीक्षाओं पर ख़ास तौर से ध्यान जाता है। उपरोक्त दिए गए नाम ऐसे हैं जो तत्काल मुझे याद आ रहे हैं। यह सूची कतई पूरी नहीं है। नए लोग भी बहुत अच्छी समीक्षा लिख रहे हैं और आज की समीक्षा मुझे पहले से अधिक संश्लिष्ट प्रतीत होती है। सीमित दृष्टिकोण एक बड़ी रचना के मूल्यांकन के लिए काफी नहीं होता। उसे कई तरह से देखने, सोचने और परखने का गहरा धीरज समीक्षा में होना चाहिए। कविता की भीतरी जटिल रचना प्रक्रिया को एक कवि समीक्षक बेहतर समझ पाता है इसीलिए मेरे लिए विभिन्न समीक्षा दृष्टियों का महत्त्व रहा है न कि किसी एक ही दृष्टि का। हिन्दी की सैद्धान्तिक समीक्षा का पक्ष कमजोर है। अगर वह संस्कृत के वृहद काव्यशास्त्र से भी जुड़े तो नई समीक्षा को भी नया वजन दिया जा सकता है। भारतीय काव्यशास्त्र की अपनी पदावली और परम्परा

समृद्ध और पक्की है। नई हिन्दी समीक्षा का सिद्धान्त पक्ष उस परम्परा से भी बहुत कुछ पा सकता है।

समकालीन आलोचना की रचनात्मक चुनौतियाँ क्या हैं?

श्रेष्ठ रचनात्मक लेखन पूरे जीवन से वाबस्तगी का नतीजा होता है। किसी एक ही दृष्टि या विचार का प्रतिनिधित्व नहीं। न उस तरह से उसका विभाजन, विश्लेषण और विवेचन ही पर्याप्त है। कई समीक्षा दृष्टियों को मिला-जुलाकर ही एक बड़ी रचना को उसकी समर्थता में ठीक से समझा जा सकता है। अच्छी समीक्षा, कठिन अध्ययन, अनुसन्धान और मेहनत का फल होती है। पत्र-पत्रिकाओं और अखबारों में रिव्यूज द्वारा जो समीक्षाएँ आ रही हैं, उनमें पुस्तकों के बारे में एक संक्षिप्त जानकारी ज़रूर मिल जाती है—यह भी आवश्यक और प्रशंसनीय काम है—पर यह किसी कृति की गम्भीर और तात्विक विवेचना का विकल्प नहीं हो सकता। पिछले कुछ वर्षों में हिन्दी भाषा और साहित्य का वैश्विक सन्दर्भ तेजी से बदला और विस्तृत हुआ है। भारतीय मूल के अंग्रेज़ी लेखकों ने अपनी एक वैश्विक जगह बनाई है। हिन्दी समीक्षा के लिए यह एक चुनौती भी है और अवसर भी। भूमंडलीकरण का एक अर्थ बाजारवाद और बढ़ते उपभोक्तावाद की विकृतियाँ हैं। साहित्य के लिए यह एक अत्यन्त संवेदनशील समय भी है। हिन्दी साहित्य की एक विश्वस्तरीय छवि प्रक्षिप्त करने में समीक्षा एक बहुत महत्त्वपूर्ण भूमिका निभा सकती है। भारतीय साहित्य और संस्कृति ज़्यादा बड़ी दुनिया में प्रवेश कर रही है, किन्तु अच्छे अनुवादों के अभाव में उत्कृष्ट भारतीय साहित्य देश के बाहर नहीं पहुँच पा रहा है। वर्तमान हिन्दी समीक्षा का सिद्धान्त पक्ष कमजोर है, जबकि पाश्चात्य समीक्षा (और प्राचीन संस्कृत समीक्षा का भी) चिन्तन पक्ष गम्भीर, अध्ययनशील और अनुसन्धान परक रहा है। आज ऐसी विचार सम्पन्न समीक्षा कम ही पढ़ने को मिलती है, जिसमें एक समर्पित अध्येता का पैशन नज़र आए। भारतीय समीक्षात्मक जानकारियों को लेकर एक संश्लिष्ट दृष्टि बने, यह ज़रूरी लगता है। तभी समीक्षा का अर्थ एक नई रचनात्मक ऊर्जा पा सकेगा, जो रचनात्मक साहित्य के लिए भी उत्प्रेरक हो सकता है। एक कबीर, निराला, प्रेमचन्द, मुक्तिबोध, अज्ञेय या शमशेर का साहित्य जगत जीवन की ही तरह जटिल और विविध है। उसी क्रम में ही उसे स्वीकार करते हुए लिखी गई संवेदनशील समीक्षा हमें न केवल कृति और साहित्य के बारे में बल्कि जीवन के बारे में भी नई समझें दे सकती है। यह एक बड़ा काम है, जिसके लिए हम समीक्षा की ओर देखते हैं।

(2008)

स्मृतियों का भी अपना एक अस्तित्व होता है

सीमा भारती

नई कविता आन्दोलन को आगे बढ़ने का कार्य आपने बखूबी निभाया। आप अपने दौर को किस तरह के बदलावों वाला पाते हैं?

'दौर' से आपका मतलब शायद पिछले 50-60 वर्षों से है। आज़ादी के बाद के भारत को सोचता हूँ तो लगता है कि बदलाव से अधिक 'बदलावों' की तेज़ रफ़्तार ने हमारे जीवन में एक ख़ास तरह का अधीरज, अनिश्चितता और व्यग्रता भर दी है। जैसे हर कोई छूटती ट्रेन पकड़ने की हड़बड़ी में हो। उपभोक्तावादी प्रवृत्तियाँ बढ़ी हैं। आत्मिक जीवन शिथिल हुआ है। व्यावसायिक और स्थूल ढंग के सोच-विचार का गहरा असर हमारे चाल-चलन और आपसी सम्बन्धों पर पड़ा है। निजी स्वार्थ को प्रमुख रखकर सोचने के लगभग हिंसक तरीक़े ने सामाजिक जीवन के नैतिक विवेक को आहत किया है। प्रगति की अन्धी मशीनी दौड़ ने न केवल पर्यावरण को बल्कि उस पर निर्भर समस्त जीव-जगत के अस्तित्व को ख़तरे में डाल दिया है।

प्रचार-प्रसार के साधनों और माध्यमों का, तथा यातायात में विकास मुझे इस बदलाव का सबसे आशाप्रद पक्ष लगता है—यानी दुनिया में कहीं भी हो रहे अन्याय और अत्याचार के विरोध का सबसे सशक्त हथियार।

आपने अपनी नचिकेता कृति में मृत्यु सम्बन्धी विचार दिए हैं। सुना है जीवन विषय पर भी आपकी कोई नई कृति आनेवाली है?

'वाजश्रवा के बहाने' प्रेस में है। अलग तरह की रचना है। उसे 'आत्मजयी' से जोड़कर भी पढ़ा जा सकता है, और अलग से भी। जीवन को कई तरह सोचा और जिया जा सकता है।

वाजश्रवा जीवन को मुख्यतः पिता-पुत्र के सम्बन्धों के परिप्रेक्ष्य में सोचता है। अनुभवों को कई तरह याद किया जा सकता है। स्मृतियों का भी अपना एक अस्तित्व होता है, अच्छा बुरा, यथार्थ की ही तरह का। 'अब' और 'तब', 'मौजूद' और 'नामौजूद' के बीच की ख़ाली जगहों में दूर तक फैला हुआ। वह भी हमारे जीवन को प्रभावित करता रहता है। उससे हम जीवन-सहायक संकेतों को भी पा सकते हैं।

आपके लेखन ने हमें आलोचना एवं कहानी जैसी साहित्यिक विधाएँ भी सौंपी हैं। फिर कविता पर आपका संकेन्द्रण इतना ज़्यादा कैसे हुआ?

इसका कोई बहुत तर्कसंगत उत्तर देना मुश्किल है। कविता के प्रति शुरू से ही मेरा झुकाव अधिक रहा। स्वभावतः अन्य प्रकार के लेखन के पीछे मेरे अध्ययन तथा विभिन्न कलाओं के प्रति गहरी रुचि रही है। जीवनानुभवों की ही तरह साहित्यों और कलाओं का भी एक विस्तृत संसार बनता है जिसे हम जीते और सोचते हैं।

आत्मद्वन्द्व और व्यथा का जितना आभास आपकी कविताओं में है, अन्यत्र कम ही दिखता है। इस विशेष भावबोध का आधार क्या है?

कविता का आत्मिक जीवन, उसकी संवेदनशीलता और अनुभूतियों की ज़मीन उसके प्रत्यक्ष और भौतिक जीवन से कहीं ज़्यादा बड़ी होती है। उसमें सिर्फ़ अपनी ही नहीं, 'पराई पीर' के लिए भी बेहद जगह होती है जो कवि की स्वानुभूति की ही तरह व्यक्त होती है। जीवन में संत्रास और हिंसा है, उसे किसी एक के दर्द में सरलीकृत न करके बृहत्तर परिप्रेक्ष्य में रखकर देखना चाहिए।

आपने पिछले पाँच दशकों में कवि-कर्म को निभाया है, आप किन कवियों में अपनी उत्तरजीविता तलाशते हैं?

अच्छी कविता आकृष्ट करती रही है। अच्छे की 'पहचान' बहुत मुश्किल नहीं है : हाँ, उसे 'परिभाषित' करना ज़रूर कुछ मुश्किल है। शायद, उसे 'परिभाषाओं' से नहीं 'उदाहरणों' से परिलक्षित करना अधिक विश्वसनीय हो। उससे संकेत लिए जा सकते हैं जो प्रमाणित रूप से श्रेष्ठ माना जा चुका है। आज के लेखन से भी, और पहले के लेखन से भी, मेरे सम्बन्ध बदलते रहे हैं। यह मेरे अपने रचनात्मक सोच को सक्रिय और सजीव रखता है। मेरा मानना है कि बड़े लेखन के साथ संवाद की स्थिति अधिक विचारोत्तेजक होती है : अनुसरण में ठहराव-सा है। बड़ी रचनाओं का सान्निध्य, मानसिक रूप से, हमें इस बात के लिए तैयार करता है कि जीवन को भी कई तरह पढ़ा और समझा जा सकता है। अपने साथी कवियों और लेखकों के साथ खुलकर बातें और बहसें होती थीं : उसका मेरे साहित्यिक चिन्तन पर ख़ासा असर रहा है। मेरे कई घनिष्ठ मित्र ग़ैर-साहित्यिक क्षेत्रों के विशेषज्ञ रहे हैं : उनसे बातचीत ने मेरे साहित्य-सम्बन्धी विचारों को भी विस्तृत करने में मदद की है।

आपने अनुवाद कार्य भी बहुत किया है। क्या वैश्विक स्तर के अन्य कवियों का कोई प्रभाव आपने अपने लेखन पर महसूस किया है?

प्रभावों को ग्रहण करनेवाली प्रतिभा में अपनी शक्ति होनी चाहिए जो उन्हें अपनी तरह पचा और रूपान्तरित करके एक नया अनुभव बना सके। अनुवाद करना मेरे लिए एक बड़े कवि के रचना-विधान को बारीक़ियों को, नज़दीक से जानने और

समझने का अवसर भी रहा है। इससे अपनी कविता की भाषायी प्रकृति और शिल्पगत सम्भावनाओं पर भी सोचने के विभिन्न तरीक़ों को खोजबीन में मदद मिली है। अक्सर ऐसी भी बहुत-सी सामग्री की ओर ध्यान गया जो आज की कविता में बहुधा उपेक्षित रही—या फिर उसका उपयोग अत्यन्त पारम्परिक ढंग से हुआ। मिथकों और इतिहास का जो समृद्ध अतीत हमारे पास है उस पर अभी भी बहुत काम किया जा सकता है। उनसे आज भी हमारी सामाजिक चेतना घनिष्ठ रूप से जुड़ी हुई है। वे हमारी जीवनदृष्टि, कलाओं, भाषाओं और संस्कृति में दूर तक व्याप्त हैं। उसे उपेक्षित छोड़ देना ग़ैर-ज़िम्मेदारी होगी।

आपकी ज़िन्दगी में साहित्य के अलावा अन्य क्या कुछ है?

वही सब कुछ जो सबकी ज़िन्दगी में होता है—कमोबेश! केवल उस सबको सोचता कुछ ज़्यादा हूँ। इस सोचने से ही सब कुछ में बहुत बड़ा फ़र्क पड़ जाता है—जीने से लेकर कविता लिखने तक।

आप ख़ाली समय किस तरह बिताते हैं?

कोई समय ख़ाली नहीं होता—सोने का समय भी नहीं। कोई सपनों में भी जागता रहता है। वह भी व्यस्तता का समय है—हर समय सोती-जागती अनझिप चेतना...।

अगर आप इस क्षेत्र में न होते तो क्या करते?

कविता और साहित्य में शुरू से ही पूरी तरह वाबिस्ता रहा। यह बहुत बड़ी दुनिया है। इसका अपना देश-परदेश है। अन्य कलाओं का पास-पड़ोस है। यह पर्याप्त लगा।

आपका परिवार आपके सृजन में कितना सहयोगी है?

काफ़ी हद तक। लेकिन कविता लिखने की अपनी ज़रूरतें और मजबूरियाँ होती हैं जिन्हें ख़ुद ही हल करना पड़ता है।

वैसी कोई बात बताएँ जिसने आपके जीवन को एक नई दिशा दी हो?

भारती से विवाह।

आप क्या पाना चाहते थे, और कहाँ तक पा सके?

"चाहने" की तो कोई हद नहीं! वैसे, कविता के जीवन से सन्तुष्ट हूँ।

(2007)

मेरी तलाश सार्थकता की रही

अनुराग वत्स

हिन्दी के वरिष्ठतम कवि कुँवर नारायण ने इस 19 सितम्बर को जीवन के अस्सी वर्ष पूरे किए। कुँवर जी से यह बातचीत अस्सीवें जन्मदिन की पूर्व-संध्या पर चितरंजन पार्क स्थित उनके घर की स्टडी में सम्पन्न हुई। करीब दो घंटे उन्होंने बहुत इत्मिनान और तफसील से बातें कीं। आयु न तो उनकी स्मृति का ही कुछ बिगाड़ सकी है और न उनकी रचनाशीलता में ही कोई शिथिलता आई है। वे अपनी ख्याति के अनुरूप ही संतुलित, अपनी मान्यताओं में दृढ़ और विनम्र मिले।

अस्सी वर्ष का लम्बा जीवन, जो पचास वर्ष के कवि-कर्म से भी समृद्ध हो रहा है...कैसे अनुभव, कैसी स्मृतियाँ और अब भी क्या प्रत्याशाएँ हैं आपकी जीवन से?

जीवन और कविता दोनों में मेरी तलाश सार्थकता की रही। बहुत से अनुभव, अच्छे और बुरे, स्मृतियाँ जो अपनी हैं और दूसरों की भी, उन सबसे जीवन के विस्तार को समझने में मदद मिली। बचपन का परिवेश, बाद में लेखकों-कलाकारों के अलावा पुस्तकों और विभिन्न कलाओं से सीखने-गुनने का एक लम्बा सिलसिला रहा। इन सबके मेल-जोल से ही लिखना सम्भव हुआ। उसमें रुचि और दृष्टि की बहुलता के लिए जगह बनी। साहित्य के अलावा दूसरे ज्ञानानुशासनों से संवाद सम्भव हुआ। अस्सी वर्ष की आयु में जीवन से मेरी प्रत्याशा तो यही है कि मैं बाकी बचे वक्त में भी निर्विघ्न लिखता-पढ़ता रहूँ।

सुनने में आया है कि आपने 'आत्मजयी' का सिक्वल लिखा है, किंचित भिन्न प्रस्थान-बिन्दु से?

आपने सही सुना है। उसका नाम 'वाजश्रवा के बहाने' है। 'आत्मजयी' में नचिकेता के माध्यम से मृत्यु पर विचार किया गया था। इस अगली कड़ी के केन्द्र

में जीवन है। इसमें वैदिक जीवन का जो वस्तुवादी और भौतिक पक्ष है उसे ही मैंने काव्य का आधार बनाया है। वाजश्रवा के मन में आत्मिक ऊहापोह कम है, वैदिक जीवन दृष्टि की लौकिकता प्रमुख है। आज की भौतिकता में भी उसकी एक झलक पहचानी जा सकती है।

मृत्यु के समान जीवन भी अपना महत्त्व रखता है। दोनों में मुझे एक सापेक्षता नज़र आती है। दोनों एक-दूसरे के समानान्तर एक जैसे आवेग और प्रवाह में बहती धाराएँ हैं। 'आत्मजयी' में भी मैंने मृत्यु से शुरू करके जीवन और उसकी सृजनात्मक सम्भावनाओं की ओर ही संकेत किया था।

आपकी कविताओं में परम्परा, इतिहास, नैतिकता और वैचारिकता का एक सर्वथा भिन्न बोध और आग्रह मिलता है जो प्रश्नातीत मानवीय है पर जिसकी पक्षधरता उन्हीं अर्थाशयों में सीमित या रूढ़ नहीं है। वजह?

परम्परा, इतिहास, नैतिकता और वैचारिकता को केवल आर्थिक-राजनीतिक दृष्टिकोण से देखना-समझना हमें उसकी सीमित व्याख्या की ओर ले जाता है और हम समग्रता में मनुष्यता, उसका रुँधा हुआ आत्म, अन्तर्द्वन्द्व, पीड़ा और नैतिक दुविधाओं के बारे में सोचने से वंचित हो जाते हैं। इस तरह हम अपनी ही परम्परा के मूल्यवान सन्दर्भों से अनजान बने रहते हैं। हमारे इतिहास-बोध और विचारों में जड़ता आ जाती है और नैतिकता का प्रश्न बहुधा अनुत्तरित रह जाता है। मनुष्य के पक्ष में इन महत् प्रश्नों को उठाना साहित्य की ज़िम्मेदारी है। इसी ज़िम्मेदार विवेक से मैंने साहित्य के अन्तर्विषयक सन्दर्भों को समग्रता में समझने पर जोर दिया। दृष्टिबहुलता से इनके बीच समग्रता और सन्तुलन दोनों कायम किया जा सकता है।

सन्तुलन शब्द-मात्र से आपकी लिखी आलोचनाओं की याद हो जाती है। इस पर लगभग मतैक्य-सा है कि उसमें एक 'अचूक सन्तुलन' के अलावा एक सधे हुए तर्क-क्रम, आस्वादक और विचारक के लगाव और निर्णय की कठोरता आदि प्रमुख है। अतिरेक की ओर झुकी हुई हिन्दी आलोचना से यह मेल नहीं खाती। कुछ रोशनी इस पर भी...?

अतिरेकों के बीच सन्तुलन कायम रखना ज़रूरी है। सन्तुलन की स्थिति इसलिए भी ज़रूरी है क्योंकि दो ध्रुवान्तों को जाना-समझा तो जा सकता है, लेकिन वहाँ ठहरा नहीं जा सकता। उसके लिए एक सन्तुलन बिन्दु ढूँढ़ना अनिवार्य है। उस सन्तुलन बिन्दु से भी अन्तर्दृष्टिपूर्ण खोजा-पाया जा सकता है। वहाँ से भी विचारोत्तेजना और बौद्धिक ताप को महसूसा जा सकता है। अगर आलोचना को हमें और ज़िम्मेदार तथा विभिन्न ज्ञानानुशासनों को साझीदार

बनाना है तो एक सन्तुलन बिन्दु से समग्र आकलन की ओर बढ़ने का प्रयास जारी रखना होगा।

लेकिन आपने भी एक अरसे से, अपनी लिखी हुई आलोचनाओं को निर्विवाद महत्त्व और आवश्यकता के बावजूद अपने को मुख्यतः कविता पर ही एकाग्र रखा है। आपका बहुत सारा गद्य सिनेमा पर है। अन्य कलाओं पर भी। आपने कहानियाँ भी लिखी हैं जिनकी एक विशिष्ट पहचान है। तो इस बहुविधात्मक रचनाशीलता का क्रमशः एकाग्र होते जाने को हम क्या समझें?

यह ठीक है कि बाद के वर्षों में मेरा लेखन कविता पर एकाग्र होता गया, लेकिन आलोचनाएँ मैंने कम ही सही, लिखीं। उसका एक चयन सामने आया है। औरों को पुस्तकाकार प्रकाशित करने में बहुत संकोच का अनुभव होता है। सिनेमा से मेरा पुराना लगाव रहा है। उसे देखने, समझने और उस पर लिखने के अनेक अवसर आए। संयोगवश वह पाठकों को पसन्द भी आया। शीघ्र ही यतीन्द्र मिश्र के सम्पादन में उसका एक चयन प्रकाशित होगा। जिस बहुविधात्मक रचनाशीलता की आपने बात की उसे मैं अपने लिए बहुत ज़रूरी मानता हूँ क्योंकि सब कुछ कविता या किसी एक विधा में ही कहना सम्भव नहीं है। हमारी पीढ़ी और पहले की पीढ़ियों में भी इसे लेकर एक स्पष्ट रुझान और मूल्यवान रचनाएँ पाई जाती हैं।

उन लेखकों, फ़िल्मकारों या कलाकारों के बारे में कुछ बताइए जिनके सम्पर्क-सान्निध्य और प्रभाव में आपने अपने सृजन को अर्थवान बनाया?

उन नामों को सूचीबद्ध करना मुश्किल है जिनका जीवित सम्पर्क और सान्निध्य मुझे मिला। आरम्भिक दिनों में आचार्य नरेन्द्र देव, आचार्य कृपलानी, डॉक्टर लोहिया सरीखे शिखर-पुरुषों के घर पर आने-जमने की याद है। संगीतकारों से बाद के दिनों में मित्र-लाभ मिला। अमीर खाँ, निसार हुसैन खाँ, मालिनी राजुरकर, पं. जसराज आदि ने जो मेरे अनुग्रह पर तब गाकर रिकार्ड कराया था, वह मेरे लिए अमूल्य धरोहर है। सत्यजीत राय से बड़ा घनिष्ठ सम्बन्ध बना। साहित्य की दुनिया में अज्ञेय, भारती, साही, नेमिचन्द्र जैन, श्रीकांत वर्मा, रघुवीर सहाय, विपिन अग्रवाल, अशोक वाजपेयी आदि से निरन्तर संवाद का मौका मिला। दुलर्भ भेंट नेरुदा और नाज़िम हिकमत से रही। लेखकों में मुझे ग़ालिब, शेक्सपीयर और कबीर ने बड़े गहरे प्रभावित किया। फ़िल्मों में और बहुत-कुछ सीखने के अलावा मैंने काव्य-रचना की टेकनीक भी सीखी। जिस तरह कोई फ़िल्म दृश्यों के छोटे-छोटे रशेज को सम्पादित कर पूरी की जाती है, उसी तरह मैं अपनी कविता भी शब्दों और वाक्यों के रशेज सम्पादित कर मुकम्मिल करता रहा हूँ। जिन फ़िल्मकारों के काम ने मुझे गहरे अभिभूत किया उनमें चार्ली

चैप्लिन, कुरोसावा, किएस्लोवस्की, तारकोव्स्की, शुरू के रे और बाद के मृणाल सेन और श्याम बेनेगल हैं।

आखिर में एक प्रश्न, जीवेम् शरदःशतम् की शुभाशंसा के साथ कि अबकी अगर एक बार फिर मनुष्य रूप में लौटने का मौका मिला तो क्या...?

यही कवि का जीवन ही जीना चाहूँगा।

क्यों?

इसलिए क्योंकि इसने मेरे जीवन को एक सार्थकता दी है।

(2007)

लेखन की असली शक्ति जीवन से मिलती है

भारत भारद्वाज

अंग्रेज़ी भाषा के अख़बारों की उपेक्षा पर आप क्या सोचते हैं?

यह एक बहुत बड़ी विडम्बना है कि अंग्रेज़ी भाषा में निकलने वाले देसी अख़बार अपने ही देश की भाषाओं में लिखे जा रहे साहित्य को इतना कम जानते हैं। पता नहीं इस उपेक्षा के पीछे किस तरह के दुराग्रह, लापरवाही काम करती है। अपने को ही अपमानित करती इस विमुखता को एक मनोविकार की तरह तो समझा जा सकता है, पर इसका कोई तर्कसंगत कारण नज़र नहीं आता।

काव्य पीछे की ओर क्यों लौटता है? मिथक, इतिहास आदि की ओर?

काव्य और कलाएँ 'आगे' या 'पीछे' की ओर नहीं जातीं, क्योंकि वे भौतिक समय से अधिक हमारे मानसिक समय में जीती हैं। चक्राकार गति से–उसमें चढ़ाव उतार होते हैं, परिवर्तन होते हैं, लेकिन विलोम बिन्दु नहीं होते। क्लासिक्स से वर्तमान तक उनकी एक अटूट शृंखला घूमती रहती है। अक्षर शब्द में यही भाव है–छिपा भी और उद्घाटित भी। हर शब्द की तात्कालिक उपस्थिति भी होती है और सार्वकालिक भी। यानी हर शब्द एक बृहत्तर त्रैकालिक जीवन भी जीता है। मिथक, स्मृतियाँ, इतिहास, अन्तर्ध्वनियाँ आदि शब्दों के उसी बृहत्तर भाषा का अविभाज्य हिस्सा हैं जिनकी गहरी जड़ें हमारे जीवाश्मों में हैं। काव्य-रचना के दौरान शब्द समूल उद्वेलित होते हैं। इस मन्थन में शब्दों का समूचा जीवन शामिल होता है। काव्यरचना में शब्दों के अनेक दबे छिपे रंग, अर्थ, बिम्ब, ध्वनियाँ आदि ऊपर तैर आते हैं, या ऊपरी सतह के नीचे स्पन्दित होते हैं। शब्दों और भाषा को मैं इसी बृहत्तर जीवनबोध से जुड़ा मानता हूँ।...हम आज के समय में देख रहे हैं कि जनचेतना और हमारी भाषा में दूर तक बसी मिथकों और इतिहास की स्मृतियों का राजनीति में उपयोग या दुरुपयोग कितनी आसानी से होता है। साहित्य उसका सही रूप सामने लाने में मदद कर सकता है।

पुरस्कारों पर...?

साहित्य की दुनिया मेरे लिए जीवन का प्रमुख यथार्थ और आकर्षण रही है। उस दुनिया को भरसक उदार और समृद्ध रखने की विनम्र कोशिश में मैंने अपने को भी समृद्ध (कृतज्ञ) होते पाया है। मान-सम्मान और पुरस्कारों का आदर करता हूँ। पर अपने लेखन की असली शक्ति तो मुझे उस जीवन से मिलती है जो मेरे चारों ओर फैला है और मैं घनिष्ठता से शामिल हूँ—कभी सब की तरह, और कभी बिलकुल अपनी तरह...। सम्मान पाठकों की स्वीकृति का द्योतक है।

कविता का भविष्य?

वर्तमान की सही तरह चिन्ता करें तो भविष्य की सही चिन्ता अपने आप हो जाती है। वर्तमान वह ठोस आधार है जिसमें अतीत के उदाहरण और भविष्य के संकेत दोनों घुले-मिले हैं। आज तक यदि कविता साहित्य का एक सार्थक और महत्त्वपूर्ण अंश रही है तो आगे भी रहेगी यह विश्वास है। लेखन द्वारा हम अपने अनुभव और विचार प्रकट करते हैं : वे लेखन के किसी भी माध्यम से हों यदि सम्प्रेषित होते हैं तो मूल्यवान हैं।

(2007)

जिजीविषा मेरे जीवन-दर्शन का सर्वप्रमुख अंग है

लताश्री

'वाजश्रवा के बहाने' की समीक्षा लिखते हुए दिनेश कुमार शुक्ल ने लिखा है कि अनुभव, अनुमान, भ्रम, भय, विचार, संवेदना आदि को वहन करता हुआ कवि एक साथ कई-कई जीवनों में प्रवेश करता है। कवि की क्या तलाश है? मुक्तिबोध ने जिसे दुर्निवार अभिव्यक्ति कहा और रामविलास शर्मा ने अस्मिता की खोज, कहीं वही तलाश तो फिर आप भी नहीं कर रहे हैं? क्या दोनों एक ही चीजें हैं?

हाँ, हो सकती हैं। दरअसल कवि और लेखक जब कोई खोज करता है तो वह केवल एक दिशा में नहीं होती। जब हम खोज रहे होते हैं तो हमें भी अक्सर यह पता नहीं चलता कि हमें क्या मिल सकता है। जब मिल जाती है वह चीज तब हम समझते हैं कि वह यह तलाश थी। खोज की यह प्रवृत्ति होती है। जैसे पहले के यात्री कोलम्बस, उन्हें पहले से नहीं पता था कि आगे क्या है, पर जब अमेरिका पहुँचे तब जाना कि उन्होंने कितना बड़ा महादेश ढूँढ़ निकाला है। शब्द बड़े बातूनी होते हैं, लेकिन हम उनको बोलने नहीं देते। हम उनसे अपनी बातें कहलवाते रहते हैं। कभी-कभी शान्त होकर उन्हें सुनना चाहिए। कई बार बड़ी बातें सामने आती हैं। कितनी ही अच्छी कविता इससे बन पड़ती है। अक्सर ऐसा होता है हम कविता लिखना शुरू करते हैं और वह आगे की राह स्वयं बताती है। ऐसे में कविता के साथ संवाद की स्थिति बनती है जो नींद तक में चलती रहती है, सपनों की भाषा में।

क्या 'वाजश्रवा के बहाने' 'आत्मजयी' का विस्तार है?

नहीं, इसका विस्तार नहीं है। यह बिलकुल अलग तरह की कृति है। यह समय के साथ अनुभव को जोड़ती है जिसे हम खंड-खंड भी जी सकते हैं और समग्रता में भी। वाजश्रवा को आत्मजयी से अलग एक कृति के रूप में पढ़ सकते हैं और उससे जोड़कर भी। जीवन में भी ऐसा ही होता है। बहुत चीजें हैं जिन्हें हम जी चुके हैं, उसे खारिज भी कर सकते हैं और चाहें तो स्मृति में पुनः जीवित भी कर सकते हैं,

री-प्ले कर सकते हैं, या आज के साथ जोड़ सकते हैं। उन स्मृतियों से नया जीवन बना सकते हैं।

मिथकों से विशेष लगाव का कोई ख़ास कारण?

मैं समय-बोध को विस्तृत करने के लिए मिथक का प्रयोग करता हूँ। हमारा समकालीन बोध सीमित होता है। तब हम इतिहास या मिथक में जाते हैं, जहाँ आज के अनुभवों और तब के अनुभव गहरे कहीं जुड़ते हैं। इस युक्ति से कविता में समय के ज़्यादा विस्तृत काल-खंड का स्पर्श कर सकें। फिर कविता के तमाम निहित सन्दर्भों को स्पष्ट करने में आसानी होती है। वेद या उपनिषद् या अन्य क्लासिक्स केवल अतीत का ही हिस्सा नहीं है, उन्हें जब हम आज के अनुभवों के साथ जीते हैं तो वे आज का अनुभव भी बन जाते हैं। दूसरे शब्दों में, हमारा आज या वर्तमान एक वृहत्तर 'काल-बोध' में विस्तृत होता है।

प्रारम्भिक काव्य संकलन 'चक्रव्यूह' में 'इन्द्रिय से परे की अनेकों भूख' से आपका आशय क्या आध्यात्मिक मूल्यों से है? फिर क्या इसी का विस्तार 'वाजश्रवा के बहाने' में हुआ है?

केवल आध्यात्मिक से नहीं है। वह वैचारिक भी हो सकता है और ऐन्द्रिय भी। एक कवि, विचारक या राजनीतिक अलग-अलग तरह से अपने अनुभवों को विस्तार अथवा अर्थ देते हैं। एक कवि कई स्तर पर अपने अनुभवों को जी सकता है। वैचारिक अनुभव पर, आत्मिक अनुभव पर और बिलकुल ठोस शारीरिक अनुभव पर भी। जब हम कविता करते हैं तो एक स्तर पर अनुभव नहीं करते, बल्कि कई स्तर के अनुभवों को मिलाते हैं, जैसे फूलों का एक गुच्छा कई तरह के फूलों से बनता है। फूल अपने आप में भी सुन्दर है, लेकिन जब हम उन्हें मिलाकर एक गुच्छा बनाते हैं तो एक नई सुन्दरता, अलग तरह की सम्मिलित सुन्दरता सामने आती है। एक कवि का मन जब घूमता है, कबीर जिसे रमण करना कहते हैं, तो वह अपनी दुनिया के तमाम अनुभवों को लेकर रचना रूपी गुच्छा बनता है। और इसी तरह रचना की प्रक्रिया चलती है।

'वाजश्रवा के बहाने' में नचिकेता का संघर्ष समकालीन पीढ़ी का संघर्ष मालूम पड़ता है। क्या आप पुरानी पीढ़ी में जीवन के प्रति, सभ्यता के प्रति कोई भविष्य दृष्टि नहीं देखते? क्या नई पीढ़ी को अतिरिक्त रूप से गौरवान्वित करने का प्रयास है यह?

बहुत अन्तर नहीं पड़ता आज के संघर्ष और हज़ारों साल पहले के संघर्ष में। न ही समस्याएँ बहुत अलग-अलग हैं। पुरानी सभ्यताओं से आज की सभ्यता तक, आज भी जो बुनियादी संघर्ष, बुनियादी मुश्किलें हैं, जीवन और मृत्यु को लेकर इसके जो विचार हैं, अनुभव हैं, इसमें बहुत बदलाव नहीं है। पहले तलवार-भाले से लड़ते

थे, आज बन्दूक-गोली से। मगर आज भी मारने मरने के पीछे मानसिकता लगभग वही है। आदमी आज से हज़ार साल पहले जैसे प्रेम करता था वैसे ही आज भी प्रेम करता है, बदलाव सिर्फ़ उसके सोच-विचार में आया है और उसी से फ़र्क पड़ जाता है। मैंने हमेशा ही संकेत दिया है कि नचिकेता, स्वयं को केन्द्र में रखकर जीवन को सोचता है। वाजश्रवा को मैंने वैदिक दृष्टिकोण का प्रतीक माना है इसलिए पूरे जीवनानुभव से सोचता है। वह प्रौढ़ है, लेकिन नचिकेता अभी भी बालक है। उसने जीवन को उतना नहीं जाना जितना वाजश्रवा ने जाना है। मेरी कोशिश रही है कि वाजश्रवा में पूरे जीवन-अनुभव को समेट सकूँ जो मैंने ख़ुद जाना है। मैंने मृत्यु को तब बहुत करीब से जाना जब मृत्यु का पहली बार अनुभव किया और अब तक जब इतनी मौतें देख चुका हूँ, तो इस तरह सोचता हूँ, जैसे वाजश्रवा। शुरुआती दौर में जब मैं पोलैंड गया तो वहाँ मृत्यु का एक सामूहिक अनुभव देखने को मिला जहाँ पूरा-का-पूरा वार्सा युद्ध में समाप्त हो चुका था। मनुष्य पर भारी रहे हैं महामारी और बीमारियाँ, किन्तु वार्सा के विध्वंस ने बतलाया कि आदमी स्वयं किसी महामारी से कम नहीं। बाद में मैंने देखा वही वार्सा जिसे युद्धोपरान्त राख में मिला पाया था अब किसी भी नए और आधुनिक शहर से कमतर नहीं। लोग भूल भी गए कि वहाँ कोई हादसा हुआ था। फिर मैंने जाना कि सबसे बड़ी चीज जिजीविषा है। जिजीविषा मेरे जीवन दर्शन का सर्व प्रमुख अंग है। मैंने अपने जीवनानुभवों में देखा है कि माँ नहीं, बहन नहीं, मेरी उम्र मुश्किल से 15-16 साल, फिर किसने मुझे सँभाला? जीवन ने। कहीं न कहीं एक क्रम है जो बहुत सूक्ष्म, सरल और नाजुक चीजों को भी बचाता है। ऐसा नहीं कि सब कुछ यूँ ही छोड़ दिया गया है नष्ट होने के लिए, बल्कि इन्हें बचाने की भी युक्तियाँ इन्हीं में रखी गई हैं, इसी जीवन में। जिसने इसे खोज लिया समझो उसने जीवन के सच्चे अध्यात्म को खोज लिया।

कविता बाह्य यथार्थ को दिखलाती है तो इसमें भाषा की भूमिका क्या सिर्फ़ माध्यम की होती है या यथार्थ बदलने से काव्य भाषा भी प्रभावित होती है?

भाषा तो कई कारणों से प्रभावित होती है। यथार्थ से तो ज़रूर प्रभावित होती है, साथ ही विचारों से भी। मुश्किल यह है कि हम जो भाषा प्रयोग में ला रहे हैं उसे बार-बार केवल ठोस यथार्थ की भाषा बनाना चाहते हैं। कोलकाता में भारतीय भाषा परिषद् में मैंने एक बातचीत में कहा था–पिछली सदी में जो एक मुश्किल हुई कि हमने यथार्थ की इतनी वस्तुवादी व्याख्या कर दी कि पूरा सामाजिक यथार्थ ही अपारदर्शी हो गया। हमने मान लिया कि सामाजिक यथार्थ का मतलब ही एक ठोस, वास्तविक चीज है। जबकि सामाजिक चेतना प्रमुख चीज है। हमें यथार्थ को इस तरह नहीं परिभाषित करना चाहिए कि वहाँ से सामाजिक चेतना लुप्त हो जाए। वह दिखाई पड़नी चाहिए। समाज भी सोचता है, उसकी आत्मा है, उसका विचार है, उसकी

चेतना है। उसका एक सामूहिक मन है जिसे युग ने कहा है कि सामूहिक चेतना में भी बहुत-सी स्मृतियाँ बची रहती हैं और वह संस्कृति की जड़ है। इसलिए यथार्थ की सीमित व्याख्या नहीं, उसकी विस्तृत और सर्वांगीण व्याख्या करनी चाहिए।

कुछ लोग कहते हैं कि कविता हाशिये पर चली गई है तो क्या समझा जाए कि वर्तमान समय के संकटों के सन्दर्भ में कविता की भूमिका खत्म हो गई?

हाशिया भी अच्छी जगह है। कबीर ने इसे राम झरोखा कहा है। हाशिये पर खड़े होकर पूरी ज़िन्दगी दिखाई पड़ती है। कविता का एक प्रमुख काम साक्षी होना भी है। मैंने मृणाल पांडे से एक बातचीत में ये कहा था कि कबीर ने तीन शब्दों में कविता की पूरी प्रकृति को सर्वांगीण व्याख्यायित कर दिया है। वे हैं—सबद, साखी और रमैनी। सबद कविता का मूल आधार है। साखी साक्षी भाव से देखना है। ये देखने का बड़ा महत्त्व है, हमारे यहाँ संस्कृत के श्लोकों को पढ़ें। वहाँ पश्य (देखना) शब्द जिससे पश्यन्ति बना है, जगह-जगह, बार-बार आता है। और तीसरा है रमैनी—रमण करना—घूमना। कविता की जो कल्पनाशीलता है वह जड़ में भी, चेतन में भी प्रवेश करती है, बाहर आती है, घूमती है, यही रमण है। ये तीनों ही कविता के मूल आधार हैं। जब तुमने हाशिये की बात कही तो ये हाशिया, कबीर का राम झरोखा है, जहाँ से कबीर सब कुछ देखते हैं, कुछ भी नहीं छूटता कबीर की दृष्टि से। जिस दिन मैं वहाँ पहुँच जाऊँगा समझूँगा बहुत बड़ी जगह पा ली।

क्या आप कविता को अभिजात्य बोध की अभिव्यक्ति मानते हैं? क्या इसमें जीवन के संघर्षों के लिए जगह नहीं है?

जीवन के संघर्षों से सरोकार क्यों नहीं है—बिलकुल है। रही बात अभिजात्य बोध की तो इस सवाल से मुझे एक बात याद आ गई। पिछले दिनों किसी ने मुझसे पूछा कि लोग कहते हैं आपकी कविता ड्राइंग रूम की कविता है। तब मैंने कहा कि मेरा ड्राइंग रूम इतना बड़ा है जिसमें पूरे विश्व, पूरी मानवता के लिए जगह है। ये आत्म जो छोटा है उस आत्मा को बड़ा—खूब बड़ा करें, फिर पूरी दुनिया छोटी पड़ जाएगी। यही तो विस्तार है समय का जो हो रहा है वही नहीं, जो हो चुका है, वह भी जुड़ा हुआ है।

दिन-ब-दिन कविता का दायरा सिमट रहा है, क्या आप सहमत हैं? क्या सचमुच आज कविता केवल बुद्धिजीवियों तक सिमट कर रह गई है?

ऐसा नहीं है। जनजीवन समर्थ है, उसे असमर्थ मानकर अपमानित किया जाता है। जो जनता कबीर को समझती है, तुलसी और सूर जिसकी जबान पर रहते हैं, वेदों और उपनिषदों का चिन्तन जिसके संस्कारों में व्याप्त है, वह इतनी अबोध नहीं है जितना हम मान लेते हैं। कविता को सही तरीकों से जनता तक पहुँचाया नहीं

जा रहा है। जनता की रुचियों को मनोरंजन उद्योग के भ्रष्ट तरीकों से प्रदूषित किया जा रहा है। पुराने वक्तों में नाटकों के प्रदर्शनों और दर्शकों के बीच 'प्राश्निकों' की व्यवस्था होती थी। वे नाटक के अन्त में, जनता की ओर से, निर्देशक और अभिनेताओं से प्रश्न करते थे; ताकि जनता समझ सके कि उसे क्या दिखाया जा रहा है। जो उसने देखा उसके गहरे अर्थ क्या हैं, उसके व्यापक सरोकार क्या हैं, उसका वास्तविक जीवन से वास्ता क्या है?

आज कविता और पाठक के बीच उस तरह की कड़ी लगभग लुप्त हो चुकी है। इस तरह का 'माध्यम', यानी कवि और पाठक के बीच की कड़ी ज़रूरी है। यानी समझदार रसिक जन। शास्त्रीय संगीत की सभाओं में इस तरह के मर्मज्ञ और जानकार लोग आसानी से पहचाने जा सकते हैं। मेरा मतलब पेशेवर आलोचकों से नहीं है, अनौपचारिक तरीकों से की जानेवाली उन बातचीतों से है जो साहित्य और कलाओं में साधारण जन की रुचि को प्रोत्साहित और परिपक्व करती हैं। यह प्रक्रिया सभी कलाओं में ज़रूरी है कि अच्छे-बुरे यां कम अच्छे की सही पहचान कैसे की जाए।...कविता समाप्त नहीं हुई है। संवाद की यह बीच की कड़ी कमजोर पड़ गई है। कविता जीवन से अन्तरंग रूप से जुड़ी चेष्टा है, इसलिए वह कभी समाप्त नहीं हो सकती।

क्या बाह्य यथार्थ का दबाव आज की कविता के लिए मुश्किलें पैदा कर रहा है? क्या कविता को इससे बचने की ज़रूरत है?

नहीं! चूँकि मैं इस तरह बाहृय यथार्थ और आन्तरिक यथार्थ को विभाजित करके नहीं देखता। एक बड़ी कठिनाई यह है कि वैज्ञानिक प्रभाव से हमने हर चीज को विश्लेषित या विभाजित करके सोचना सीख लिया है, जबकि संश्लिष्ट चिन्तन भी महत्त्वपूर्ण है। जीवन संश्लिष्ट चिन्तन है। एक फूल है उसके टुकड़े-टुकड़े करके पंखुड़ी, पराग को अलग-अलग करके उसे समझा जा सकता है, किन्तु पुनः उसे जोड़कर फूल नहीं बना सकते। फूल को हम कैसे देखते हैं? एक कवि की दृष्टि उसकी सुन्दरता को देखती है। सुन्दरता को पूर्णता में देखने की दृष्टि महत्त्वपूर्ण है। हमें यथार्थ की सम्पूर्णता से जुड़ना चाहिए। बाहृय और आन्तरिक यथार्थ विभाजित न होकर संयुक्त है। हम बाहृय को अलग कर देते हैं और अन्दर को भी अलग कर देते हैं, जबकि हम बाहर को भी अन्दर ही जीते हैं, और अन्दर को भी बाहर करके जीते हैं। हमारी जो भी मानसिकता है मान लो प्रेम ही, वो हमारी निजी भावना है जिसे हम दूसरे पर प्रक्षेपित करते हैं। जब कबीर ने कहा 'ढाई आखर प्रेम का पढ़ै सो पंडित होय' तब उन्होंने प्रेम के उस आन्तरिक भाव को मनुष्य मात्र में फैला दिया। कहते हैं ये ज्ञान है पढ़े से पंडित होय, यहाँ कबीर आन्तरिक और बाहृय को लेकर एक कर देते हैं। यही कलाएँ करती हैं। हमें व्यापक दृष्टि देती हैं जिससे 'परस्य न परस्येति ममेति न ममेति चः' वाली स्थिति सम्भव हो।

आज की कविता में क्या अर्थ बोध की जगह पुनः रस बोध की वापसी सम्भव मालूम पड़ती है? कविता की बनावट और बुनावट में जो कुछ फ़र्क दिखलाई देता है उसमें छन्द और रस की ओर लौटने की कोशिश है कहीं?

रस बोध तो है ही। वापसी की बात ही नहीं, क्योंकि जैविक से हमारा मतलब उन्हीं बुनियादी आवेगों से होता है जो कविता या किसी भी कला का अनिवार्य जीवन होते हैं। किसी संगीत को सुनो, चित्र को देखो या कविता को पढ़ो–इन सबमें प्रमुख हिस्सेदारी हमारे रसबोध की ही होती है। नौ रस जो भरत मुनि ने बताए ये पूरी तरह Biological हैं। भौतिक (Physics) में विश्लेषित अध्ययन करते हैं, किन्तु जीवविज्ञान में वर्गीकृत। तो जब यह कहा गया कि नौ रस होते हैं तो ये कार्य-कारण सम्बन्ध से उतना नहीं जुड़ता जितना वर्गीकरण से। जीवन की बहुत सी चीजों को तार्किक ढंग से नहीं समझाया जा सकता; केवल जैविक ढंग से समझा जा सकता है। रस हमारे जीवन से जुड़े हैं। इसलिए वे बुनियादी ज़रूरत हैं हर कला की। भले ही भरत मुनि ने उसे संगीत और नृत्य से जोड़ा है। छन्द कविता से बाहर हुए ही नहीं। मैंने तो वाजश्रवा में कितने ही छन्दों का प्रयोग किया है। यहाँ तक कि संस्कृत छन्दों का भी। कविता स्वयं छन्द बनाती है। कभी लगता है शब्दों का छन्द है, किन्तु धीरे-धीरे वह अर्थ-छन्द में बदल जाती है, पुनः ध्वनि-छन्द में आ सकती है, इस तरह कविता चलती रहती है।

(2008)

हम अकेले नहीं हैं

श्याम सिंह 'शशि'

इस वर्ष आपको 'ज्ञानपीठ' तथा 'पद्मभूषण' से अलंकृत किया गया है। आपको कैसा लग रहा है?

दो बड़े सम्मानों का लगभग एक साथ मिलना अप्रत्याशित था। खुशी हुई। लेकिन यह सोचकर थोड़ा अटपटा भी लग रहा है कि एक लेखक और उसके लेखन की तरफ़ एक पढ़े-लिखे समाज-ख़ासकर मीडिया का ध्यान तब जाए जब किसी ज़ोरदार पुरस्कार या सम्मान का धमाका हो। एक बड़े देश में अपने साहित्य के प्रति इससे बेहतर जागरूकता होनी चाहिए।

कविता, कहानी, समीक्षा, नाटक तथा निबन्ध आदि विधाओं में आपकी अनेक कृतियाँ प्रकाशित हुई हैं। आपने फ़िल्म तथा ललित कलाओं में भी अपने लेखन द्वारा महत्त्वपूर्ण योगदान किया है। देश-विदेश की भाषाओं में आपकी अनेक रचनाएँ अनूदित हैं। इस सब के बावजूद कविता आपकी प्रिय विधा लगती है। इस सम्बन्ध में आप क्या कहना चाहेंगे? साथ ही अपने सृजन की मनोभूमि पर भी प्रकाश डालिए।

कविता मेरी प्रिय विधा है। ऐसा लगता है कि कविता ख़ुद मुझ तक आती है। अन्य विधाओं के लिए मुझे उन तक जाना पड़ता है। काव्य मनोभूमि को बहुत तर्क-संगत ढंग से समझना-समझाना मुश्किल है। वह किसी भी 'शब्द भाव' या 'विचार' के बीज से अंकुरित होकर विकसित हो सकती है—लगभग एक जीवधारी की तरह। बहुधा एक कवि को भी पहले से नहीं पता चलता कि उसकी कविता अन्ततः क्या रूप लेगी। यह रूप उसके इरादों से फ़र्क भी हो सकता है। कविता लिखना, या करना, उस अन्धी खोज की तरह है जो स्वभाव से ही प्रयोगधर्मी और साहसिक है। उपलब्धि के बाद ही इस खोज की सार्थकता या निरर्थकता का आकलन हो पाता है।

आजकल इंटरनेट पर पत्र-पत्रिकाएँ तथा पुस्तकें उपलब्ध होने लगी हैं। क्या आपने भी अपना कोई ब्लॉग, वेबसाइट आदि बनवाएँ हैं? कृपया विवरण दीजिए तथा बताइए कि क्या इंटरनेट तथा दृश्य-श्रव्य माध्यम मुद्रित शब्द के लिए किसी ख़तरे के संकेत हैं।

मेरी अपनी कोई 'वेबसाइट' नहीं है। वैसे, इंटरनेट को एक बहुत बड़ी सुविधा मानता हूँ। लेखन के लिए यह कोई ख़तरा नहीं है। क्योंकि यह लेखन का न तो विकल्प है न उसका विरोधी, दरअसल उसका विस्तार है और जानकारियों के प्रचार-प्रसार का एक बहुत उपयोगी साधन।

जीवन-मूल्यों के प्रति आपके क्या विचार हैं। साहित्य में उनका उपयोग कहीं प्रवचन अथवा उपदेश का रूप तो नहीं ले लेगा? दूसरी ओर स्वांतः सुखाय के नाम पर कहीं वाणी-विलास को तो प्रश्रय नहीं मिल रहा है। साहित्य की सोद्देश्यता पर भी आपके विचार जानना चाहेंगे।

'उपदेश' या 'स्वांतः सुखाय' जैसे पदों से इतना परहेज़ क्यों? अगर सच्चे जीवनानुभवों और गहन चिन्तन से निकले हों तो वे भी उत्कृष्ट कविता का मूल्यवान अंग हो सकते हैं। 'उपदेशात्मकता' को यदि संसार की कविता से हटा दें तो कविता से संचित खज़ाने को अपार क्षति पहुँचेगी। हो सकता है तब कबीर और तुलसी जैसे कवियों की कविता के भी एक बड़े अंश से हम वंचित रह जाएँ। कविता के लिए कुछ भी नाजायज़ नहीं, वह यदि सक्षम है तो कहीं से भी अपने लिए ऑक्सीजन खींच सकती है।

आपके लेखन ने वैदिक वाङ्मय तथा आर्ष साहित्य के परिप्रेक्ष्य में 'आत्मजयी' जैसी कालजयी रचना का सृजन किया। क्या आप मानते हैं कि इस प्रकार का साहित्य जनवादी चिन्तन को अजीर्ण भी करता होगा? तथा क्या भारतीय संस्कृति के मूलाधार विश्व साहित्य के भूमंडलीकरण में एक महत्त्वपूर्ण भूमिका का निर्वहन कर सकते हैं?

जीवन की सभी समस्याओं के हल के लिए संसार का कोई एक विचार या विचारधारा पर्याप्त नहीं। सभी तरह की भौतिक समस्याओं के लिए शायद अकेला मार्क्सवाद काफ़ी नहीं। यह बात वैदिक और आर्ष साहित्यों पर भी लागू होती है। मैं किसी एक ही विचार की तानाशाही में नहीं, विभिन्न विचारों के लोकतन्त्र में विश्वास करता हूँ।

'आत्मजयी' (प्रबन्ध काव्य) के अनेक संस्करण प्रकाशित हुए हैं। पहला संस्करण वर्ष 1965 में छपा। आपको 30-35 वर्ष की युवावस्था में मृत्यु जैसे विषय पर क़लम चलाने

की आवश्यकता क्यों पड़ गई? साथ ही यह भी बताएँ कि क्या कठोपनिषद् के यम-नचिकेता आख्यान की तरह समकालीन प्रासंगिकता से जुड़े उपनिषद् के सत्यकाम-जाबाल जैसे प्रसंगों ने भी आपके सोच को प्रभावित किया है? मेरा आशय है कि क्या उक्त विषय पर आपकी कोई रचना उपलब्ध है?

'आत्मजयी' की भूमिका में मैंने अपनी स्थिति (अप्रोच) को पूरी तरह स्पष्ट किया है। जीवन और मृत्यु के अनुभव, और उनसे सम्बन्धित चिन्ताएँ, मनुष्य-जाति के सनातन अनुभवों में से है। उन्हें ही मैंने नचिकेता (जीवन) और यम (मृत्यु) के माध्यम से 'आत्मजयी' में प्रस्तुत किया है। इन 'आदि-अनुभवों' (आर्कीटाइपल पैटर्न्स) के अनेक प्राक्-रूपक हमारे मिथकों और पौराणिक सन्दर्भों में मौजूद हैं, जिनके अदृश्य सूत्र हमारी अन्तश्चेतना में भी दौड़ते हैं। इसलिए मुझे 'आत्मजयी' में कठोपनिषद् के आख्यान पक्ष को नई तरह इस्तेमाल करना वाजिब लगा...सत्यकाम और जाबाल प्रसंग इससे अलग है।

आज साहित्य में कई ख़ेमे दिखाई पड़ते हैं जिनमें मुख्यतः वामपन्थी तथा दक्षिणपन्थी हैं, जबकि उनका चरित्र अवसरपन्थी है इस सम्बन्ध में आपके क्या विचार हैं?

मेरा विचार है कि अब हम इन पुराने पचड़ों को छोड़कर आगे बढ़ें तो अच्छा है। इन पर काफ़ी समय और शक्ति बर्बाद की जा चुकी है। जो बात पब्लिक स्तर पर बहुत उलझ जाए उसे फिर अपने लिए ख़ुद रास्ता तय कर लेना चाहिए। बीच का रास्ता बुरा नहीं होता। ध्रुवीकरण और अतिवाद से अक्सर सामान्य समस्याएँ भी विकराल हो जाती हैं।

कविता कभी पत्र-पत्रिकाओं में कलात्मक ढंग से प्रकाशित की जाती थी। कालान्तर में वह हाशिये पर आ गई और अब हाशिया भी छोड़ गई? ऐसा क्यों हुआ?

कविता या साहित्य, कहीं से भी जीवन का सर्वेक्षण और पर्यवेक्षण कर सकते हैं। मैं कविता के साक्षी-भाव, द्रष्टा-भाव और चिन्तन-भाव को प्राथमिक महत्त्व देता हूँ। इसके लिए जीवन का हाशिया बुरी जगह नहीं। यही कबीर का 'राम-झरोखा' है। यह बात मैं पहले भी कह चुका हूँ। फिर दोहराता हूँ क्योंकि यह प्रश्न बार-बार दोहराया जाता है।

आजकल ग़ज़ल और दोहा दोनों विधाओं में अनेक पुस्तकें प्रकाशित हो रही हैं? दूसरी ओर मुक्त छन्द के नाम पर काग़ज़ का अपव्यय भी कम नहीं हो रहा। आप कोई रोल मॉडल देना चाहेंगे? अपने विचार दीजिए।

छन्दों और मुक्त छन्द पर निराला से लेकर अब तक वाद, विवाद, संवाद चलते चले आ रहे हैं—बिना किसी अन्तिम फ़ैसले पर पहुँचे। या फिर उसी फ़ैसले पर पहुँचती है बहस जिसे निराला ने अपनी तरह तय किया कि दोनों। उन्होंने छन्दों में भी लिखा

और मुक्त छन्द में भी। और दोनों ही तरह उत्कृष्ट और अविस्मरणीय काव्य रचनाएँ कीं। निराला का यह 'रोल-मॉडल' मुझे मान्य है।

आजकल भारतीय प्रवासी साहित्य, हिन्दी इतर भाषा-भाषी हिन्दी साहित्य, दलित साहित्य तथा नारी विमर्श आदि की चर्चा ज़ोरों पर है। क्या आप इनके मूल्यांकन के लिए पृथक् प्रतिमान स्थापित करना चाहेंगे?

साहित्य के प्रतिमान या प्रतिमानों का बुनियादी सम्बन्ध उसकी अपनी 'विशिष्ट पहचानों' से होता है, उन विभिन्न विषयों से नहीं जिन्हें वह उठाता है। साहित्य की बहुत बड़ी दुनिया है और उसका हज़ारों साल पुराना इतिहास है। नई या पुरानी ऐसी कोई समस्या नहीं है जो साहित्य के सरोकारों से परे या बाहर हो। सवाल यह है कि वह किसी भी समस्या को उठाते समय ख़ुद किस हद तक उत्कृष्ट या श्रेष्ठ साहित्य के स्थापित प्रतिमानों को सन्तुष्ट कर पाता है। अन्यथा वह उस विषय के साथ न्याय नहीं कर पाएगा जिसे वह अपना विषय बनाएगा। नारी विमर्श, दलित समस्या, प्रवासी लेखन, अहिन्दी भाषी क्षेत्रों का साहित्य अगर सबसे पहले साहित्यिक स्तर पर खरे नहीं उतरते तो प्रतिमान बदलने से भी कोई फ़र्क नहीं पड़ेगा।

(2009)

मेरी कविता कुछ-कुछ मेरे स्वभाव की ही तरह है

ओम निश्चल

कविता कला को लेकर एक नहीं, एकाधिक बार आपने अपने तरीके से कुछ न कुछ कहने की कोशिश की है जिसका परिपाक अभी वाजश्रवा के बहाने की पंक्तियों से हुआ है।

कुछ इस तरह भी पढ़ी जा सकती है/एक जीवन-दृष्टि—कि उसमें विनम्र अभिलाषाएँ हों/बर्बर महत्त्वाकांक्षाएँ नहीं, वाणी में कवित्व हो, कर्कश तर्क-वितर्क का घमासान नहीं/कल्पना में इन्द्रधनुषों के रंग हों/ईर्ष्या, द्वेष के बदरंग हादसे नहीं/निकट सम्बन्धों के माध्यम से/बोलता हो पास-पड़ोस/और एक सुभाषित, एक श्लोक की तरह/सुगठित और अकाट्य हो/जीवन-विवेक।

हाल फिलहाल कविता और जीवन को लेकर ऐसा अद्भुत कथन देखने में नहीं आया। यह जो मिथक या दर्शन की अतल गहराइयों में धँसते हुए बार-बार सुभाषितों-मितकथनों के मोती ढूँढ़ लाते हैं, उससे आपकी कविता समकालीन में साँस लेती हुई भी युगपत प्रवाह का हिस्सा बन जाती है। अपने भीतर से निःसृत अनुभवों की इस सदानीरा को लेकर आप क्या सोचते हैं। इसे सायास अन्जाम देते हैं या यह निरायास बाहर आती है?

सुभाषितों और मितकथनों को—यहाँ तक कि उपदेशों को भी कविता के बाहर की 'भाषा' नहीं मानता हूँ, बशर्ते कि वे सच्चे जीवनानुभवों से निकले हों। यह जीवनानुभव वाली बात मुझे कविता के लिए भी ठीक लगती है। इसीलिए दोनों के बीच अनायास एक पारिवारिक और रचनात्मक रिश्ता-सा बनता है। सन्त कवियों ने गाढ़े ज्ञान की बातें की हैं जिसने उनके कवित्व को प्रामाणिकता और गरिमा दी है। अनुभवों और विचारों के बीच घनिष्ठ रिश्ता है। कबीर के ठोस सामाजिक अनुभव और उनके रहस्यवादी विचार मिलकर एक विरल काव्यलोक की रचना करते हैं। वे उतने ही बड़े 'उपदेशक' भी हैं जितने बड़े यथार्थवादी कवि।

यह जानते हुए भी कि आज प्रबन्ध काव्यों का चलन नहीं रहा, वाजश्रवा के बहाने फिर से प्रबन्धात्मकता की ओर लौटने का उपक्रम है। क्या ऐसी बृहत्तर जीवन-वस्तु को स्वतन्त्र कविताओं में नहीं सहेजा जा सकता था।

थोड़ी देर के लिए 'वाजश्रवा के बहाने' को अलग रखकर कुछ बातें कहना चाहूँगा। बृहत्तर जीवन-वस्तु की कोई सीमा नहीं है। बड़े-से-बड़ा महाकाव्य या प्रबन्धकाव्य उसके लिए छोटा पड़ सकता है, और छोटे-छोटे दोहों या अशआर में भी बृहद जीवन-वस्तु को समेटा जा सकता है। कबीर और ग़ालिब ने कोई प्रबन्धकाव्य नहीं रचा, फिर भी उनका रचना-संसार व्यापक जीवनानुभवों को गहराई से आँकता है। गुणवत्ता में वह तुलसी और जायसी से कम नहीं ठहरता। साहित्य में ऐसे प्रबन्धकाव्यों की भी कमी नहीं जो अपनी कोई जगह नहीं बना पाए। न ही असफल काव्य-संग्रहों की कमी है...।

एक कालजयी-रचना (क्लासिक)—चाहे वह साहित्यिक हो, या साहित्य से बाहर की—केवल एक 'किताब' या 'वस्तु' भर नहीं होती। वह संसार के सांस्कृतिक जीवन में एक बहुत बड़ी घटना की तरह होती है, जिसकी ओर हम कौतूहल और आश्चर्य से देखते हैं। हम बार-बार उसकी ओर लौटते हैं जैसे एक भव्य स्मारक की ओर लौटा जाता है, मनुष्य के उदात्त सौन्दर्यबोध, कल्पनाशक्ति और रचना-क्षमता पर आश्चर्य करते हुए। हम उसे एक कालजयी-रचना या 'क्लासिक' कहकर सम्मानित करते हैं, और उससे प्रेरणा पाते हैं। ताजमहल को हम उपयोगितावादी दृष्टि से नहीं देखते, उसकी उपस्थिति मात्र हमारे अन्दर मौजूद रचनाशीलता के प्रति हमारी आस्था को दृढ़ करती है।

जो चलन में है उससे हटकर भी सोचते रहना ज़रूरी है, अन्यथा उनकी भी लीक बनने लगती है, और नई दिशाओं में सोचना अवरुद्ध होने लगता है। एक काव्य-रचना के कई 'प्रकार' हो सकते हैं, इसी तरह 'प्रबन्ध रचना' भी कई प्रकार की हो सकती है। मैंने 'प्रबन्ध' के अर्थों पर अतिरिक्त दबाव डालते हुए सोचने की चेष्टा की है कि एक काव्य-रचना कई तरह 'प्रबन्धित' की जा सकती है। ज़रूरी नहीं कि उसका बुनियादी ढाँचा नाटक, कहानी, उपन्यास या निबन्धों जैसा ही हो। वह छोटी बड़ी कविताओं के 'समूहों' या 'गुच्छों' को जोड़कर एक बड़े 'मोज़ैक' की तरह भी हो सकता है—इस तरह कि हर काव्य-खंड की अपनी एक स्वाधीन सत्ता भी हो, और संयुक्त बृहत्तर दुनिया भी। यह सादृश्य मुझे अधिक जीवन-सम्मत भी लगा। जीवन में अधिकांश अनायास और व्यतिक्रमानुसार घटित होता है—उसे क्रम या तारतम्य हम देते हैं, जैसे ऐतिहासिक घटनाओं का 'पाठ' बनाते वक़्त। कविता जीवन का 'पाठ' बिलकुल भिन्न तरह से करती है। बृहद काल-खंड में विचरण करते हुए जीवन के तीव्रतम अनुभव-क्षणों को पकड़ती है। इस मायने में मुझे कबीर के

'सबद', 'रमैनी' और 'साखी' शब्द अत्यन्त महत्त्वपूर्ण लगते हैं, जिनकी चर्चा मैं करता रहा हूँ।

'वाजश्रवा के बहाने' में 'स्मृति' और 'परिप्रेक्ष्य' का विशेष महत्त्व है। जिए हुए जीवन की यादों को वर्तमान में पुनः एक 'जीवनचेतना' देकर बार बार 'री-प्ले' करके सोचा और अनुभव किया जाता है। वे सपनों की तरह असम्बद्ध होते हुए भी जीवन से गहरी सादृश्यता रखते हैं। वेदों और उपनिषदों की स्मृतियों को भी वायवीय रखा है, ठोस नहीं, ताकि वर्तमान के बिम्ब उनसे बिलकुल अलग तरह की प्रतीति करा सकें।

हिन्दी के बौद्धिक जगत में 'वाजश्रवा के बहाने' का अपूर्व स्वागत हुआ है। मृणाल पांडे जी ने कादम्बिनी में लिखा, दिनेश कुमार शुक्ल व सुशील सिद्धार्थ ने नया ज्ञानोदय में, नन्दन जी ने इसे इन दिनों की अपनी पसन्दीदा कृति माना है। रविभूषण इसे लेकर मेरे साथ एक रात देर तक बतियाते रहे, प्रभाकर श्रोत्रिय इसे साहित्य में एक बड़ी घटना मानते हैं। मुझे विश्वास है कैलाश वाजपेयी, अशोक जी, तथा केदार जी की भी कुछ ऐसी प्रतिक्रिया होगी। फिलहाल यह कहना अधीरता तो नहीं मानी जाएगी कि आप अपनी कविता के सर्वोच्च शिखर पर आ पहुँचे हैं।

जल्दबाजी होगी ऐसा सोचना। कवि अपने ही बनाए कीर्तिमानों को तोड़ने की कोशिश करता है–और मैं तो यह मानने में भी हिचक महसूस करता हूँ कि मैंने कोई बहुत बड़ा कीर्तिमान बनाया है। 'सर्वोच्च शिखर' का जो आदर्श मेरे मन में है उस तक तो शायद ही कभी पहुँच पाऊँ...लेकिन उस तक पहुँचना है इससे एक प्रेरणा-संकेत ज़रूर पाता रहा हूँ। वह शिखर तो अब भी बहुत दूर लगता है। 'वाजश्रवा के बहाने' की अन्तिम पंक्तियाँ शायद मेरे मन की बात कहती हैं–

...इस बार भी यदि
अधूरा ही छूट जाए कोई संकल्प
तो इतना विश्वास रहे
कि सही थी शुरुआत

जीवन-मरण के दार्शनिक रहस्य को खोलते हुए जीवन की हलचलों को जिस तार्किकता, कलात्मक संयम और निस्संगता के साथ आपने इस काव्य के केन्द्र में प्रतिष्ठित किया है वह केवल पिता-पुत्र के परस्पर सम्बन्धों के संयोग से उपजा जीवन-मृत्यु का द्वन्द्व भर नहीं है, बल्कि मनुष्य की अटूट जीवनाभिलाषा का अथक अनुष्ठान है। नचिकेता और वाजश्रवा दोनों के अपने अपने अनुभवों को एक बड़ी

कृति में रेशे-रेशे कर बिखेर देना आपके कवि की बड़ी सफलता है। यह प्रबन्धात्मकता में इतिवृत्तात्मकता का विलोपन और विचारों की प्रतिष्ठा है। इस कथा के बहाने आपने प्रकृति की सम्पदा का दोहन करती, बर्बर सभ्यताओं की याद दिलाती, हथियारों की होड़ में पड़ी, एक महायुद्ध की तरफ बढ़ती मानव सभ्यता की पहचान की है। यह हठी प्रगल्भता का विक्षोभ और जयी उदारता का गौरवगान है। वाजश्रवा कहता है न, तुम्हें खोकर मैंने जाना...और फिर वह राग विराग की विक्षुब्धताओं को बेतरह याद करता है और अनुभूति के इस तल पर पहुँचता है कि किसी एक सीने से बहता हुआ रक्त/किसी भी सीने से/किसी भी समय में/बहता हुआ लगता है।—मैं पूछना चाहता हूँ कि अगर आपको कहना पड़े कि इसे लिखकर मैंने जाना...तो क्या कहना चाहेंगे।

इतना ही कि 'जीने' ही की तरह 'लिखना' भी मेरे लिए एकतरफ़ा कार्यवाही नहीं है। वह एक लगातार संवाद है, अपने साथ भी और उन दूसरों के साथ भी जिन्हें हम अपने लेखन में शामिल मानते हैं। 'वे' मेरे लेखन का केवल 'विषय' भर नहीं हैं, मैं उनके चिन्तन का 'विषय' भी हो सकता हूँ—और उस तरह होना चाहता हूँ जैसे एक ज़िम्मेदार साहित्य को होना चाहिए।

'वाजश्रवा के बहाने' जिस तरह की काव्यकृति है और एक पुराकथा के साथ ही मौजूदा समय के संकटों की जैसी सुगन्ध इसके कलेवर से आती है, इतिहास और समकालीनता का अर्थबोध इससे पहले मगध में श्रीकान्त वर्मा ने ही सम्भव किया था, हालाँकि वह प्रबन्ध काव्य नहीं है। क्या इस बीच कोई और ऐसी कृति आपके देखने में आई है।

विजयदेव नारायण साही की अनेक छोटी कविताएँ भारतीय इतिहास के अनेक प्रसंगों को बहुत ही मार्मिकता और गहराई से छूती हैं। 'प्रबन्ध-काव्य' वह भी नहीं है, लेकिन उन्हें इकट्ठा सोचें तो उनमें एक प्रबन्ध-रचना के आभास को आसानी से परिलक्षित किया जा सकता है। भारतीय इतिहास को लेकर श्रीकान्त और साही जी से मेरी अक्सर बातचीत होती रहती थी। हम तीनों ने ही इस इतिहास को अपनी रचनाओं में अलग-अलग तरह 'पढ़ा' है। मुझे आज भी लगता है कि इस इतिहास का कोई एक 'स्टैंडर्ड पाठ' नहीं हो सकता। प्रसाद ने जिस तरह भारतीय इतिहास, ख़ासकर प्राचीन भारत के इतिहास को देखा उस तरह हम आज नहीं देखते। नई जानकारियों के साथ ही हमारा इतिहास-बोध भी बदलता रहता है। मध्यकालीन एशिया के इतिहास को लेकर हमारी नज़रों में एक धुँधलका था। इधर की जानकारियों से बौद्धकालीन भारत और एशिया के सम्बन्धों पर भी एक नई रोशनी पड़ती है।

इसे लिखकर आपकी रचनात्मकता ने अपनी थकान उतारी है या यह एक नई ऊर्जा ग्रहण करने का एक काव्यात्मक पड़ाव है।

हर रचना की समाप्ति के बाद ज़रूर एक थकान-सी उतरती है—लेकिन वह सिर्फ़ एक अँगड़ाई की तरह है। उससे अगली रचना के लिए बल भी मिलता है। लिखने के दौरान रचना के साथ एक जीवित-सा सम्बन्ध बन जाता है, वह अगली कृति में संक्रमित हो यह भी सम्भव है। कौन जाने समय के अथाह में क्या बचेगा, क्या नहीं! जो समय और सामर्थ्य मेरे हाथ में है उसका ही अगर पूरा सदुपयोग हो सके तो बहुत समझूँगा...बाकी सब तो मेरे वश में नहीं है। कुछ भी अच्छा अगर मुझसे बन सका है तो यह भी मेरे लिए कम सन्तोष की बात नहीं है।

आपने कहा है, तुम लिखकर मिटा देना मुझे/मैं लिखकर सिद्ध करता रहूँगा। क्या यह माना जाए कि आपने फिर एक बार लिखकर सिद्ध कर दिया है और आपकी यह लिखावट अमिट है—काल के भाल पर एक अमिट चुम्बन की तरह दर्ज हो चुके हैं आपके हस्ताक्षर।

साहित्य की दुनिया अथाह है जो पूरी तरह शब्दों से निर्मित है। उसका कोई ओर-छोर नहीं। इस 'महासागर' में थोड़ी-बहुत तैराक़ी तो सम्भव है, किन्तु उसका पार पाना असम्भव है। मैंने जो भी सीखा और जाना इसी दुनिया से पाया है। उसका ऋणी हूँ। उसमें यदि कुछ भी जोड़ सका हूँ तो यह मेरा सौभाग्य है। वह थोड़ा ही है—बहुत गर्व करने लायक नहीं, केवल थोड़ा खुश हो लेने लायक़ ही है।

आप उत्तर प्रदेश के फ़ैजाबाद जिले में पैदा हुए जो कि अवध का इलाका है। काफी दिनों लखनऊ रहे। अवध की समृद्ध सांस्कृतिक विरासत और परम्पराओं को अपने भीतर किस तरह महसूस करते हैं। साथ ही यह जो आपकी कविता में सूफियाना लहजा, साधु सम्मत आचरण है, उसके उत्प्रेरक तत्त्वों में क्या अवध की संस्कृति या अवध के कवियों की कोई भूमिका रही है।

अवध में जीना मेरे लिए एक ख़ास तरह के विरोधाभास में भी जीना था जिसका आभास मुझे आज के भारतीय जीवन में ही व्याप्त प्रतीत होता है। एक ओर जहाँ भव्य दार्शनिक और वैचारिक धरोहर, कबीर, जायसी, तुलसी आदि जैसे महाकाव्यों की कालजयी साहित्यिक देन, वहीं दूसरी ओर सामान्य जन के बीच घोर अशिक्षा, गरीबी, अज्ञान और धर्मान्धता। इन दो ध्रुवों के बीच मेरे जैसे व्यक्ति के लिए शायद एक बेचैन जीवन ही सम्भव था। जब से होश सँभाला घर में तुलसी की रामायण (माँ को राधेश्याम की रामायण अधिक रुचती थी : वे कभी-कभी घर पर भी आते थे) को मौजूद पाया। राम का चरित एक आदर्श आचार-संहिता की तरह मन पर अंकित हो गया। कबीर के 'भजन' और 'सूरसागर' भी तुलसी के अग़ल-बग़ल ही

रहते, पर कम पढ़े जाते। दादा धार्मिक प्रवृत्ति के थे। बहुधा साधु सन्तों से घिरे रहते थे। उन्हीं में से किसी की प्रेरणा से अयोध्या में बाबा ने एक कोठी बनवाई और उसी के अहाते में एक मन्दिर भी। इस कोठी में ठहरनेवालों में कुछ प्रसिद्ध नाम याद हैं– स्वामी रामतीर्थ, पंडित विष्णु दिगम्बर, पं. मदन मोहन मालवीय और बाद में सुभाष बाबू भी कुछ दिन यहाँ रहे। बाद में 'लाल कोठी' के नाम से यह घर चर्चा में रहा। जब तक बाबा रहे अक्सर कुछ समय अयोध्या की इसी कोठी में बिताते। उनके ख़ास साथियों में बाबू जगन्नाथदास 'रत्नाकर' और बाबूलाल जी (आचार्य नरेन्द्र देव के बड़े भाई) का नाम याद आता है। माँ अपने अन्तिम दिनों में यहीं रहीं और इसी कोठी में उनका देहान्त हुआ। इसी कोठी के अहाते में एक 'आउटहाउस' भी है जिसमें बाद में पिता का देहान्त हुआ। परदादा ऐय्याश प्रकृति के थे, दादा के स्वभाव के बिलकुल विपरीत। हवेली के एक छोर पर दादा रहते थे, तथा दूसरे छोर पर परदादा। मुझे नहीं याद पड़ता कि मैंने दोनों को कभी बात करते देखा या सुना हो। एक जीता जागता विरोधाभास! प्राचीनता से लेकर अंग्रेज़ी ज़माने तक फैला हुआ विचित्र प्रभावों का एक कोलाज़। उत्तर प्रदेश आज की हिन्दी उर्दू की जन्मभूमि है। प्राइमरी शिक्षा फ़ैजाबाद में हुई। हिन्दी और उर्दू, हिन्दू और मुसलमान में फ़र्क की पहली शिक्षा भी यहीं मिली। उर्दू एक मौलवी साहब पढ़ाते थे, और हिन्दी एक पंडित जी। अक्षर-ज्ञान कराया गया। स्कूल दो तख़्तियाँ ले जाता था : हिन्दी अक्षर काली तख़्ती पर नरकुल की क़लम को चित करके खड़िया मिट्टी से बाएँ-से-दाएँ लिखता था, उर्दू के अक्षर सफ़ेद तख़्ती पर सेठे की क़लम को पट करके काली रोशनाई से दाएँ-से बाईं तरफ़ को लिखता था! इस सवाल के लिए पहली बार पिटा था कि एक ही तख़्ती पर एक ही रंग की रोशनाई से और एक ही क़लम से क्यों नहीं लिखी जा सकतीं दोनों भाषाएँ?

धर्म के कर्म-कांडी रूप ने कभी भी बहुत आकृष्ट नहीं किया। उसका उत्सवी पक्ष अच्छा लगता था, लेकिन दिखावटी और उथला भी। यह भी एक कारण था शायद कि बाद में भारतीयता की गम्भीर पहचान को धर्मग्रन्थों की अपेक्षा देश के दार्शनिक और विचार-साहित्य मे बेहतर खोज सका। कबीर शायद इस विरोधाभास का सबसे प्रखर सामाजिक और साहित्यिक उदाहरण हैं जिन्हें उनका अवधी समाज कभी पूरी तरह स्वीकार न कर सका। उनका अन्तिम समय 'मगहर-निर्वासन' में बीता। राजनीति में मेरे लिए इस विरूपता का पहला अनुभव अयोध्या से चुनावों में आचार्य नरेन्द्र देव की दो बार हार थी। आज की राजनीति भी अक्सर मुझे बहुत कुछ उसी तरह की संकुचित मानसिकता का विस्तार दीखती है। विचारशीलता की एक बृहद और अनूठी भारतीय परम्परा है : सावधानी ज़रूरी है कि उसे अन्धविश्वास ढँक न ले।

आपकी बौद्धिक और राजनीतिक चेतना का नए तरीके से विन्यस्त करने में आचार्य नरेन्द्र देव, आचार्य कृपलानी तथा डॉ. लोहिया जैसे समाजवादियों की गहरी भूमिका रही है। मार्क्स, बुद्ध और गांधी के विचारों को भी अपने आत्मसात किया। पर आपकी कविताओं में औपनिषदिक चिन्तन तथा बुद्ध की करुणा का महाभाव प्रबल है। आपकी कविता की राजनीतिक व्याख्या करते हुए उसे किस वैचारिक धरातल पर रखकर देखा जाना चाहिए।

आचार्य नरेन्द्र देव का कार्य-क्षेत्र राजनीति था। विचार-क्षेत्र अत्यन्त विस्तृत और विविध था, मार्क्स से लेकर बौद्ध धर्म दर्शन तक को समेटता हुआ। उनकी समाजवादी-राजनीतिक दृष्टि प्रमुखतः एक विनम्र विद्वान की दृष्टि थी। खुड़पेंची और दाँवपेंच वाली राजनीति के लिए वे एक बाहरी आदमी थे। काशी विद्यापीठ में या लखनऊ विश्वविद्यालय के उप-कुलपति के रूप में मुझे अधिक उपयुक्त लगते थे। उनका सान्निध्य मिला, और उनके व्यक्तित्व के इस पक्ष ने मुझ पर गहरा प्रभाव डाला कि पढ़ने-लिखने की दुनिया की कोई वैचारिक भौगोलिक या ऐतिहासिक सीमाएँ नहीं होतीं। भारतीय ऐतिहासिक और बौद्धिक परिप्रेक्ष्य बहुत बड़ा है : उसे संकुचित करके देखना अज्ञान है। हम अपनी दृष्टि को यदि विस्तृत करके देखें तो एक गांधी और बुद्ध के बीच बहुत बड़ा फ़ासला नहीं दिखाई देगा। मुझे ऐसा नहीं लगता कि उपनिषदों में जीवन और मृत्यृ को लेकर, या नैतिकता को लेकर, या मनुष्य की आत्मिक ज़िन्दगी को लेकर जो चिन्तन किया गया है वह आज बिलकुल अप्रासंगिक हो गया है। हमने केवल उसे 'अपडेट' नहीं किया है, उसे सम-सामयिक नहीं बनाया है। पाश्चात्य चिन्तन में अगर सुकरात, प्लेटो और अरस्तू आज भी विचारणीय ठहरते हैं, तो हम भारतीय विचारकों को इतने थोक तरीक़े से खारिज कैसे कर देते हैं? 'कविता की राजनीतिक व्याख्या'—मुझे सुनने में ही काफ़ी अटपटा लगता है। मैंने कविता को हमेशा 'जीवन' और 'जीवन-विवेक' से जोड़ने की कोशिश की है—और इस कोशिश का दायरा ख़ासा बड़ा है...वेद और उपनिषद् भी संसार की उसी वैचारिक धरोहर का मूल्यवान हिस्सा है जिनकी जाँच-परख नई तरह, और कई तरह, होती रहनी चाहिए।

आचार्य कृपलानी गांधी के विचारों के अत्यन्त विश्वस्त समर्थकों में से थे : उनकी पुस्तक 'द गांधियन वे' को आज भी उस समय का एक प्रामाणिक दस्तावेज़ माना जा सकता है। मेरे पिताजी का प्रशिक्षण 'काशी विद्यापीठ' में हुआ। उस समय आचार्य कृपलानी उनके प्रमुख प्रशिक्षकों में से थे। उस शुरुआती सम्पर्क का धीरे-धीरे एक घनिष्ठ पारिवारिक निकटता में बदलते जाना हमारे जीवन में एक महत्त्वपूर्ण परिवर्तन था—ख़ासकर मेरे लिए। मेरी बड़ी बहन को पढ़ने-लिखने का शौक था, जो मुझ तक भी पहुँचा। इस शौक़ को दादा (आचार्य कृपलानी) से भरपूर बढ़ावा मिला,

और एक व्यावसायिक माहौल में भी इस शौक़ को पनपने के लिए थोड़ी जगह मिल सकी। मोटरों के धन्धे में मेरा मन नहीं लगता था। मुझे 'स्पेयर पार्ट' कहकर मेरे बड़े चाचा मुझे मोटरों के कारोबार के अयोग्य मान चुके थे। पढ़ने-लिखने के शौक़ को ध्यान में रखते हुए मुझे 'एकांउट्स-बुक' लिखने के लिए बैठाया गया, लेकिन हिसाब-किताब के नीचे भी कविता की पंक्तियाँ देखकर पिताजी ने हैरान होकर दादा से पूछा क्या करें? दादा ने मुझे दिल्ली बुला लिया। उस समय वे 30 पृथ्वीराज रोड पर रहते थे। वहाँ मुझे दादा और उनकी पत्नी सुचेता जी का सान्निध्य मिला। दादा उन दिनों अंग्रेज़ी की पत्रिका 'विजिल' निकाल रहे थे। उनके उस काम में हाथ बँटाना अच्छा लगा। अंग्रेज़ी अखबार 'हिन्दुस्तान टाइम्स' में भी मेरे काम करने की बात चल रही थी कि इसी बीच मैं एक लम्बी विदेश-यात्रा पर निकल गया...और वह सिलसिला अचानक ही कुछ टूट-सा गया। लेकिन दादा से हमारे परिवार का निकट सम्बन्ध हमेशा बना रहा। मेरी बहन जब भवाली सेनेटोरियम में क्षय-रोग की अन्तिम यातना से गुज़र रही थी दादा बराबर उनके सिरहाने बैठे रहे। उस कठिन समय की एक लम्बी और दुखद कहानी है...।

उस सन्दर्भ से थोड़ा अलग हटकर कुछ बातें उठाना चाहूँगा। 'काशी विद्यापीठ' और तात्कालिक राजनीति—यानी 'स्वतन्त्रता आन्दोलन' को लेकर। मेरी दृष्टि में 'काशी विद्यापीठ' एक असाधारण शैक्षिक संस्थान था जिसने उस समय की राजनीतिक चेतना पर भारतीय चिन्तन की उदात्त संस्कृति का गहरा असर डाला। बात केवल आचार्य नरेन्द्र देव और आचार्य कृपलानी जैसे विचारशील राजनीतिज्ञों की ही नहीं है, बल्कि 'काशी विद्यापीठ' की परिधि से बाहर के उन तमाम चिन्तकों और विद्वानों की भी है जो विभिन्न विषयों में काम कर रहे थे पर जिनकी बुनियादी मनीषा में गहरे भारतीय संस्कार व्याप्त थे—संकुचित अर्थों में नहीं—ज्ञान विज्ञान के अत्यन्त उदार और श्रम-साध्य अर्थों में। डॉ. वासुदेव शरण अग्रवाल, डॉ. भगवानदास, पं. मदन मोहन मालवीय, श्रीप्रकाश जी, पं. गोपीनाथ कविराज, राय कृष्णदास...ऐसे कुछ लोगों की अनेक छुटपुट छवियाँ मेरे मन में हैं। ऐसे नामों की लिस्ट बहुत लम्बी होगी जिसके लिए वाराणसी की वैचारिक परम्परा विश्वविख्यात है। गांधी जी के अहिंसा और सत्याग्रह आन्दोलन को इस विचार-सम्पदा से सबसे अधिक समर्थन और बल मिला, यहाँ तक कि प्रेमचन्द तक गांधीवाद के आदर्शों से अछूते नहीं रह सके। विदेशी विचारों और प्रभावों का भारत में आते रहना कोई नई बात नहीं, लेकिन यहाँ मैं इस बात को ख़ासतौर पर रेखांकित करना चाहता हूँ कि उनका साहित्य, दर्शन और कलाओं के माध्यम से छनकर आना, तथा उनका सीधे थोक ढंग से राजनीति के माध्यम से आना एक ही बात नहीं है। मेरा मतलब उस समाजवाद से है जिसने मुझे ही नहीं मेरे अनेक साहित्यकार मित्रों जैसे रघुवीर सहाय और विजयदेव नारायण

साही आदि को आकृष्ट किया, वह मूलतः उस तरह का प्रभाव था जिसके बीज भारतीय संस्कृति में पनपे। समावेशी ढंग से। इसके प्रणेता ठेठ राजनीतिज्ञ नहीं थे। भारतीय इतिहास और दर्शन और साहित्यों के गम्भीर अध्येता भी थे। इन सबमें कहीं-न-कहीं नए विचारों या प्रभावों को उन भारतीय आधारों से जोड़ने की चेष्टा स्पष्ट दिखाई देती है जिनकी नैतिक और आत्मिक शक्ति आज भी प्रासंगिक जान पड़ती है।

इन विभिन्न अर्थों पर डॉ. लोहिया से खुलकर बातचीत होती थी। लखनऊ के कॉफ़ी हाउस में जब वे दिखाई देते हम लोग उन्हें घेर कर बैठ जाते। बहसों की सरगर्मी में बड़े छोटे का अन्तर भी मानो मिट-सा जाता था। डॉ. साहब के सोचने और बोलने के ढंग में जो स्पष्टता और बेबाक़ी थी वह हम नए लोगों को बरबस अपनी ओर खींचती थी। वैसे, घर पर भी अक्सर उनसे मिलना-जुलना होता रहता था, ख़ासकर जब कभी श्री बदरीविशाल पित्ती हैदराबाद से लखनऊ आते तो उनकी समाजवादी मित्र-मंडली की बैठकों में शामिल होना लाज़िमी था। जो ख़ास लोग याद आ रहे हैं उनमें डॉ. लोहिया के अलावा सर्वश्री राज नारायण और गोपाल नारायण सक्सेना (पालन जी) हैं।

समाजवादियों की वह पीढ़ी कहाँ खो गई जिसे देश का नए मान-मूल्यों के अनुसार निर्माण करना था।

'उग्रता' और 'अतिवाद' के अर्थ को समझना जितना आसान है शायद 'सन्तुलन' और 'संयम' जैसे शब्दों के अर्थों को समझना उतना ही मुश्किल। उसके लिए जैसा धीरज और बारीक़ सोच चाहिए वह आज के इस अधीर समाज में कहाँ? सब हड़बड़ी में हैं एक दूसरे से आगे निकल जाने की। आगे क्या है किसी को पता नहीं। इस हड़बड़ी में अगर ग़रीब की गठरी की तरह हमारा समाजवाद कहीं बहुत पीछे छूट गया तो उसमें आश्चर्य भी क्या! हमें क्रोध और तैश की भाषा में तो जीना मरना मंजूर है लेकिन सोच-विचार, प्रेम और सौहार्द्र की भाषा के लिए धीरज नहीं। हम 'शान्ति' की बात भी 'संघर्ष' की शब्दावली में करते हैं—कैसी विडम्बना है कि आग को आग से बुझाना चाहते हैं...

आप लखनऊ में काफी दिनों रहे। दिल्ली में रहते हुए लखनऊ को किस तरह याद करते हैं।

मेरा पचास वर्षों से भी अधिक का साहित्यिक जीवन लखनऊ में बीता है। सन् 1995 से दिल्ली में हूँ...और वह बीता हुआ जीवन-समय भी हर समय मेरे साथ रहता है। यादों का कोई सिलसिला नहीं होता। वे अकस्मात् अनायास उठती हैं और बरबस हमें अपनी दुनिया में खींच ले जाती हैं। वहाँ लौटता हूँ तो एक पूरा माहौल मानो

फिर से जी उठता है। मेरी उस दुनिया के चार ख़ास 'ठिकाने' साफ़ उभरते दिखाई देते हैं जो मेरे साहित्यिक जीवन का अभिन्न अंग बन चुके हैं...। वे मेरी स्मृति में अभी भी जीवित हैं। उनका वर्तमान बदल चुका है। मेरा घर, कॉफ़ी-हाउस, लखनऊ विश्वविद्यालय और साथी प्रेस जहाँ लेखक संघ की बैठकें हुआ करती थीं, अक्सर याद आते हैं।

आपने लिखा है, उन दिनों लखनऊ का साहित्यिक माहौल काफी समृद्ध था। कॉफी-हाउस में नियमित बहसें होती थीं। इन बैठकों, बहसों में और किन-किन लोगों का संग-साथ रहा। जहाँ तक मेरी समझ है, 1975 से 1984 तक लखनऊ को जानने समझने का—अमृतलाल नागर, भगवतीचरण वर्मा, यशपाल, शिवानी, ठाकुर प्रसाद सिंह, श्रीलाल शुक्ल, मुद्राराक्षस, कृष्णनारायण कक्कड़, ज्ञानचन्द जैन, गिरधर गोपाल, नरेश सक्सेना, गोपाल उपाध्याय जैसे साहित्यकारों के साहचर्य से लखनऊ की साहित्यिक आबोहवा तब कुछ अलग-सी ही थी। आज के लखनऊ को देखते हुए गुजिश्ता लखनऊ की यादों को किस तरह सहेजना चाहेंगे।

स्मृतियों का भी अपना एक अलग यथार्थ होता है। वह कभी-कभी वर्तमान से भी अधिक चटख हो सकता है। आपने बीसवीं सदी के उत्तरार्द्ध में हिन्दी साहित्य से जुड़े कुछ महत्त्वपूर्ण नाम गिनाए, जिन्होंने लखनऊ के साहित्यिक जीवन को गरिमा दी। इस लिस्ट में और भी बहुत-से नाम जोड़े जा सकते हैं, तब भी बहुत-से महत्त्वपूर्ण नाम छूट जाएँगे। संक्षेप में, इतना कहना पर्याप्त होना चाहिए कि उस समय का शायद ही ऐसा कोई महत्त्वपूर्ण साहित्यकार रहा होगा जिसका सान्निध्य मुझे लखनऊ में न मिला हो। कॉफी-हाउस की 'संस्कृति' उस समय लखनऊ में ही नहीं, भारत के अनेक शहरों में बुद्धिजीवियों का सक्रिय अड्डा थी। लखनऊ कॉफी-हाउस का माहौल इस मायने में औरों से अलग था कि वहाँ हिन्दी और उर्दू के लेखकों के बीच किसी तरह का अलगाव नज़र नहीं आता था। मजाज़, आले अहमद सरूर, सज्जाद हीर, रज़िया आपा, आनन्द नारायण मुल्ला, सलाम मछलीशहरी, आदि उर्दू के तमाम लेखकों के साथ मिलना-जुलना, बहस मुबाहिसों से कॉफी-हाउस गूँजता रहता था। लेकिन इस 'कॉफ़ी-हाउस-संस्कृति' का सबसे जानदार पक्ष था केवल साहित्य ही नहीं बल्कि विभिन्न विषयों के जानकार और विद्वानों, कलाकारों तथा पत्रकार आदि का एक खुले मंच पर संवाद और वाद-विवाद। विभिन्न विषयों के बीच इस व्यापक लेन-देन ने हर विषय को मानो मुक्त विचरण के लिए एक ज़्यादा बड़ी दुनिया मुहैया कराई।

कभी-कभी इस 'कॉफी-हाउस-संस्कृति' को मैंने इस तरह भी सोचा है मानो वह पाँच-सितारा-होटलों और महँगे रेस्त्राँ-कल्चर के विरुद्ध साधारण जन का प्रतीकात्मक विद्रोह या असहयोग आन्दोलन हो।...उसका ठेठ 'खद्दरपन' गांधी जी के चरखे की

याद दिलाता था। कॉफी-हाउस में बैठने में कुछ-कुछ वैसी ही-सी शान थी जैसी खद्दर पहनने में। याद पड़ता है, एक बार किसी ने मेरे मित्र कृष्ण नारायण कक्कड़ से पूछा था, 'आप हर समय कॉफी हाउस में क्यों बैठे रहते हैं?' तो उनका सधा हुआ उत्तर था, 'आपको पता नहीं कि जो जन-क्रान्ति ज़ल्दी ही आनेवाली है वह कॉफी-हाउस से ही होकर गुज़रेगी! उसी के इन्तज़ार में बैठा हूँ। जैसे ही वह आएगी उसमें शामिल हो जाऊँगा।'

लखनऊ विश्वविद्यालय का वातावरण भी उस समय आज से बहुत फ़र्क था। अपने उन विद्वान प्रशिक्षकों को आदर और कृतज्ञता से याद करना चाहूँगा, जिन्होंने लखनऊ विश्वविद्यालय को उस समय एक स्पृहणीय अकादमिक गरिमा दी।

लखनऊ के बारे में कहा जाता है कि 'लखनऊ हम पर फिदा है हम फिदाए लखनऊ।' तब फिर लखनऊ से दिल्ली आ बसने की क्या वजह रही।

मैं 1995 से दिल्ली में हूँ। बीच-बीच में लखनऊ आना-जाना होता रहा। मेरे जीवन के लगभग पचास साहित्यिक-वर्ष जिन अग्रज और साथी साहित्यकारों के बीच बीते उनमें से अधिकांश या तो जीवित नहीं हैं, या लखनऊ से अन्यत्र-ख़ासकर दिल्ली आ बसे थे। लखनऊ में जो साहित्यिक माहौल उजड़-सा रहा था, वह बहुत-कुछ मानो दिल्ली में स्थानान्तरित हो रहा था। लेकिन बहुत फ़र्क अर्थों में। एक बहुत बड़े भाषा-प्रदेश में फैली हिन्दी साहित्य की गतिविधियों का दिल्ली में केन्द्रित होना जहाँ उसे एक वृहत्तर वैश्विक सन्दर्भ से जोड़ता था वही उसे उसकी जड़ों से थोड़ा दूर भी करता था। लेकिन दुश्चिन्ताएँ थीं तो आश्वासन भी थे। हिन्दी का भाषायी और साहित्यिक इतिहास विषम परिस्थितियों से गुज़रता रहा है, और परिवर्तनों से तालमेल बैठा सकने की इसमें विरल क्षमता है।

कुछ बिलकुल निजी कारणों से भी लखनऊ छोड़ा। महानगर में वह जगह जहाँ 1956 में घर बनाया था तब एक शान्त, सुन्दर और निरापद जगह थी। धीरे-धीरे घर की चहारदीवारी से सटकर मन्दिरों की कतार, स्थानीय बाजार, फुटपाथ पर फैल गया। हर समय असह्य शोरगुल और गन्दगी और असुरक्षा। चैन से रहना मुश्किल हो गया। दूसरे, मोटर के पारिवारिक कारोबार से भी अलग हो गया। व्यापार में पहले भी मन नहीं लगता था। शिद्दत से ऐसा लगने लगा था कि लखनऊ की सांस्कृतिक ज़िन्दगी को बचाने में सरकार की भी कोई दिलचस्पी नहीं थी। राजनीतिक माहौल हावी होता जा रहा था। शैक्षिक संस्थानों का हाल भी दिनोंदिन बद से बद्तर होता जा रहा था। अपने ही शहर में अजनबी-सा अनुभव करने लगा था। दिल्ली में साहित्यिक और सांस्कृतिक गतिविधियों की एक ज़्यादा बड़ी

दुनिया मिली—यह बड़ी ज़रूर थी लेकिन वैसी आत्मीय नहीं जैसी लखनऊ में मिल सकी थी।

'पोएट्री इंटरनेशनल वेब' के लिए अरुंधति सुब्रह्मण्यम द्वारा पूछे गए एक सवाल कि आप समकालीन हिन्दी कविता की प्रवृत्तियों और संवेगों को कैसे रेस्पांड करते हैं—के उत्तर में आपने कहा था कि 'कविता स्वभावतः एक स्वच्छन्द कला है। यह किसी तरह की बाधाएँ और अधिदेश स्वीकार नहीं करती।...महान कविता ही जीवित रहती है, उसके चारों तरफ मँडराते नारे नहीं।' इसका अर्थ यह है कि कविता के विभिन्न मोड़ों, प्रवाहों को आन्दोलनों के अन्तर्गत परिभाषित करने की प्रवृत्ति कविता को एक ख़ास कंडीशनिंग से आबद्ध करना है। तब फिर कविता के वैविध्यपूर्ण और कलात्मक उच्चावयवों का अध्ययन-विश्लेषण और वर्गीकरण किस तरह किया जाना चाहिए।

कविता को समझने के कई तरीके हैं। उनका अपना महत्त्व है—और सीमाएँ भी, ख़ासकर रचनाकार के लिए। कविता का पूरा 'काव्यशास्त्र' है जैसे 'भाषा' का 'व्याकरण' है। लेकिन भाषा जैसे व्याकरण के अनुसार विकसित नहीं होती, काव्य-रचना भी काव्यशास्त्र के उसूलों का उल्लंघन करने के लिए मजबूर है। कविता को समझने और जाँचने-परखने की शास्त्रीय विधियाँ नाजायज़ नहीं हैं। उनकी अपनी ज़रूरतें और उपयोगिता है—तब भी जब काव्य-रचना उनके दबावों और आग्रहों को तोड़कर आगे बढ़ना चाहती है तब उसे शुद्ध रचनात्मकता के स्तर पर अपनी इस कोशिश को जायज़ सिद्ध करना पड़ता है। यह अवधारणा आज भी प्रबल है कि छन्द के बिना कविता, कविता नहीं : इसके बरक्स मुक्त छन्द को अपनी प्रामाणिकता के लिए सिद्ध करना पड़ा कि उच्च-कोटि की रचना-धर्मिता बिना छन्दों के भी सम्भव है। यह बात कविता ही नहीं लगभग सभी कलाओं के लिए भी उतनी ही सही है कि जब भी वह कला के प्रचलित नियमों को तोड़ती है, तो क्या वह रचना के किसी नए कीर्तिमान को हमें दे पाती है। पिकासो की कला कला-सम्बन्धी अनेक प्रचलित नियमों को तोड़ती है जिसका एकमात्र औचित्य उसकी अपनी कला-कृतियाँ हैं। समीक्षा-शास्त्र और रचनाकार के बीच का रिश्ता अगर थोड़ा असहज, या द्वन्द्वमूलक, हो तो इसमें कोई हर्ज़ भी नहीं। इससे रचनात्मक ऊर्जा उत्पन्न होती है। मुश्किल तब आती है जब समीक्षा-पदों के दबाव रचनाशीलता पर हावी हो जाते हैं। एक उत्कृष्ट रचना अपनी पहचान ख़ुद बनाती है। शास्त्रीय नियम उसे समझने-समझाने में सहायक हो सकते हैं, बशर्ते कि हम ठीक से जानें कि समीक्षा के इन औजारों का सही इस्तेमाल कैसे हो। आख़िर तो जब कविता लिखी जाएगी तो उसका इतिहास भी लिखा ही जाएगा। समझने की मुख्य बात इतनी ही है कि इतिहास लिखने के नियम सिद्धान्त आदि कविता रचने के नियमों से अलग तो होंगे ही।

कविता को आपने अनुभूत जीवन के अध्ययन-अनुशीलन को सुविस्तृत करने की एक संवेदी कल्पनाशील प्रविधि माना है तथा आपका यह कहना भी है कि आपने अपनी कविताओं पर किसी भी तरह का काव्यशास्त्र थोपने का प्रयास नहीं किया, बल्कि उन्हें निर्बन्ध रूप से अपने रूप और अन्तर्वस्तु के निर्धारण के लिए मुक्त रखा है। मार्क्स की इस विचारणा से आश्वस्त होते हुए कि रूप ही अपनी वस्तु का प्ररूप होता है (Form is the form of its content), इसे अपनी कविताओं में दृष्टव्य कुछ उदाहरणों से स्पष्ट करेंगे। क्या यह किसी प्रारूपवाद को प्रश्रय देने की हिकमत नहीं कही जाएगी।

'फॉर्म' और 'कन्टेन्ट' यानी 'रूप' और 'कथ्य' को लेकर बहस वर्षों से चली आ रही है, जैसे कभी 'शब्द' और 'अर्थ' को लेकर बहस सदियों तक चली। इस तरह की अनेक बहसें हैं जिन्हें यदि 'वैकल्पिक' ढंग से रखकर चलाया जाए तो अनन्तकाल तक चलती रह सकती हैं : उन्हें यदि 'सामासिक' ढंग से रखकर सोचा जाए तो बहस अपने आप ख़त्म हो जाती है। जैसे 'शब्द' और 'अर्थ' की संयुक्त स्थिति बनती है, वैसे ही 'रूप और कथ्य' की भी। उन्हें विभक्त करके प्रतिद्वन्द्वी स्थिति में रखना एक अन्तहीन बहस की शुरुआत है। कविता के 'देखने' के तरीके में सौन्दर्यबोध आवश्यक होता है, विश्लेषणात्मक तर्क गौण। काव्यदृष्टि विभिन्नताओं में भी सामंजस्य, सन्तुलन और संगति खोजती है। इसीलिए रचना उसके लिए एक जटिल 'कम्पोजीशन'-संचयन है। विभिन्न अवयवों का आंगिक (आर्गेनिक) रचना- जगत—कुछ-कुछ जैसे संगीत में वादी, प्रतिवादी, संवादी, आरोह, अवरोह के कुशल संयोजन से एक राग का स्वरूप बनता है। एक सफल रचना अपने 'फॉर्म' ('रूप') द्वारा भी बहुत कुछ कह सकती है। 'फॉर्म' और 'कथ्य' को अलग-अलग सोचना अपने आप में एक अन्तर्विरोध है। एक उत्कृष्ट रचना में वे एक दूसरे के पूरक होते हैं।

यह समाज तेजी से बदलता हुआ समाज है। बाजार ने इसकी आदतें बदल दी हैं। उसकी प्राथमिकताओं में आज कविता नहीं है। ऐसी स्थिति में क्या यह मान लिया जाए कि कविता की आज कोई सामाजिक उपयोगिता नहीं रह गई है।

जीवन को सँभालने की सारी जिम्मेदारियाँ अगर कविता पर लादकर उसकी सामर्थ्य को आँका जाएगा तो वह चरमराकर बैठ जाएगी। वह 'बेचारी', 'बेबस' और 'असमर्थ' नज़र आएगी। राजनीति जीवन की सभी समस्याओं का समाधान नहीं है। कविता ही नहीं, किसी भी विषय के विशिष्ट कार्यक्षेत्र का सीमा-निर्धारण ज़रूरी है। अन्यथा वह किसी भी क्षेत्र में सफल नहीं हो सकेगा। सोचिए, अगर राजनीति या अर्थशास्त्र पर कविता लिखने का भी जिम्मा सौंप दिया जाए तो दोनों का क्या हाल होगा!

इस बात को पहले भी कह चुका हूँ–फिर दोहराता हूँ–कविता के हाथों में जीवन और विचार का सबसे सशक्त माध्यम भाषा है। उस भाषा के कलापूर्ण उपयोग द्वारा कवि समाज के अन्तःकरण तक पहुँच सकता है। यह एक बहुत बड़ी शक्ति है। कविता को चाहिए कि वह सामाजिक चेतना को सीधे सम्बोधित करे–राजनीति के माध्यम से नहीं। वह भले ही अन्य विषयों से प्राप्त जानकारियों का इस्तेमाल करे लेकिन उसकी अपनी कोशिश यह होनी चाहिए कि जीवन में नैतिकताबोध, सौन्दर्यबोध, प्रेम, करुणा जैसे मानवीय मूल्य जीवित रहें। भक्तिकालीन कविता का महान उदाहरण हमारे सामने है जिसने कविता को सीधे बड़ी जनचेतना, सामाजिक और नैतिक जिम्मेदारियों से जोड़ा, यश, धन और राज-दरबारों की परवाह किए बग़ैर...।

कुँवर जी, आपने भी माना है कि कविता उन ताकतों में नहीं है जो दुनिया को बदल सकती है, बस आदमी को थोड़ा-बहुत बदलने में ज़रूर कुछ मदद कर सकती है–लेकिन अधिक नहीं। फिर कविता की कलात्मक सामर्थ्य का लाभ एक बेहतर समाज बनाने में किस तरह मिल सकता है।

'सामाजिक चेतना' और 'भाषा' के अर्थ को 'स्थूल' और 'भौतिक' में हम सीमित न करें। सामाजिक चेतना से सीधा संवाद स्थापित करें। भाषा के प्रदूषित और शुष्क होते जाते पर्यावरण को भरसक हरा-भरा रखने की कोशिश करें। प्रेम, नैतिकता, सहानुभूति, करुणा, सौन्दर्यबोध, विचारशीलता जैसे मनुष्योचित गुणों की गरिमा को जीवित रखें। उन्हें शब्द दें। उनमें शक्ति है–उसे मुरझाने न दें।

आपके लेखे आदमी के अन्दर कविता के लिए आज कितना सम्मान है?

मैं इस सन्देह से शुरू नहीं करना चाहूँगा कि आदमी के अन्दर आज कविता के लिए कितना सम्मान बचा है : इस गहरे आत्मविश्वास से शुरू करना चाहूँगा कि आदमी के आदमी होने की सबसे पक्की पहचान और लक्षण उसका साहित्य, कलाएँ और विचारशीलता रहे हैं–पहले भी, और आज भी।

आपकी कविता पढ़कर किसी छोटे से कस्बे-शहर से जब किसी पाठक की प्रतिक्रिया या सराहना मिलती है तो कैसा लगता है। क्या कभी उसकी जिज्ञासाओं का जवाब भी देते हैं, जैसे अपने समय में बच्चन जी और अन्य लेखक किया करते थे।

पत्र-व्यवहार में कमज़ोर हूँ। इधर फ़ोन की सुविधा बढ़ी है तो पाठकों से भरसक सम्पर्क बनाए रखने की कोशिश करता हूँ। लेकिन मानता हूँ कि जो बात पत्र 'लिखने' और 'पाने' में है वह फ़ोन से बात करने में नहीं। फिर, पत्रों का एक दस्तावेज़ी महत्त्व भी होता है। मेरे अनेक अग्रज और साथी मित्रों को बराबर यह शिकायत रही है कि मैं पत्र कम लिखता हूँ। श्री सत्यजीत राय की शिकायत जब यहाँ तक पहुँची 'क्या बात है? क्या हमारे और कुँवर के बीच सारे सम्बन्ध समाप्त हो चुके...?' तो बहुत

शर्मिन्दगी महसूस की थी। बात हँसी में कही गई थी परन्तु उसकी कचोट को आज भी अनुभव करता हूँ। छोटी जगहों में आए पोस्टकार्डों और पत्रों का भरसक उत्तर देने की कोशिश करता हूँ।

राजनीति से यद्यपि आपका सीधा वास्ता नहीं रहा, फिर भी एक नागरिक के रूप में आज की राजनीति को लेकर क्या सोचते हैं। क्या जिस बृहत्तर जीवनाशयों का सन्धान आपकी कविता करती आई है, वैसे किन्हीं उच्चादर्शों का सपना आज की राजनीति देखती है क्या।

राजनीति हमेशा ही 'उच्चादर्शों का सपना' प्रजा या वोटरों के सामने रखती रही है। प्लेटो से लेकर मार्क्स तक 'सपनों' की एक लम्बी शृंखला है। उन्हीं सपनों के बल पर राजनीति का एजेंडा पनपता है। गहरा मोहभंग तब होता है जब वे 'सपने' जनता की उम्मीदों के मुताबिक चरितार्थ नहीं हो पाते। आदर्श और यथार्थ, कथनी और करनी के बीच यह अपाट फ़ासला जीवन का एक बुनियादी विरोधाभास जान पड़ता है। हज़ारों वर्षों के सोच-विचार, युद्ध और संघर्षों के बाद भी मनुष्य इस खाई को पाट सकने में अब तक लगभग असमर्थ रहा है। यह निराशाजनक है : फिर भी, एक कवि-नागरिक की हैसियत से इतना ही कह सकता हूँ कि मैं 'सपनों' की तरफ़ हूँ, उस उम्मीद की तरफ़ हूँ, आदमी के उस सद्विवेक की तरफ़ हूँ, जो सारी मुश्किलों के बावजूद जीवन को किसी-न-किसी तरह जीने के लायक़ बनाते रहे हैं।

आपकी कविता का राजनीतिक पाठ प्रबल भले न हो, वह राजनीतिज्ञों के लिए औषधि की तरह है—एक नए नैतिक, मानवीय, करुणाशील समाज-रचना का स्वप्न देखनेवाली और संकटों में घिरे मनुष्य की पीड़ा को बूझने वाली है। उधर आज की राजनीति की वेशभूषा तो खादी है पर मन बेहद मैला है। उसका शुद्धीकरण कविता के बूते की बात नहीं रही, उससे कारपोरेट कल्चर की गन्ध आती है। ऐसी राजनीति से भला जनता का क्या भला होगा।

सारी हताशाओं के बावजूद राजनीति में एक मार्क्स, गांधी, नेलसन मंडेला या मार्टिन लूथर किंग की सम्भावनाओं से इनकार नहीं किया जा सकता। अराजक और आततायी राजनीति के अन्दर से ही उसकी विरोधी शक्तियाँ भी उत्पन्न होती हैं—जैसे रोगी शरीर के अन्दर से ही रोग-अवरोधक जीवाश्म। इस प्राकृतिक युक्ति को अवमूल्यित करके नहीं आँकना चाहिए।

हिन्दी कविता का वर्तमान परिदृश्य आपको कैसा लगता है? अपने समय के संकटों से आज की कविता कितनी रू-ब-रू है?

'संकटों' का एक बड़ा परिदृश्य है। उनसे जूझने के जो अनेक साधन और युक्तियाँ हमारे पास हैं उनमें से कविता की भी एक जगह बनती है—आज की

हिन्दी कविता मुझे अपने समय के प्रति पूरी तरह सचेत दिखती है, लेकिन उसकी निगाहों में 'देश' और 'काल' का एक वृहत्तर परिप्रेक्ष्य हो, यह मुझे भारत जैसे देश के सन्दर्भ में ख़ासतौर पर ज़रूरी लगता है। वैश्विकता का अनुभव भारत के लिए नया नहीं : वह हमारे व्यापारिक, कलात्मक, साहित्यिक और वैचारिक अनुभवों से घनिष्ठ रूप से जुड़ा रहा है। मुझे यक़ीन है कि उसकी चुनौतियों को स्वीकार करने में हम पूरी तरह सक्षम हैं। अगर हमने उपभोग की संस्कृति को भरपूर जाना है तो परित्याग और विरक्ति की भी एक सुदृढ़ परम्परा है। दोनों की गहरी स्मृतियाँ हमारे अवचेतन में मौजूद हैं और शायद दोनों को सन्तुलित रख सकने की युक्तियाँ भी।

हर समय कविता में नया मोड़, नई निर्मितियाँ, नए कथ्य और नए विज़न रचने का काम युवा पीढ़ी ही करती है। इन दिनों जो युवा पीढ़ी आपके सामने है, वह आपको कितना खींचती, आबद्ध करती है।

इस तरह के सवाल मुझे हमेशा ही थोड़ा असमंजस में डालते रहे हैं। मौजूदा हिन्दी कविता का परिदृश्य बहुत बड़ा और विविध है। 'युवा पीढ़ी' का लेबिल भी एक बहुत बड़े आयु-वर्ग का दायरा बनाता है। फिर, उन सबके बारे में समुचित जानकारी की मेरी अपनी भी सीमाएँ हैं। अपनी पसन्द के 'कुछ' कवियों के नाम लूँ तो 'बहुत-से' ऐसे नाम छूट जाएँगे जिनका लेखन मुझे पसन्द है। यह उनके प्रति अन्याय होगा। वैसे भी, नामों को गिनाना, बिना उनके कामों पर कोई रोशनी डाले, कोई ख़ास मायने नहीं रखता। यह सब एक प्रश्न के उत्तर-भर जगह में सम्भव नहीं। मेरी समझ में एक बेहतर तरीक़ा यह हो सकता है कि इस तरह के प्रश्नोत्तरी के आयोजनों में कई साहित्यकार शामिल हों। तब जो नाम छनकर सामने आएँगे वे अधिक विश्वसनीय भी होंगे और किसी हद तक किसी एक ही व्यक्ति की निजी पसन्द के पूर्वग्रहों से मुक्त भी। व्यक्तिगत रूप से मैं आज लिखी जा रही कविता और कविता के भविष्य को लेकर आस्थावान हूँ।

कवाफी, बोर्ख़ेस, वाल्काट, मलार्मे तथा गुंटरग्रास जैसे लेखकों के अनुवाद के सिलसिले में बात करते हुए आपने ग़ालिब के 'अन्दाज़ेबयाँ' की चर्चा की है तथा माना है कि उनका अनुवाद साधारणतः असम्भव है। क्या मैं कहूँ कि आपका भी अपना 'अन्दाज़ेबयाँ' है—ख़ास तौर से अब जब 'वाजश्रवा के बहाने' जैसा खंडकाव्य सामने है, तो पाता हूँ कि आपकी आवाज़ में जैसे सदियों का अनुभव बोल रहा है।

'अन्दाज़ेबयाँ' वाली बात जिस तरह उर्दू शायरी पर लागू होती है हर तरह की कविता पर उसी तरह लागू नहीं होती। दो पंक्तियों में दो-टूक बात कहने का रिवाज़ बहुत पुराना है, और संसार की लगभग सभी भाषाओं में दो-पंक्तियों वाली

कविताओं (कपलेट्स) के उत्कृष्ट उदाहरण मौजूद हैं। हिन्दी में दोहों की सशक्त परम्परा रही है–भक्तिकाल से रीतिकाल तक, लगभग अटूट। जब छापे की सुविधा नहीं थी तब 'उपदेशों', 'नीतियों', 'शिक्षाप्रद' बातों को जनमानस तक पहुँचाने का यह एक कारगर साधन था–मुख्यतः अपने स्मरणीयता गुणों के कारण। संस्कृत के 'श्लोकों' और 'सुभाषितों' में भी यही बात है। लेकिन इससे छन्द-वैविध्य की ज़रूरतों का विलोप नहीं हो गया। कबीर और तुलसी के 'दोहों' का अपना 'अन्दाज़ेबयाँ' है, तो बयाँ के बदलते अन्दाज़ भी हैं। वे दोहों तक ही महदूद नहीं। वक़्त के साथ बयाँ बदलते हैं तो अन्दाज़ेबयाँ भी। यह अन्दाज़ हर बड़े कवि का अपना अलग होता है। आज की कविता ने भी अपने समय को देखते हुए छन्दों से मुक्त होकर अपनी बात कहने का एक सलीका–एक अन्दाज़ेबयाँ, विकसित किया है...बरसों में...।

स्वतन्त्र कविताओं में जीवन के बारे में आपकी जैसी विचारणा रही है–वह 'वाजश्रवा के बहाने' में और परिपुष्ट होकर प्रकट हुई है। 'जीवन विवेक' और 'कवित विवेक' के सामंजस्य को पहली बार किसी कवि ने इतनी दृढ़ता और संजीदगी से रखा है। क्या जिस तरह जीवन को नैतिक, मानवीय आग्रहों, विनम्र अभिलाषाओं से संयमित करना होता है, उसी तरह कविता को मुक्त-निर्बन्ध मानते हुए भी एक ख़ास कलात्मक वैचारिक संयम से परिष्कृत करते रहना आवश्यक मानते हैं।

आपका प्रश्न बहुत कुछ आपके प्रश्न का उत्तर भी है। स्वच्छन्दता की अपनी सुन्दरताएँ हैं–जैसे कल्पनाशीलता या उदात्त विचारों में उन्मुक्त विचरण, यायावरी, प्रकृतिबोध आदि। लेकिन इस स्वच्छन्दता की अपनी शिष्टताएँ और विशिष्टताएँ और उसकी अराजकताएँ भी हैं। कभी मिल्टन ने कहा था–'मुझे उद्देश्यरहित भटकना थकाता है... ।' यह बात एक कवि के भटकने और यूँ ही आवारा भटकने के फ़र्क को रेखांकित करती है। बिना अज्ञात के विराट में स्वच्छन्द भटके सार्थक और महान कुछ हाथ नहीं लगता। साहित्य और कलाओं से लेकर विज्ञान तक इस चेष्टा की सच्चाई को जाँचा-परखा जा सकता है। ग़ैर ज़िम्मेदार भटकाव इससे बिलकुल अलग बात है।

अच्छी कविता पढ़ते हुए एक साझा अनुभव का हिस्सा बनने का अहसास होता है। क्या अनुभव का साधारणीकरण यही है।

'साधारणीकरण' संस्कृत समीक्षा का एक अत्यन्त सार्थक 'पद' है। पं. रामचन्द्र शुक्ल ने भी इस पर गहराई से विचार किया है। कवि के निजी अनुभवों और अनुभूतियों में पाठक जब अपने भावों को भी पहचान सके तो यह काव्य का निजी से सर्व में पहुँचना ही साधारणीकरण माना गया है। इस दृष्टि से मेरे लिए कविता में सम्प्रेषण का अतिरिक्त महत्त्व है।

विश्व कविता से गहरे सम्पर्कों का लाभ आपकी कविता और कवि ने किस तरह उठाया है।

साहित्य की दुनिया, किताबों की दुनिया, भी जीवन का एक यथार्थ है, क्योंकि इन किताबों में भी जीवन का यथार्थ है। अपने ही अनुभवों से नहीं, दूसरों के अनुभवों को भी अपने में शामिल करके ही जीवन का वह बृहत्तर संसार बनता है जो कविता और पूरे साहित्य का बुनियादी सरोकार है। जिसे राजशेखर ने 'विरचना' कहा है उसे भी काव्य-रचना में एक प्रमुख और जायज़ स्रोत माना है। वास्तविक जीवन के अनुभव सबके लगभग एक-से और सीमित होते हैं। पढ़ना हमारे सोच विचार को विस्तृत करके जीवनानुभवों को भी एक ज़्यादा बड़ा देशकाल देता है। मेरा मानना है कि अच्छी काव्य-रचना में इस 'विस्तृत-चेतना' का विशेष महत्त्व होता है।

आपकी अन्तर्मुखता का रोबदाब इतना है कि आपसे मिलने में सहज ही संकोच होता है। फिर भी वे कौन लोग हैं, जिनकी पहुँच आपके भीतर तक है।

मेरे मनपसन्द विषयों के अच्छे जानकार और मर्मज्ञ मिल जाएँ तो उनसे खुलकर बातचीत करना अच्छा लगता है। उनके साथ एक अन्तरंग बातचीत का सिलसिला अनायास बन जाता है। हमारे भीतर की दुनिया भी छोटी नहीं : बातचीत में उसकी हिस्सेदारी को भी महत्त्वपूर्ण मानता हूँ। वैसे, इतना अन्तर्मुखी भी नहीं हूँ कि बाहरी जीवन की सुन्दरताओं और रोचकताओं की ओर से आँखें बन्द हों! अच्छा हास्य व्यंग्य भी पसन्द करता हूँ : वह जीवन को अपनी तरह समृद्ध और सम्पूर्ण बनाता है...शुरू से ही अवधी और उर्दू का यह पक्ष भी मेरे जीवन और साहित्य में मौजूद रहा है...।

मेरा खयाल है कि मेरे जितने अन्तरंग मित्र हैं, और रहे हैं, उनका एक बड़ा दायरा है। मित्र मंडली मुझे हमेशा आकृष्ट करती रही है—वह मुझे अपना निजी परिवार लगता है।

कुँवरजी, अपनी कविता का पहला ड्राफ्ट किसे सुनाते हैं। कोई कविता सुनकर भारती जी (पत्नी) और अपूर्व (पुत्र) की पहली प्रतिक्रिया क्या होती है।

मेरे लेखन पर पुत्र और पत्नी कम ही कोई राय देते हैं, लेकिन जब भी बोलते हैं तब स्पष्टता और बेबाकी से। मतभेद और बहसें भी होती रहती हैं जिनका पूरा लाभ मुझे मिलता है क्योंकि उनके पीछे एक बुनियादी सद्भावना तो रहती ही है। भारती अक्सर मेरी कविताएँ देखती रहती हैं—ज़रूरी नहीं कि कोई राय दें ही।

ऐसा बहुत कम होता है कि कोई कविता एक ही बार में पूरी हो गई हो। उन्हें अपनी 'रोज़ की नोटबुक' में डालता रहता हूँ। फिर कभी उनकी ओर लौटता हूँ तो

काफ़ी कुछ संकेत तो उन्हीं कविताओं से मिलता है कि उन्हें कैसे पूरा किया जाए...? या फिर उन्हें अधूरा या अपूर्ण ही छोड़ दिया जाए...? पहले 'ड्राफ्ट्स' को लेकर मित्रों से अधिक बातचीत नहीं होती। इस अर्थ में कह सकते हैं कि वह मेरा बिलकुल निजी मामला है।

किन दोस्तों की संगत रास आती है...?

जिनका संग-साथ, सोच-विचार अच्छा लगता है वे सहज ही मेरे दोस्त बन जाते हैं। बस, यों समझ लीजिए कि अच्छे लोग अच्छे लगते हैं। इस मायने में ख़ुशक़िस्मत हूँ कि मेरे इतने दोस्त हैं कि उन सबके नाम गिनाना मेरे लिए असम्भव है—क्योंकि अगर उनमें से एक का भी नाम छूट गया तो मैं बहुत बड़े घाटे में आ जाऊँगा! कभी-कभी मनमुटाव के मौक़े भी आए—लेकिन यह तनातनी वाला रिश्ता निभाना मेरे बस की बात नहीं। मजबूरी में अपने ही अन्दर खिंच-सा जाता हूँ। उग्र और तुनुक मिजाज़ लोगों के साथ पटरी नहीं बैठती। संवेदनशील लोगों को पसन्द करता हूँ।

कवियों का आमतौर पर गृहस्थी से रिश्ता ढीलाढाला होता है। इस मायने में आप कवि होते हुए भी कितने गृहस्थ हैं।

गृहस्थी के मामले में बहुत ही ढीलाढाला हूँ। यही हाल दुनियादारी, व्यापार वग़ैरह को लेकर भी रहा है। मेरे इस पक्ष को पत्नी भारती और अब पुत्र अपूर्व ने ही सँभाल रखा है। सच पूछिए तो बहुत मुस्तैद और व्यवस्थित तो कविता लिखने के मामले में भी नहीं रहा हूँ, लेकिन वहाँ किसी तरह चल जाता है क्योंकि कविता ख़ुद भी तो कुछ-कुछ मेरे स्वभाव की ही तरह है—जितनी ज़मीनी उससे ज़्यादा आसमानी!

कुँवर जी, कभी प्यार जैसी किसी अनुभूति को आपने छुआ है। यदि हाँ तो इस अनुभूति को आपकी किन कविताओं में महसूस किया जा सकता है। चक्रव्यूह में तो ऐसी कई कविताएँ मेरे ध्यान में आती है, जिनमें एक तो यही है—'रात मीठी चाँदनी है/मौन की चादर तनी है/एक मुझ में रागिनी है/जो कि तुमसे जागनी है।' यह गीत क्या किसी ऐसी ही भावभूमि में लिखा गया था।

आदर्श प्रेम तो शायद ही कभी किसी को मिलता हो। वह एक सपना है लेकिन उसकी ललक और प्रतीक्षा भी कम रोमांचक नहीं। उसमें जीवन-पोषक शक्ति होती है। कुछ विरल क्षणों में उसकी भागती अनुभूतियों को जाना है और उन्हें जैसे-तैसे अपनी कुछ कविताओं में पकड़ने की कोशिश की है—कहीं स्पष्ट तो कहीं छिपाकर। इन अनुभूतियों की झलकें ऐसी भी कई कविताओं में छन आई हैं जिन्हें

ख़ासतौर पर 'प्रेम-कविताओं' के वर्ग में नहीं रखा जा सकता। शुरुआती दिनों की कविताओं में प्रेम अधिक स्पष्ट और मुखर है, बाद की कविताओं में वह मानो नेपथ्य से बोलता है—अधिक परिपक्व और संयत अन्तर्ध्वनियों में। इतना ही कह सकता हूँ कि जो निकट है उसका आधार सपने नहीं, आपसी सम्बन्धों की पक्की जड़ें होती हैं। हम बार-बार उसी की ओर लौटते हैं। कृतज्ञ अनुभव करता हूँ प्रेम की उस अनुभूति के प्रति।

कवियों में अज्ञेय जैसे कवि लेखकीय प्रतिभा के साथ-साथ तमाम तरह की कारीगरी से लैस थे। सिलने, रफ़ू करने, वक्त ज़रूरत जूते चप्पल तक गाँठ लेने, चित्रकारी, घुड़सवारी और बागवानी जैसी तमाम कलाओं में प्रवीण। कविता, सिनेमा, थियेटर और संगीत के अलावा आपकी दिलचस्पियों के क्षेत्र क्या-क्या हैं।

साहित्य की दुनिया बहुत बड़ी है। मैंने उसे केवल कविता तक सीमित नहीं रखा। इसी तरह मैंने साहित्य में भी सिनेमा, संगीत, चित्रकला, नाटक आदि को भी शामिल करके उसे और भी विस्तृत करने की चेष्टा की है। विज्ञान और इतिहास का भी विद्यार्थी रहा हूँ। वह रुचि आज भी बरकरार है। घूमने का शौक़ भी है—लेकिन द्रुत गति से नहीं, विलम्बित में। इस जीवन-लय को मेरी कविताओं में भी आसानी से पहचाना जा सकता है। घुमक्कड़-वृत्ति मेरे लिए भौतिक से अधिक मानसिक, या संचेतनात्मक है। इसीलिए इतिहास के 'समय' में या विज्ञान के विषयों में अपनी कल्पना को भटकाना मुझे दिलचस्प लगता है और अपने स्वभाव के अनुकूल भी।

सुस्वास्थ्य के लिए योग वगैरह करते हैं क्या?

सुबह या शाम की सैर। नियमित रहने की कोशिश करता हूँ लेकिन...थोड़ा आलसी और लापरवाह भी हूँ...।

पिछली बातचीत में आपने इस विडम्बना की ओर इंगित किया था कि हम किसी भी लेखन में जीवन की सच्चाइयाँ खोजने से पहले वैचारिक प्रतिबद्धताएँ खोजते हैं। आलोचना में यह खामी आज किस हद तक प्रभावी है।

मेरा मतलब मुख्य रूप से समीक्षा पर राजनैतिक प्रतिबद्धता के अनुचित दबाव से रहा है। इधर इस तरह का दबाव कम हुआ है और रचनात्मक साहित्य पर इसका हितकर प्रभाव साफ़ महसूस हो रहा है। किसी-न-किसी विचार या विचारों का आग्रह तो रहेगा ही लेकिन वह उचित की सीमा पार न कर जाए इसके लिए 'औचित्य-विचार' की ज़रूरत मुझे आकृष्ट करती है। यानी विचारों को भी विचारपूर्ण ढंग से जाँचते-परखते रहना, न कि किसी विचार पर अडिगता से ठहरे रह जाना।

भारत में आतंकवाद की बुनियादी वजह क्या है। कुछ बरस पहले जो कुछ गोधरा में हुआ और उसकी फलश्रुति गुजरात के दंगों में देखी गई—इस समूचे प्रकरण को किस तरह देखते हैं।

सबसे पहले यह देखना होगा कि दुनिया में कहीं भी जब आतंक और हिंसक उपद्रव की कोई भी बड़ी घटना घटती है तो उसे किस प्रकार की सरकारी और/या राजनीति की शह मिल रही है। हमें यदि अमन चैन का जीवन चाहिए तो उसके उदाहरणों और प्रमाणों से अपने इतिहास को रचना होगा—बीते समय को भी और आनेवाले समय को भी। यह असम्भव नहीं। एक ही समय में यदि एक हिटलर सम्भव हो सका तो एक गांधी भी।

एक तरफ देश में मुस्लिम कट्टरवाद बढ़ रहा है, जिसे अनेक शहरों में हुए शृंखलाबद्ध बम धमाकों की अहम वजह माना जा रहा है और दूसरी तरफ हिन्दू कट्टरता पाँव पसार रही है जिसके पीछे किसी राष्ट्रीयता की भावना नहीं है, सत्ता हथियाने की बर्बर महत्त्वाकांक्षा दिखती है। कट्टरता की इस प्रचंड वेला में आपका कवि मानस क्या सोचता है।

अहिंसा एक नैतिक साहस है। उसके बल को आचरण द्वारा ही सिद्ध किया जा सकता है, तर्क द्वारा नहीं। इसलिए उसे न तो तर्क द्वारा हराया जा सकता है, न हिंसा द्वारा ही। एक जीसस या गांधी की 'हत्या' हिंसा की जीत नहीं—उसकी सबसे कायर और शर्मनाक पराजय है : भौतिक शक्ति का सबसे दुर्बल, कुत्सित और गिरा हुआ प्रदर्शन। आतंक का रास्ता अँधेरों और जंगलों से होकर जाता है। उसमें 'सन्मुख युद्ध' की शान भी नहीं। वह हत्यारों का पाप है।

हज़ारों साल लम्बे युद्धों, बर्बरताओं और विनाश के इतिहास के बावजूद मैं एक कवि की ही तरह सोचने के लिए बाध्य हूँ—कि आदमी की रचनाशीलता का इतिहास कहीं अधिक भव्य और उत्साहवर्धक है। आश्वस्त अनुभव करता हूँ कि दुनिया में शान्ति चाहनेवालों का स्पष्ट बहुमत है।

आज जो देश के हालात हैं, चारों तरफ हिंसा, धार्मिक कट्टरता, असहिष्णुता का बोलबाला है—ऐसे समय मुक्तिबोध की यह पंक्ति याद आती है—एक समूचा वाक्य कहीं टूटकर बिखर गया है।...ऐसे हालात पर क्या कहेंगे।

साम्प्रदायिक उन्माद को भड़काने वाली चरित्रहीन राजनीति के पैतरों का पर्दाफ़ाश पहली ज़रूरत है। इस ज़रूरत को लेकर मीडिया काफी हद तक सतर्क है पर इतना पर्याप्त नहीं। हम इस ऐतिहासिक अनिवार्यता को मन से स्वीकार कर सकें कि विभिन्नता और बहुलता से जीना हमारी विशिष्ट नियति है, विकार नहीं। उसके लिए प्रशिक्षण को नई तरह संवेदनशील और प्रभावी बनाना होगा। प्रशिक्षण से मेरा

मतलब केवल शिक्षा केन्द्रों से नहीं, उस पूरे सम्प्रेषण-तन्त्र से है जिसके द्वारा हमारा एक-दूसरे से, और पूरी दुनिया से, संवाद सम्भव हो पा रहा है। इस समय हमारे देश में 28 से अधिक भाषाएँ हैं फिर भी जनता का अधिकांश हिस्सा उसके प्रभावी सदुपयोग से वंचित है। एक 'विशृंखल वाक्य' के रूपक द्वारा मुक्तिबोध की इस पीड़ा की अनुभूति महत्त्वपूर्ण है।

आपने लिखा है 'तट पर हूँ पर तटस्थ नहीं'। पर हिन्दी बुद्धिजीवियों में एक चुप्पी लगातार जारी रहती है। देश बँट जाए, बिखर जाए, हिंसा हो, रक्तपात हो, उनकी आवाज़ बुलन्द नहीं होती। बौद्धिकों की यह पस्ती और यथास्थितिशीलता कचोटती नहीं क्या।

विरोध के तरीके अलग-अलग हो सकते हैं। एक बुद्धिजीवी के विरोध का तरीक़ा राजनीति के आन्दोलनी तरीक़े से भिन्न हो सकता है, फिर भी अपनी तरह प्रभावी। एक साहित्यकार और कवि का तरीक़ा और भी अलग हो सकता है। इमरजेन्सी के दौरान 'ख़ामोशी की चीख़' भी सुनी जा सकी! विपरीत परिस्थितियों में शहीद हो जाने की अपेक्षा गैलिलीयो ने जीवित रहकर अपना काम पूरा करने को ज़्यादा ज़रूरी समझा। महायुद्धों के दौरान अनेक कवि और लेखक भूमिगत होकर, या निर्वासन में लुके छिपे अपना काम करते रहे—आतताई ताक़तों से सीधे टक्कर नहीं ली : युद्धों के बाद उनका लिखा जो मूल्यवान दस्तावेज़ सामने आया उसका महत्त्व दूरगामी रहा। ऐसे ही किसी प्रश्न के उत्तर में पोलिश कवि ताद्यूश रोज़ेविच का यह उत्तर याद आता है, '...हाँ, मैं चीख़ा था...लेकिन इससे पहले पूरी तरह सोच-समझकर कि उस 'चीख़' का स्वरूप क्या हो!' वैसे भी, दीर्घकालिक या सर्वकालिक प्रतिरोध के मिजाज़ और क़िस्म को तात्कालिक प्रतिरोध की तरह नहीं आँका जा सकता। बक़ौल ग़ालिब—

कहता है कौन नालए—बुलबुल को बेअसर
पर्दे में लाख गुल के जिगर चाक हो गए

सरस्वती के निर्वसन चित्र रचने से लेकर मकबूल फिदा हुसेन की बात हो या मुस्लिम फंडामेंटलिज्म को लेकर सलमान रश्दी और तस्लीमा नसरीन का लेखन, ये सभी कलाकार हिन्दू-मुस्लिम कट्टरपन्थियों के निशाने पर रहे हैं। कलाकारों की स्वायत्तता को लेकर आप क्या सोचते हैं। क्या लेखकों-कलाकारों की ये रचनात्मक अभिव्यक्तियाँ वाकई अभिव्यक्ति के ख़तरे उठाने का उपक्रम हैं या विवादों को न्योतने की रणनीति का नतीजा। आपका क्या कहना है।

साहित्य और कलाओं में अभिव्यक्ति की पूरी आज़ादी के पक्ष में हूँ। इस आज़ादी पर बाहरी अंकुश कलाओं की रचनाशीलता पर ही नहीं, उनकी सामाजिक

और राजनीतिक उपयोगिता—ख़ासकर निर्भीक आलोचना दृष्टि पर भी विपरीत असर डाल सकती है। साहित्य और कलाओं की अपनी समीक्षादृष्टि इतनी विकसित और प्रखर होती है कि वह स्वयं में ही घटिया कला को खारिज कर देने के लिए पर्याप्त है। ग़ैर-साहित्यिक विरोध के आन्दोलनी तरीक़े आम तौर पर ग़ैर-साहित्यिक कारणों से उकसाए जाते हैं। वे समाज में ही नहीं कला संस्कृति में भी अवांछनीय हस्तक्षेप हैं।

कुँवर जी, उसी विडम्बनापूर्ण परिदृश्य से आप भी रू-ब-रू हैं जिससे ये कलाकार और लेखक! कभी ऐसा कुछ विवादास्पद लिखने का खयाल आपके मन में नहीं आया या आपका लेखक किसी अलक्षित सेंसर से अनुकूलित होते हुए विवादास्पद होने में संयम बरतता रहा है।

'विवादोत्तेजक' लेखन की अपेक्षा मैंने हमेशा 'विचारोत्तेजक' लेखन को अधिक पसन्द किया है। हमारे सोचने के तरीकों में विभिन्न विचारों के लिए पर्याप्त स्पेस होनी चाहिए। इस आत्मपरीक्षण को बहुत ज़रूरी मानता हूँ कि वह स्पेस इतनी तंग न हो जाए कि उसमें किसी भी विचार का दम घुटने लगे।

सेंसर की ज़्यादतियों से मेरा कई बार सामना हुआ है। 'युगचेतना' में रघुवीर सहाय की 'हमारी हिन्दी' कविता पर सरकारी आपत्ति उठी थी और उसके चलते पत्रिका बन्द करनी पड़ी थी। सन् 1961-62 में भारत-चीन युद्ध के समय भी मेरा नाम सन्देहास्पद व्यक्तियों की सूची में था क्योंकि 1955 में मैं पोलैंड, रूस और चीन गया था और वहाँ के कुछ लेखक-मित्रों से मेरा पत्र-व्यवहार था। इमरजेन्सी के दौरान 'धर्मयुग' में छपी मेरी कुछ कविताओं के कारण मैं और धर्मवीर भारती काफ़ी मुश्किल में पड़ गए थे—कुछ कविताएँ रोक दी गई थीं जो इमरजेन्सी के बाद छपीं। बाबरी मस्जिद के विध्वंस के बाद 'अयोध्या-1992' में कविता को लेकर भी कुछ अप्रिय परिस्थितियों का सामना करना पड़ा था। और भी कई घटनाएँ हैं...फिलहाल इतना ही काफ़ी होना चाहिए...

राजनीति में तुष्टीकरण की प्रक्रिया चलती रही है। ख़ासतौर से कांग्रेस पर यह आरोप लगाया जाता रहा है कि उसने ही मुस्लिम तुष्टीकरण को बढ़ावा दिया है। फिर भी उसी के शासनकाल में गठित सच्चर कमेटी ने देश में मुसलमानों की बदहाल स्थितियों का खुलासा करते हुए इस तुष्टीकरण की पोल खोल दी है। सवाल यह है कि क्या कांग्रेस सरकार द्वारा दशकों से चलाए गए कथित मुस्लिम तुष्टीकरण के पीछे वाजश्रवा द्वारा बूढ़ी, बीमार और अशक्त गायों का दान करके पुण्य कमाने जैसी ही नीयत नहीं है।

तुष्टीकरण में कहीं एक स्वार्थ और परायापन ध्वनित होता है। भारतीय नागरिक होने के नाते किसी भी 'जाति' या 'धर्म' का व्यक्ति भारतीय नागरिक अधिकारों,

न्यायिक व्यवस्था और मानवाधिकारों का समान रूप से हकदार है। चुनावी राजनीति जब देश को जातियों, सम्प्रदायों और धर्मों में बाँटकर अपने कार्यक्रम बनाती है तो लामहाला वह कहीं देश की अखंडता में ख़तरनाक दरारें पैदा करती है। मुसलमानों को सबसे अलग करके नहीं, सबके साथ रखकर उनकी आर्थिक और शैक्षिक बेहतरी की बात सोची जानी चाहिए।

कॉरपोरेट जगत जिस समाज से आज अरबों की कमाई कर रहा है, उसके प्रति उसके सामाजिक दायित्व को लेकर इन दिनों बहस छिड़ी है। इस बारे में आपका क्या कहना है।

कॉरपोरेट जगत मुख्यतः मुनाफे और बाजार की भाषा में सोचता है, सामाजिक हित और जनहित की भाषा में नहीं। कॉरपोरेट सेक्टर अपने सामाजिक दायित्व को लेकर थोड़ा बहुत सचेत तो है पर अधूरे मन से ही। ऐसा कुछ सरकारी प्रावधान होना चाहिए कि कॉरपोरेट सेक्टर की आय का एक वाजिब हिस्सा समाज के अविकसित वर्ग की बेहतरी में लगे। थोड़ा-बहुत काम इस दिशा में हो भी रहा है किन्तु वह कॉरपोरेट जगत की सामर्थ्य और समाज की ज़रूरतों को देखते हुए नगण्य है।

जिस समाज से हम कुछ भी पा रहे हैं उसे कुछ लौटाते भी रहने की ज़िम्मेदारी जिस तरह एक व्यक्ति पर लागू होती है उसी तरह कॉरपोरेट सेक्टर पर भी। ऐसा नहीं हो तो दोनों के लिए एक संकट की स्थिति उत्पन्न हो सकती है, जैसी आजकल औद्योगिक विकास और ज़मीन तथा पर्यावरण को लेकर समस्याएँ उठ रही हैं। कॉरपोरेट जगत आगे बढ़ता जाए और समाज का एक बड़ा हिस्सा पिछड़ता जाए यह अपने आप में एक अन्तर्विरोधी और असन्तुलित स्थिति है। कॉरपोरेट जगत को समाज का हित-चिन्तक होना चाहिए न कि उसका शोषक।

आपकी ही 'शान्ति वार्ता' कविता की पंक्तियाँ हैं—परमाणु बम बम, तुम तुम न हम हम/मिटाने औ मिटने में हम कम न तुम कम।...अमेरिका के साथ परमाणु शस्त्र समझौते को लेकर बतौर बुद्धिजीवी-आपका क्या कहना है।

परमाणु समझौते को पूरी गहराई और विस्तार से समझे बिना कोई राय देना ठीक नहीं होगा। मौटे तौर पर इतना ही कह सकता हूँ कि कोई भी निर्णय केवल भावनात्मक ढंग से नहीं बल्कि उसके औचित्य को देखते हुए लेना ठीक होगा। किसी भी तरह समझौते का दुरुपयोग नहीं होना चाहिए। देश की सम्प्रभुता को अक्षुण्ण रखते हुए केवल शान्तिपूर्ण विकास में मदद मिले तभी ठीक है।

लगभग पाँच दशकों में दस चुनिन्दा किताबें। कम लिखना क्या आपके सहज स्वभाव में ही है।

कम लिखना स्वभाव में नहीं है, किन्तु सब कुछ जल्दी में छपा देने की उतावली भी नहीं रहती। किताबों की गिनती में बहुत विश्वास नहीं रखता। हर लेखक का काफी कुछ बिना छपे छूट ही जाता है—उसका क्या अफ़सोस...।

नई पीढ़ी के लिए कुछ कहना चाहेंगे?

नए लेखन के भरसक सम्पर्क में रहता हूँ, पर जितना चाहता हूँ उतना पढ़ पाना सम्भव नहीं हो पाता। अच्छा लिखा जा रहा है इस ओर से आश्वस्त हूँ। साहित्य पढ़ने और लिखने के लिए काफ़ी धीरज और लगन चाहिए।

(2009)

कोई भी पुरस्कार मेरे लिए एक ऋण है

साधना अग्रवाल

कुँवर जी, आपको ज्ञानपीठ पुरस्कार के लिए बहुत-बहुत बधाई। साहित्य अकादमी पुरस्कार, व्यास सम्मान, कबीर सम्मान, हिन्दी अकादमी का शलाका सम्मान आदि हिन्दी भाषा के लगभग तमाम पुरस्कार प्राप्त करने के बाद ज्ञानपीठ पुरस्कार पाने पर कैसा लग रहा है?

ऐसा ही लगा कि ये पुरस्कार, साहित्य का सम्मान है। एक ख़ास तरह की ज़िम्मेदारी है कि हम जितना कर रहे हैं, उसको और बेहतर कर सकें। मैं पहले भी कह चुका हूँ कि हर बार पुरस्कार के बाद मुझे लगता है कि यह एक ऋण है, समाज के प्रति, हमारे पाठकों के प्रति, पढ़ने वालों के प्रति, क्योंकि हम अच्छे से जो और अच्छा लिख सकते हैं, लिखें।

क्या यह पुरस्कार आपके कवि, आलोचक या कहानीकार होने की स्वीकृति है?

वैसे तो कविता ही मेरी ख़ास विधा है, जिसमें मैं लिखता हूँ, लेकिन और भी कई विषयों में मैंने लिखा है...तो ये तो हमारी सोच-समझ को, हमारी साहित्यिक-संस्कृति के विभिन्न हिस्से हैं, इस तरह से देखना चाहिए। चाहे हम किसी एक विधा में भी काम करें, लेकिन है तो वो साहित्य के अन्दर की ही दुनिया।...तो पूरी दुनिया से अपने को सन्दर्भित मानते हैं।

अब तक प्राप्त पुरस्कारों में से यह सम्मान कितना हटकर है?

एक तो यह भारत की सभी भाषाओं में पूरे देश के प्रतिनिधियों द्वारा चुना गया, उनका एक मत था, यह जानकर मुझे अच्छा लगा। इस पर कोई वाद-विवाद नहीं था। मेरे नाम का प्रस्ताव किया गया, जिसका अनुमोदन हुआ,...तो यह एक अच्छी पाठक प्रक्रिया भी है। लोगों ने पसन्द किया और निर्विवाद मुझे योग्य समझा, यह मेरे लिए बहुत बड़े सन्तोष की बात है।

यह हिन्दी कविता का सम्मान है या आपके कवि का?

मैं तो समझता हूँ यह कविता ही क्या, पूरे साहित्य का सम्मान है क्योंकि अब तो पुरस्कार एक लेखक के समस्त लेखन को विचार में रखकर दिया जाता है, किसी पुस्तक विशेष पर नहीं। तो इस खयाल से तो मैं यह मानता हूँ कि यह हिन्दी साहित्य का सम्मान है, क्योंकि इसके निर्णायक मंडल में सभी भाषाओं के प्रतिनिधि थे। हिन्दी को तो यह अवसर लगभग 8-9 वर्षों बाद मिला है। कविता को तो शायद और भी बाद में मिला है।

पुरस्कार को आप किस रूप में देखते हैं?

मैंने बताया कि मेरे लिए तो यह एक तरह की ज़िम्मेदारी है, एक ऋण है तो मुझे लगता है कि बेहतर लिखकर इस ऋण को चुकाना पड़ेगा। मैं इसको एक ज़िम्मेदारी की तरह मानता हूँ। पहले भी कबीर सम्मान मिलने पर मैंने एक बात कही थी कि पुरस्कार मिलने का मतलब यह बिलकुल नहीं कि हम सब कुछ कर चुके और इसलिए इनाम मिला है हमें।...नहीं, बल्कि इसका मतलब है कि नए सिरे से हमको फिर अपने लेखन को देखना होगा, रिव्यू करना होगा और जितना बेहतर कर सकते हैं, करें।

(2008)

तट पर हूँ पर तटस्थ नहीं

विनोद भारद्वाज

भेंटवार्ताओं की इस पुस्तक का शीर्षक आपकी ही एक कविता से लिया गया है। यहाँ उसके अभिप्राय को थोड़ा और स्पष्ट करें।

इसमें किनारे खड़े होकर, एक परिप्रेक्ष्य बनाते हुए, दुनिया को देखने का कबीरी अन्दाज़ है। एक विश्वसनीय निष्पक्षता से सब की ख़ैर चाहते हुए जीवन को देखना। यह अपने को सबसे अलग करके देखना नहीं है, अपने और पराए के अन्तर को मिटाकर सबसे मुव्तिला होना है। इसीलिए साहित्य-रचना का अर्थ मेरे लिए एक साथ 'व्यक्तिगत' और 'सामाजिक' दोनों हो सकना है। मेरे सोच में समाज, राजनीति, सब वर्ग के लोगों का सुख-दुख, परिवार आदि की एक सम्मिलित और जीती-जागती उपस्थिति रहती है। जीवन के किसी भी पक्ष से मैं अपने को 'तटस्थ नहीं' देख पाता।

21वीं सदी में हिंसा का नया चेहरा सामने आया है—आतंकवाद। क्या आप समझते हैं कि इस कट्टर हठधर्मी, अतिवादी तरीक़ों के सामने गांधी-दर्शन आज भी प्रासंगिक है?

हिंसा और अहिंसा के दो बिलकुल अलग-अलग रास्ते हैं। हम क्या रास्ता पकड़ते हैं यह हमारे हाथ में है। अहिंसा का रास्ता सुरक्षित रास्ता है। वह यदि सफल नहीं भी हो पाता तो उसमें विध्वंस और नरसंहार से तो बचत है ही। हिंसा सफल भी होती है तो विनाश की एक बड़ी क़ीमत चुका कर। अंग्रेज़ी-राज की नैतिक नींव कमज़ोर थी, अन्याय पर आधारित थी। गांधी-आन्दोलन की नैतिक रीढ़ मज़बूत थी क्योंकि वह नैतिक ओर न्यायिक दृष्टि से जायज़ थी। हिंसा द्वारा भी एक लड़ाई जीती जा सकती है, लेकिन जब वह अहिंसा द्वारा जीती जाती है तो उससे एक ऐसा सिद्धान्त सिद्ध और प्रतिपादित होता है जो मूलतः मानवीय और जीवन-संरक्षक है। हिंसा के तर्क को एकदम खारिज नहीं कर दिया जा सकता। गांधी ने भी नहीं किया : घातक रूप से बीमार बछड़े को गोली मार देने

में उन्हें हिचक नहीं हुई। बीमारी घातक हो तो सर्जरी का रास्ता भी अपनाना पड़ता है : थोड़े रक्तपात को भी स्वीकार करना पड़ता है। लेकिन मुख्य बात है कि इसके पीछे किस तरह की मानसिकता काम कर रही है—वह जो हिंसा में विश्वास करता है, या वह जिसके सोच मूलतः अहिंसक हैं। वह जिसका धर्म ही हिंसा है? या वह जिसके लिए हिंसा आपद्धर्म है? मेरी नज़र में सारा फ़र्क इसी से पड़ता है।

आज की कविता पर नई तरह विचार करने के और क्या तरीक़े हो सकते हैं? छन्द और तुक, गद्य और पद्य, कथ्य और रूप, सामाजिक और व्यक्तिगत आदि मुद्दों के इर्द-गिर्द काव्यालोचना अरसे से घूमती रही है। कोई नई पहल?

वाक्य-रचना के नियमों को आधार बनाकर यदि कविता पर विचार किया जाए तो शायद कुछ सार्थक नतीजों तक पहुँचा जा सकता है। भर्तृहरि का 'वाक्यपदीयम्' याद आता है। काव्य-विचार में शब्द-शक्ति के बढ़ाने की तकनीकों पर अधिक ध्यान दिया जाना चाहिए न कि उसके बाहरी अलंकरणों और उपकरणों पर। वाक्य-रचना और वाक्य-विन्यास के बुनियादी सिद्धान्त काव्य-रचना में भी उतना ही महत्त्व रखते हैं जितना गद्य-रचना में। पाश्चात्य समीक्षा में भी इधर वाक्य-रचना के आधार पर कविता पर भी अलग तरह विचार किया जा रहा है। मसलन, वाल्ट व्हिटमैन और कार्लोस विलियम्स की कविताओं में वाक्य-रचना का ख़ासा महत्त्व परिलक्षित किया गया है। यह दिलचस्प टिप्पणी भी की गई है कि टी.एस. एलियट हमेशा फ्रैंच प्रतीकवादियों से अपना नाता जोड़ते रहे पर अपने ही देश के वाल्ट व्हिटमैन की ओर उनका ध्यान नहीं गया!

आज के हिन्दी कवियों में प्रमुखतः ऐसे कौन से कवि हैं जिन पर इस दृष्टि से विचार किया जा सकता है?

वैसे तो यह तरीक़ा किसी कवि पर भी लागू किया जा सकता है, पर तत्काल मेरा ध्यान जिन कवियों की ओर जाता है उनमें रघुवीर सहाय, विष्णु खरे, असद ज़ैदी और मंगलेश डबराल का नाम लेना चाहूँगा।

आपने मुझसे एक बातचीत में कहा था कि इन दिनों आप 'आन्तरिक संगीत' सुनते हैं। एक व्यक्ति जो संगीतकारों के इतने निकट रहा हो, संगीत बहुत गहराई से सुनता रहा हो उसके लिए यह स्थिति कैसी है?

'आन्तरिक संगीत' से मेरा मतलब सिर्फ़ एक रूपक भर नहीं है। उससे कहीं ज़्यादा है। उच्च कोटि का संगीत हमारे मन को रोज़ के दबावों से मुक्त करके अपने लिए एक 'जगह' बनाता है। यह 'जगह' तत्काल प्रदर्शन के बाद भी ख़ाली नहीं हो जाती, अपनी स्मृतियों को बसा जाती है। हम उन्हें बहुत बाद तक अपने अन्दर सुन

सकते हैं। यह विशेषता संगीत तक सीमित नहीं, सभी महान कलाओं का स्थायी गुण है। संगीत की 'भाषा' को समझता हूँ, पर उसके 'व्याकरण' की मुझे कोई विशेष जानकारी नहीं। इस भाषा का उत्स हमारे भावनात्मक आवेगों में है जो सभी कलाओं में एक अन्तर्धारा की तरह प्रवाहित रहते हैं। इसीलिए मेरे लिए संगीत, या किसी भी अन्य महान कला का आस्वादन, उससे एक आत्मिक ढंग का जुड़ाव भी है। याद आते हैं मेरे प्रिय राग हंसध्वनि में उस्ताद अमीर ख़ाँ द्वारा गाई माँ काली की स्तुति..., बिसमिल्लाह ख़ाँ की शहनाई, कुमार गन्धर्व के कबीर के भजन, बड़े गुलाम अली ख़ाँ की राग भोपाली में 'महादेव महेश्वर...। तब धर्म और जाति का सारा फ़र्क एक आन्तरिक संगीत के लय में विलीन हो जाता है। विभिन्नताएँ प्रकृति का स्वभाव हैं, उसमें सामंजस्य रच सकना कला है।

संगीत-सभाओं, नाटकों, फ़िल्मों आदि के आयोजनों में काफ़ी जाता रहा हूँ। घर पर भी अक्सर संगीत की बैठकें होती रहती थीं। लेकिन अब उतना निभ नहीं पाता। लेकिन इतने लम्बे समय तक जो पढ़ा, जाना, सुना और सोचा उसकी आन्तरिक ध्वनियाँ और प्रतिध्वनियाँ भी संगीत के स्वरों और लयों की तरह आनन्द देती हैं।

इतिहास आपके रचनाकार के लिए महत्त्वपूर्ण रहा है।

भारत के उस इतिहास को अब ज़्यादा नज़दीक और गहराई से जानने और समझने की ज़रूरत है जो भारत से बाहर जाता रहा है—प्राचीन काल से ही। वह फौजियों और हमलावरों का इतिहास नहीं है। मुख्यतः विचारों, धर्मों, कलाओं, साहित्यों, यात्रियों और व्यापारियों का इतिहास है जिनकी लगातार आवाजाही ने चीन से लेकर भूमध्यसागर के देशों तक अपना अमिट प्रभाव छोड़ा है।

हमलावरों का इतिहास भारत में बाहर से आया जिसका असर यहाँ की राजनीति पर पड़ता रहा है। वे सभी जो भारत में आए लुटेरे नहीं थे। मध्य एशिया से बहुत से शरणार्थी जत्थे, कबीले और जातियाँ भी यहाँ आए और यहीं बस गए। शाही वंशों का भी जो भारतीय होकर यही बस गए, एक लम्बा इतिहास है। उनके साथ विदेशी संस्कृतियाँ, कलाएँ, भाषाएँ, रीति-रिवाज़, सोच-विचार आदि भी आते रहे। वे धीरे-धीरे भारतीयता की एक ज़्यादा बड़ी पहचान में घुल-मिल गए। वह भारतीय मनीषा के लिए एक नए तरह का अनुभव था जिसमें हिंसा नहीं एक सौहार्द्र की संस्कृति थी। धीरे-धीरे भारतीयता की यह ज़्यादा स्थायी पहचान बनी इस तरह कि आज संगीत, कलाओं, भाषाओं, साहित्यों आदि में 'विदेशी' को अलग से पहचान पाना मुश्किल ही नहीं बेमानी लगता है। अलगाव की कोई भी राजनीति कलाओं और भाषाओं में जज़्ब एकता को विच्छिन्न नहीं कर पाती।

आज के इस घोर उपभोक्तावादी, उपयोगितावादी व्यावसायिक और वस्तुनिष्ठ युग में प्रेम, करुणा, सहानुभूति, मानवता जैसी 'भावनाओं' के लिए कहाँ जगह बचती है?

कहीं बुद्धिमत्ता के बहुत पास ही। ये भावनाएँ महज़ उद्‌गार नहीं हैं, जीवन का सबसे मानवीय यथार्थ है। भावनाएँ जीवन का वाह्य मात्र नहीं, उसका अन्तरंग या अन्तःकरण हैं। वे जीवन से बाहर नहीं हो गई हैं; केवल हमने उन्हें अपने सोच से बाहर कर दिया है। उनसे कैसे जीवन की सम्पन्नता और सुन्दरता को बढ़ाएँ इस कला पर हमारा ध्यान नहीं। जीवन का अर्थ केवल शारीरिक सम्बन्धों तक सीमित नहीं है। आत्मिक और उदात्त का भी एक महालोक है और वह भी यथार्थ है। वह मात्र काल्पनिक नहीं। इस तक हम साहित्य और कलाओं द्वारा पहुँच सकते हैं। वह स्पर्शनीय है चेतना द्वारा, जैसे स्थूल स्पर्शनीय है इन्द्रियों द्वारा...।

आज कला में 'कंसेप्चुअल आर्ट' यानी विचार प्रमुख कला की बहुत बात हो रही है। आपकी कविता में 'कंसेप्चुअल पोयट्री' शुरू से रही है।

रोज का व्यावहारिक जीवन जीने के अनुभव से तो हम सभी प्रतिपल गुज़र रहे हैं, लेकिन इस 'यथार्थ' पर गहराई से सोच विचार भी ज़रूरी है। यह भी एक तरह का यथार्थ है। जो हम कर रहे, या हमारे द्वारा हो रहा, उसकी विकृतियों और विसंगतियों के मूल में अक्सर ग़लत तरह के सोच-समझ और अराजक इच्छाएँ भी होती हैं। वे हमारे आचरण और व्यवहार में प्रकट होती हैं। वे कुछ इस तरह हमारे संस्कार बन जाते हैं कि हम उन्हें स्वाभाविक समझने लगते हैं। हम दुनिया को बदलना चाहते हैं, और अपने सोच-विचार को भी। साहित्य और कलाएँ वहाँ बहुत कुछ कर सकती हैं। सबकी तरह मैंने भी जीवन के सुख-दुख को जाना है, लेकिन उनके बारे में सोचने में मुझे श्रेष्ठ साहित्य और विचारों से सकारात्मक मदद मिली है।

साहित्य के माध्यम से समाज की, और दूसरों की, एक ज़्यादा बड़ी और संवेदनशील उपस्थिति महसूस होती है। विचारशीलता जिसे अक्सर 'बौद्धिकता' कहकर निबटा दिया जाता रहा है। जीवन-यथार्थ, की सामान्य जानकारियाँ अब बहुत कुछ अन्य माध्यमों से, जैसे टी.वी., सिनेमा, अख़बार, इंटरनेट आदि द्वारा हम तक पहुँच रही हैं। एमील ज़ोला के उपन्यास 'नाना' की शुरुआत एक कमरे के वर्णन से होती है और कई पेजों तक जाती है। जेम्स जॉयस और काफ्का के उपन्यास हमें मनुष्य की भीतरी दुनिया में, ले जाते हैं। यह दुनिया 'नाना' के कमरे की तरह सरल और दो-आयामी नहीं है, उलझनों से भरे एक फ़न्तासी या दुःस्वप्न की तरह है। ये दोनों ही महान उपन्यासकार आधुनिक जीवन पर हमारे सोच-विचार—ख़ासकर आत्मचिन्तन को—आन्दोलित करते हैं। हमारा सामना हमारे उस दूसरे 'स्व' से कराते हैं जिसे हम अक्सर ठीक से जानते-पहचानते नहीं, लेकिन जहाँ वह कुंजी है जिससे हमारी रोज़ की जीवनचर्या परिचालित होती है।

आज साहित्य में आपको ठहराव सा महसूस हो रहा है। यह भी माना जाता है कि एक नया मोड़ आ रहा है...।

साहित्य की गतिविधियों (मूवमेंट्स) का आकलन बहुत ऊपरी ढंग से नहीं किया जाना चाहिए। बाहरी उथल-पुथल और चमकदमक से बहुत सही संकेत नहीं मिलते। वे भ्रामक भी हो सकते हैं। अक्सर अपनी लुप्त और ख़ामोश गहराइयों में साहित्यिक चेतना अधिक सक्रिय रहती है। वह अचानक प्रकट होती है तब हम उसके युगान्तकारी रूप को 'पहचान' और 'नाम' देते हैं। साहित्यिक चेतना कई स्तरों पर सक्रिय रहती है। उसकी सबसे ऊपरी सतह सबसे अधिक आन्दोलित होती है और शायद इसीलिए सबसे अधिक अस्थिर भी। स्थायी महत्त्व के साहित्य की अन्तर्धारा उस ऊपरी 'बहाव' के शायद दो-एक सतह नीचे बहती है। वह प्रासंगिक के अर्थ को एक ज़्यादा बड़ी मानव-नियति के परिप्रेक्ष्य में रखकर खोजती और परिभाषित करती है, तत्काल के अर्थ को विस्तृत करते हुए—एक क्लासिक की तरह। हिन्दी भाषा का मौजूदा विस्तार साहित्य के लिए एक बड़ा अवसर और बड़ी चुनौती भी है। मुझे लगता है कि इस नए भाषायी संसाधन को लेकर हिन्दी साहित्य को अभी और सहज और हस्तक्षेपी होना है।

रघुवीर सहाय के संग्रह 'आत्महत्या के विरुद्ध' में कुछ जगहों पर ऐसा लगता है जैसे कवि ने आधुनिक सिनेमा की तकनीक का भी इस्तेमाल किया है। आपका सिनेमा से सम्बन्ध अधिक गहरा है। आप कविताओं में क्या फ़िल्म एडिटिंग की तकनीक का भी इस्तेमाल करते हैं?

अपनी कविताओं (ख़ासकर लम्बी कविताओं) के 'बनाने' के ढंग में 'सम्पादन' को विशेष महत्त्व देता हूँ। वह बहुत कुछ उसी तरह है जैसे फ़िल्म-रचना में सम्पादन की तकनीक। 'अन-कट रशेज़' की तरह अपने तमाम काव्यखंडों को काट-छाँट कर अपने मतलब के हिस्सों का एक 'कोलोज़-सा' बनता है। इस तरीक़े का मेरी काव्य-रचना प्रक्रिया में लगभग वैसा ही महत्त्व है जैसा फ़िल्मों में 'मोन्ताज़' का। यह तरीक़ा मुझे कविता की 'गति' और 'लय' को नियन्त्रित करने में भी मदद करता है। जैसे, तार्कोव्स्की की फ़िल्मों की धीमी 'गति' और 'मननशील-लय' अगर एक उदाहरण है, तो दूसरा उदाहरण कुरोसावा की फ़िल्में हैं जहाँ 'दृश्य-संयोजन' चटकीले और द्रुत गति से बदलते हैं। एक लम्बी कविता में दोनों ही तरह की गतियों का समावेश हो सकता है। जैसे, 'वाजश्रवा के बहाने' में विवरणात्मक और चिन्तनपरक या आत्मालापी प्रसंगों में गति और लय के बदलाव। जैसे पृ. 50-54, 'उसे याद आया एक जीवन' तथा पृ. 146-151, 'यह अवसान नहीं'। कभी-कभी मैंने मननशीलता में गति लाने के लिए एक तकनीक को उलट भी दिया है। पृ. 82-87, 'एक व्यामोह का अन्त'।

दूसरी बात, 'वाजश्रवा के बहाने' (और कई छोटी कविताओं में भी) मैं 'फ्लैश-बैक' और 'स्मृति-बिम्बों' (मेमोरी शाट्स)' का इस्तेमाल भी करता रहा हूँ। कहीं-कहीं मैंने 'फ्लैश-बैक' के बरक्स 'फ्लैश-फारवर्ड' के तरह की तकनीक का प्रयोग किया है। सभी कलाओं में दिक्-काल का बोध उस तरह नहीं होता जैसा प्रत्यक्ष व्यावहारिक जीवन में। दृश्य और अदृश्य के बीच अनायास एक कड़ी बनती है, जैसे संगीत में भी, 'ध्वनियों' और 'मौन अन्तरालों' के जोड़ से एक सम्पूर्ण राग की इबारत बनती है। तब हम 'ध्वनियों' को ही नहीं 'मौन' को भी 'सुन' पाते हैं। इस तरह भाषा में शब्दों की 'अर्थ-ध्वनियाँ' भी होती हैं और 'स्मृति-ध्वनियाँ' भी। कविता उन्हें एक साथ जगाने की युक्ति है। लगभग सभी कलाओं को इस तरह के जैविक अन्तर्सम्बन्ध आपस में जोड़ते हैं। कुरोसावा के 'थ्रोन ऑफ़ ब्लड' में शेक्सपियर के 'मैकबेथ' के शब्दों का लगभग विलोम हो जाता है, फिर उनकी अर्थ-ध्वनियाँ कुरोसावा के बिम्बों के माध्यम से 'बोलती' हैं। कुरोसावा बिम्बों की भाषा में शेक्सपीयर के नाटक को 'खेलते', 'बोलते' और 'सोचते' हैं। यह एक ख़ास तरह का जैविक जुड़ाव है जो हमारे बुनियादी आवेगों के माध्यम से विभिन्न कलाओं में अन्तर्प्रवाहित रहता है, क्योंकि कलाएँ जीवन को बहुत विश्लेषणात्मक ढंग से नहीं सोचती, उसे लगभग संश्लिष्ट या 'अवयवी' (आर्गेनिक) ढंग से सोचती और आत्मसात करती हैं।

(2010)

साहित्य का अर्थ मेरे लिए बुद्धि-विलास नहीं

मेरे लिए इस मंच से आप सबको सम्बोधित करना एक स्मरणीय अनुभव है। इस विशिष्ट सम्मान के लिए मैं भारतीय ज्ञानपीठ के प्रति अपना धन्यवाद व्यक्त करता हूँ। वर्षों बाद हिन्दी में ज्ञानपीठ पुरस्कार का आना भी मेरे लिए अतिरिक्त प्रसन्नता की बात है। इस पुरस्कार में मेरे साहित्य के प्रति सभी का जो विश्वास ध्वनित होता है वह आगे भी बना रहे इसे अपनी एक ज़िम्मेदारी मानता हूँ। पुरस्कारों को मैंने हमेशा एक सामाजिक ऋण की तरह माना है जिसे मुझे लेखन में सक्रिय रहकर चुकाना है।

पुरस्कार घोषित होते ही यह आम जिज्ञासा प्रमुख रूप से मेरे सामने आई कि मुझे कैसा लग रहा है? मेरी प्रतिक्रिया मिली-जुली रही। खुशी हुई, लेकिन पढ़ना-लिखना हमेशा ही मेरे लिए साहित्य के प्रति गहरी निष्ठा और आन्तरिक दबावों से प्रेरित रहे हैं, जिसमें कुछ पाने की अपेक्षा दे सकने की भावना प्रमुख रही है। मेरे जो भी साधन रहे मैंने यथासम्भव साहित्य के हित में लगाने का प्रयत्न किया, और इस पुरस्कार का भी सदुपयोग हो इस ओर सचेत रहूँगा।

समाज की अनेक मूल्यवान चेष्टाएँ होती हैं जिन्हें यत्न से बचाना पड़ता है। उन पर बाज़ार का तर्क लागू नहीं होता। यह एक विकसित दुनिया और शिक्षित समाज की पहली ज़िम्मेदारी है कि उसके मूल्यवान सांस्कृतिक प्रयासों और निधियों का समुचित संरक्षण हो। यह एक ऐतिहासिक सच्चाई भी है कि अक्सर विषम समयों में साहित्य और कलाओं को बचाने में प्रबुद्ध शासकों, नागरिकों और व्यापारिक समुदायों की निर्णायक भूमिका रही है।

हिन्दी भाषा इस समय संसार की प्रमुख भाषाओं में से है। हिन्दी तथा अनेक भारतीय भाषाओं में उत्कृष्ट साहित्य रचा जा रहा है। संसार की अनेक छोटी भाषाएँ भी विश्वस्तरीय साहित्य दे रही हैं जो अंग्रेज़ी के माध्यम से सब तक पहुँच रहा है। यह सुविधा भारतीय साहित्यों को भी सहज ही उपलब्ध होनी चाहिए। हमारे प्रामाणिक साहित्यों और साहित्यकारों को लेकर अंग्रेज़ी मीडिया और संस्थानों को भी अधिक सचेत होना ज़रूरी है।

अपने लेखन से सम्बन्धित कछ बातें कहना चाहूँगा :

मेरे लेखन में ऊपरी तौर पर 'मानवीय' सरोकारों को परिलक्षित किया गया है। उसके कुछ स्थायी सन्दर्भों को मैंने एक बृहत्तर और व्यावहारिक जीवन-यथार्थ से जोड़ने की कोशिश की है। अपने आप में 'मानवीय' इतना व्यापक और अस्पष्ट 'पद' है कि बिना कुछ निश्चित गुणों से जुड़े उसके आशय साफ़ दिखाई नहीं देते। उनकी ठोस उपस्थिति प्रतीत हो इसके लिए मैंने अपने 'कालबोध' को केवल वर्तमान तक ही सीमित नहीं रखा, बल्कि अतीत और भविष्य की ओर भी विस्तृत करने की चेष्टा की है। एक दीर्घकालिक परिप्रेक्ष्य में रखकर देखने से अटूट जीवन-मूल्यों की एक निरन्तरता स्पष्टतर दिखाई देती है। यह दिखाई देना ज़रूरी है जिसे कविता अपनी तरह साधने की कोशिश करती है।

'मानवीय' से जुड़े विश्व के दो प्रमुख आन्दोलनों की ओर ध्यान जाता है। पन्द्रहवीं सदी में यूरोप का 'रिनेसान्स' और लगभग उसी समय में अपने शिखर पर पहुँचा हुआ भारत का भक्ति-काव्यान्दोलन। दोनों ही तत्त्वतः साहित्य और कलाओं के सन्दर्भ में, 'आधुनिकता' से भी जुड़ते हैं। इस ओर विशेष रूप से ध्यान जाता है कि बिना स्थायी जीवन-मूल्यों के 'आधुनिकता' भी अराजक और बेमानी हो जा सकती है। यह आज भी उतना ही सही है।

मैंने आधुनिकता को मुख्यतः भारतीय दृष्टिकोण से देखा है। प्राचीन और ग्रीको-रोमन यूरोप, पश्चिमी यूरोप की अपेक्षा, एशियाई और उत्तरी अफ्रीकी देशों के अधिक निकट थे—व्यापारिक और राजनीतिक दृष्टियों से, इसलिए सांस्कृतिक दृष्टि से भी। उस समय की न केवल यूरोपीय वास्तुकला पर इसका साफ़ प्रभाव देखा जा सकता है बल्कि साहित्यों और अन्य कलाओं पर भी।

भारत के सन्त-कवियों के जीवन और कृतित्व को कुछ इस तरह भी सोचा जा सकता है कि राजदरबारों से दूर रहकर उन्होंने साहित्य और संगीत का एक समृद्ध जीवन जिया, और इस विरल आदर्श को चरितार्थ कर गए कि केवल धन, यश और पद ही पाने की चीज़ें नहीं हैं। यह एक महान् नैतिक क्रान्ति थी जिसका गहरा प्रभाव भारतीय जनमानस पर पड़ा और जिससे, आगे चलकर, 'सत्याग्रह' जैसे आन्दोलन को बल मिला।

जीवन और शब्दों के घनिष्ठ सम्बन्धों को ठीक से समझना ज़रूरी है। शब्द कभी नहीं मरते : इसलिए वे 'अ-क्षर' कहे गए हैं। ग़लत आचरण से उनके अर्थ निस्तेज हो जाते हैं। उनके अर्थों का 'पुनरुत्थान' सम्भव है। अनेक युगों में यह चामत्कारिक ढंग से सम्भव हुआ है। लेकिन यह मात्र भाषायी करामात नहीं है। वह मूलतः प्रतिमानात्मक (पैराडाइमेटिक) ढंग से होता है। अहिंसा जैसा प्राचीन शब्द एक गांधी-चरित की दृढ़ संकल्प-शक्ति पाकर जीवन और भाषा में फिर से

जी उठा, और दूर तक अहिंसा की एक पूरी परम्परा को आलोकित करता चला गया।

मैंने जबसे लिखना शुरू किया–सन् 1950 के आसपास–मेरा नाम हिन्दी 'नई कविता आन्दोलन' के साथ जुड़ गया। सच्चाई यह है कि आन्दोलनों को लेकर मैंने कभी भी बहुत सहज अनुभव नहीं किया। शुरू से ही एक उधेड़बुन रही कि साहित्य में नए और पुराने के बीच वही रिश्ता नहीं बनता जो विज्ञान और टेक्नोलॉजी में। साहित्य का एक बड़ा काम समय द्वारा परीक्षित और सिद्ध जीवन-मूल्यों का संरक्षण, उनका पुनः ऊर्जस्वीकरण (री-एनरजाइज़ेशन) तथा भाषा में पुनर्वास (री-हैबीलिटेशन) भी है। एक सभ्य जीवन के ये स्थायी आधार हैं। इसीलिए 'क्लासिक्स' या कालजयी साहित्य के जिस गुण ने मुझे सबसे अधिक आकृष्ट किया वह है उसका स्थायित्व और उसकी अपराजेय जीवनशक्ति जो मनष्य के आत्मबल से तुलनीय है। इतिहास में भी मैंने इसी ऊर्जा को अनुभव करने की कोशिश की है जो हमारे शब्दों और कलाओं में रची-बसी है। कलाओं और साहित्यों के परिप्रेक्ष्य में ही वैश्विक पहचान की भी सबसे मानवीय छवि उभरती है।

कविता मेरे मन की दुनिया है। उसे बहुत बड़ी रखना चाहता हूँ जिसमें सबके दुख-सुख के लिए पर्याप्त जगह हो। साहित्य का अर्थ मेरे लिए बुद्ध-विलास नहीं; जीवन का एक बहुत बड़ा यथार्थ और आश्चर्य भी है। इस विचार से मुझे साहस और आत्मविश्वास मिला है। अपनी इस दुनिया को समृद्ध और विकसित करते रहना चाहता हूँ–फ़ौजी ढंग से नहीं, ढाई-आखर-प्रेम के बल पर।

बदलते समय के साथ मेरी भाषा और सरोकारों में भी बदलाव आते रहे हैं। उनके प्रति पूरी तरह सचेत रहते हुए अपने लेखन में समसामयिकता के लिए जगह बनाता रहा हूँ। आज जब कविता की उपयोगिता और अस्तित्व को लेकर सन्देह उठाए जाते हैं तो मैं न तो विचलित अनुभव करता हूँ न ही उत्तेजित। जीवन-यथार्थ की समग्रता में ये सन्देह मुझे ग़लत जगह और ग़लत तरह रखे हुए लगते हैं। कविता और कलाएँ हमारे अस्तित्व का अविभाज्य हिस्सा हैं, ख़ासकर उस रचनाशील मन का जो सारी विषमताओं और विसंगतियों के बावजूद किसी तरह हमारे अन्दर जीवन के प्रति आस्था को जीवित रखती हैं।

एक बात और कहकर यह वक्तव्य समाप्त करूँगा :

साहित्य की विश्वदृष्टि पूरे यथार्थ पर रहती है, जिसमें समाज और व्यक्ति विभाजित नहीं संयुक्त संज्ञाएँ हैं और एक-दूसरे की पूरक। साहित्य मनुष्य की इसी सम्यक् चेतना से सीधे संवाद की चेष्टा है। विभिन्न विषय अपनी-अपनी तरह जीवन और वस्तुओं को सोचते-समझते हैं। साहित्य उनसे भी एक अन्तस्सम्बन्ध

रखते हुए अपनी तरह जीवन को भाषित और परिभाषित करता है। सब तरह की जानकारियों से सम्बन्ध रखते हुए अपनी एक विशिष्ट पहचान बनाता है। उसकी यह अस्मिता अक्षुण्ण रहे यह साहित्य ही नहीं पूरे मानव-समाज के लिए महत्त्व रखता है।

('भारतीय ज्ञानपीठ पुरस्कार' के अवसर पर दिया गया कुँवर नारायण का वक्तव्य। 6 अक्टूबर 2009)

साहित्य और आज का समाज

इक्कीसवीं सदी का पहला दशक अब लगभग समाप्ति पर है। पिछले दस वर्षों में हुए परिवर्तनों पर एक उड़ती नज़र डालें तो कुछ ख़ास बातें सामने आती हैं जिनका समाज और साहित्य दोनों के लिए परिवर्तनकारी महत्त्व रहा है। जैसे, आर्थिक, राजनीतिक और भाषायी दृष्टियों से एशियाई देशों (ख़ासकर भारत और चीन) का विश्व-शक्तियों के रूप में उभरना। हिन्दी साहित्य और समाज से सम्बन्धित ऐसे कुछ सवालों की ओर ध्यान जाता है जो उपरोक्त तीनों विषयों से अलग रखकर नहीं सोचे जा सकते।

यह तथ्य कि हिन्दी इस समय संसार की प्रमुख भाषाओं में से है, साहित्य की अपेक्षा देश की आर्थिक और राजनीतिक स्थितियों से ज़्यादा जुड़ा है। हिन्दी भाषा के विस्तार के पीछे मुख्यतः व्यावसायिक और राजनीतिक कारण हैं, तथा मीडिया और प्रचार-प्रसार की टेक्नोलॉजी में विकास ने हिन्दी भाषा को नई तरह की ज़रूरतों से जोड़ा है। भाषा की क्षमता बढ़ी है। वह एक ज़्यादा बड़े हिन्दी-भाषी समुदाय तक पहुँच रही है। उसके द्वारा जनमानस तक क्या सन्देशा पहुँच रहा है—इसके गहरे अध्ययन से समाज के लिए आज साहित्य की उपयोगिता का प्रश्न जुड़ा है। इस सन्देशे के पीछे किस तरह के अन्देशे और उद्‌देश्य काम कर रहे हैं इस पर ही, बहुत कुछ, समाज में साहित्य जैसी चेष्टाओं का महत्त्व निर्भर है।

शुरू में ही 'सामाजिक यथार्थ' और 'सामाजिक चेतना' के बीच एक बारीक़, किन्तु आवश्यक फ़र्क करते हुए अपनी बात कहना चाहता हूँ।

भारत का सामाजिक यथार्थ अत्यन्त जटिल, विविध, बहुस्तरीय और रूढ़िबद्ध है। वह बदल रहा है, लेकिन इतनी तेज़ी से नहीं कि वह 'सामाजिक-चेतना' को बदल दे। इससे पहले, और इससे कहीं ज़्यादा तेज़ी से, वे शक्तियाँ सामाजिक-चेतना को बदल रही हैं जिन्हें आज साफ़-साफ़ बाज़ारवाद और उपभोक्ता संस्कृति के रूप में पहचाना जा सकता है। उनका अपना तिजारती तन्त्र है जो अच्छी तरह जानता है कि नई-नई चीज़ों के लिए आदमी की भूख को कैसे बढ़ाया जाए। वह तन्त्र अत्यन्त विकसित मनोवैज्ञानिक और तकनीकी तरीक़ों से भौतिक सुख-सुविधाओं के प्रति हमारी स्वाभाविक आसक्ति को पुष्ट करता रहता है।

मेरी बात से यह नकारात्मक निष्कर्ष निकालने की जल्दी न की जाए कि मैं औद्योगिक प्रगति को एक सिरे से ख़ारिज कर रहा हूँ। उसके लाभ भी सब तक पहुँच रहे हैं जिन्हें नज़रन्दाज़ नहीं किया जा सकता—लाभ जो हमें एक बेहतर ज़िन्दगी दे रहे हैं। मेरी कोशिश सिर्फ़ उस असन्तुलन की ओर ध्यान खींचना है जो आज के समाज में, सारी प्रगति के बावजूद, एक गहरा असन्तोष, विसंगति और विषमता भी पैदा कर रहा है।

साहित्य एक शाब्दिक-कला है, भाषा से अनिवार्यतः जुड़ी हुई। वह सामाजिक-चेतना को सीधे सम्बोधित करती है, किसी अन्य विषय की भाषा और व्याख्या के मार्फ़त नहीं। वह जीवन की भाषा है—सच्ची और बेबाक़। अपनी तरह विभिन्न विषयों से सम्पर्क रखते हुए भी वह अपनी बात कहती है। उसका यह अधिकार आज भी सुरक्षित है, लेकिन उसकी आवाज़ जिन कानों तक पहुँचनी चाहिए उन्हें एक ऐसे शोरग़ुल ने घेर रखा है कि साहित्य, ख़ासकर कविता, जैसी कोशिशों की उपस्थिति ही महसूस नहीं होती। संक्षेप में, सामाजिक-चेतना से साहित्यिक-चेतना का सीधा संवाद सम्भव नहीं हो पा रहा। क्या यह सिर्फ़ साहित्य के लिए एक चुनौती है? या एक शिक्षित समाज के लिए भी कि वह, जाने अनजाने, मानव-समाज की एक अत्यन्त समृद्ध सांस्कृतिक चेष्टा से वंचित होता न चला जाए?

थोड़ा आत्मचिन्तन साहित्य, विशेषतः कविता, की ओर से भी ज़रूरी है। बीसवीं सदी की काव्य चेतना ने जिन कुछ बीज-शब्दों और सन्दर्भ-पदों के आधार पर अपनी एक अलग 'पहचान' बनायी उन पर भी थोड़ा ग़ौर अब ज़्यादा प्रासंगिक जान पड़ता है। या शायद, अब अधिक प्रासंगिक हो गया है। ध्यान दें कि अधिकांश शब्द उन विषयों से लिये हुए शब्द थे जो साहित्य से बाहर के विषय थे। 'आधुनिकता' शब्द इतना आधुनिक भी नहीं था जितना हम समझ रहे थे—लगभग 500 वर्ष पुराना इतिहास है उसका। बोदलेअर जैसे फ्रैंच कवि ने बहुत पहले ही उसके छिछले आशयों से सावधान रहने की चेतावनी दी थी। 'क्रान्ति' राजनीति का शब्द था : फ्रैंच और रूसी क्रान्तियों से निकला शब्द, जिसके बरक्स 'औद्योगिक क्रान्तियों' और गांधी की 'नैतिक क्रान्ति' के भी उदाहरण थे। हम सब चाहते थे कि दुनिया बदले : वह बदलती रही, और अब भी बदल रही है—लेकिन उस तरह नहीं जैसे हम चाहते थे : वह कुछ इस तरह बदली कि उसने हमें बदल दिया। 'परिवर्तन' का जुनून चढ़ता उतरता रहा। 'प्रगति' शब्द, ख़ासतौर पर उद्योग-धन्धों की दुनिया का शब्द, मानव-समाज में मानो एक नई मशीन की तरह आया, कुछ दिन तेज़ी से चला, फिर बराबर मरम्मत माँगता रहा। 'प्रयोग', सीधे किसी वैज्ञानिक प्रयोगशाला से उठाया हुआ शब्द। आकर्षक, लेकिन ज़ल्दी ही किसी 'नए' प्रयोग की ज़रूरत के सामने ख़ारिज हो गया! इस भीड़ में 'नया' शब्द सबसे निरीह लगता है जिसे देखते-देखते बाज़ारवाद ने और

उपभोक्तावाद ने समूचा हड़प लिया! मानो अब उसका कोई मतलब साहित्य के काम का न हो, सिर्फ़ बाज़ार के मतलब का हो। कविता में 'तकनीक' और 'शिल्प' वगैरह की पदावली आज की हर क्षेत्र में विकसित टेक्नोलॉजी के सामने फुटनोट की तरह लगती है। नए का मतलब नई-नई चीज़ें! 'नई' का 'कविता' के साथ कोई योग नहीं बैठता! नया कुछ चाहिए तो हम बाज़ार की तरफ़ देखते हैं, नई कविता की तरफ़ नहीं।

तो फिर ऐसी कविता, जिसके सारे सन्दर्भ-साधन छिन चुके, क्या दे सकती है समाज को? या अभी भी ऐसा कुछ बचा है, कविता और समाज के बीच, जो दोनों लिए बेहद ज़रूरी है? हम नई कोई चीज़ चाहते हैं तो बाज़ारों की ओर दौड़ते हैं, लेकिन आत्मिक कुछ चाहते हैं तो कविता की ओर देखते हैं, प्रेम में, दुख में, उदासी में, अकेलेपन में, मुश्किलों में, बेबसी में, भावुक क्षणों में क्यों हमें अनायास याद आती हैं कविताएँ? वह अजीब-सा, रहस्यमय 'कुछ' जो हमें मिलता है सिर्फ़ कविता से, क्या वह हमें मिल सकता है बाज़ार से?

मैं उस कविता-बराबर ज़रा-से 'कुछ' को परिभाषित नहीं करना चाहता—चाहूँ भी तो नहीं कर सकूँगा। पर इतना जानता हूँ कि वह हमारी प्राणवायु की तरह सूक्ष्म है। उसके बिना हम जी नहीं सकते। वह एक सीमारहित, अपरिभाषित दुनिया है। उसकी अपनी शर्तें हैं हम उसमें जाते हैं हमेशा ही कुछ पाने के लिए नहीं; कभी-कभी अनायास उसमें खो जाने के लिए—कहीं भीं, किसी भी समय में। भाषा में सम्भव इस अद्भुत कला को किसी भी कीमत पर खोना नहीं चाहूँगा। जिगर साहब के इस शेर को अकसर याद करता हूँ—

ज़रा-सा दिल है लेकिन कम नहीं है
इसी में कौन-सा आलम नहीं है।

आज के समाज में मैं कविता की ज़रूरत और उसकी उपस्थिति को कुछ इस तरह सोचता हूँ कि वह मुख्यतः एक 'सूचनापरक' विधा नहीं है। इस मायने में वह साहित्य की अन्य विधाओं से बहुत भिन्न है। वह मूलतः अत्यन्त उदार और उदात्त अर्थों में, 'आत्मचिन्तन' की भाषा भी है। आत्मचिन्तन को संकुचित करके 'आत्म-केन्द्रित' के अर्थों में न लें। निहायत वस्तुनिष्ठ और व्यावहारिक भाषा भी बिलकुल स्वार्थी अर्थों में आत्म-केन्द्रित हो सकती है। कविता जितना कुछ जीवन के बारे में कहती है उससे कहीं अधिक उस भाषा को ही एक सार्थक रचनात्मक अनुभव बनाकर कहती है जिस भाषा में वह काव्य-रचना करती है। इसीलिए कविता हमेशा ही अपने को परिसीमित करनेवाले सन्दर्भ-पदों और शब्दावली का उल्लंघन और अतिक्रमण करने के लिए बाध्य है। रचनात्मक ऊर्जा विस्फोटक होती है। अस्तित्व में आने के बाद ही उसकी 'पहचान' और 'नियम' बन पाते हैं। इसीलिए उसकी

पारिभाषिक शब्दावली कभी भी उसके स्वरूप-निर्धारण में पर्याप्त नहीं ठहरती। जिस तरह भाषा, व्याकरण के नियमों को तोड़ते हुए, जीवन के साथ-साथ चलते हुए बदलती और विकसित होती है, उसी तरह भाषा में बसी कविता भी, जीवन के 'साथ' चलती है। इस 'साथ चलने' के अर्थ को विस्तृत करके इस तरह समझें कि वह अपने समय के जीवन के साथ लगातार एक अत्यन्त संवेदनशील संवाद है जिसमें केवल सहमतियाँ ही नहीं प्रतिरोधों के लिए भी पूरी गुंजाइश है। इस अन्तरंग संवाद से छनकर जो काव्यविवेक निकलता है उसके पीछे केवल 'तात्कालिक' और 'स्थानिक' सन्दर्भ नहीं होते, एक व्यापक और सार्वकालिक जीवनानुभव से निकली हुई वे ध्वनियाँ और अन्तर्ध्वनियाँ भी होती हैं जिनसे एक सुसभ्य और न्यायप्रिय मानव-समाज की चेतना बनती है। इसे जीवित रखना ज़रूरी है। कविता इसे जीवित रखने की एक विनम्र कोशिश है।

*('नई धारा' सम्मान के अवसर पर दिया गया कुँवर नारायण का वक्तव्य।
5 नवम्बर, 2009, पटना)*

●●●